KB150464

세종, 그 애민의 리더십을 읽다

대화로 읽는 세종의 문화철학과 국정운영

세종, 그 애민의 리더십을 읽다

대화로 읽는 세종의 문화철학과 국정운영

김헌식 지음

평민사

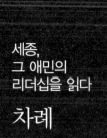

세종,
그 애민의
리더십을 읽다

차례

제 3 부 | 약한 백성을 긍휼히 여기다

제 4 부 | 허례와 가식을 버리다

일러두기 ━━━━━━━━━━━━━━
(*) 표기된 내용의 출처는 「한국민족문화대백과사전」입니다.

訓民正音

國之語音異乎中國與文字

不相流通故愚民有所欲言

而終不得伸其情者多矣予

為此憫然新制二十八字欲

使人人易習便於日用矣

ㄱ牙音如君字初發聲

서문 : 들어가며

"사람이 가장 중하다, 사람이 중한 데는
나이, 남녀, 빈천에 차이가 없다"

　세종대왕을 성군이라고 부르는 데 대해 대한민국의 어떤 사람도
이견을 달지 않는다. 그 이유를 들어보면 대부분의 사람들은 한 명
의 왕이 성취했다고는 생각하기 힘들 정도로 다양한 분야에서 많은
업적을 남겼기 때문이라고 한다. 집현전을 만들고 한글 창제는 물
론 측우기, 혼천의, 역법 등 과학기술을 진흥시키고 국방력을 강화
해 4군 6진까지 넓혔다. 여기에 음악 등의 예술진흥과 각종 의서,
지리지, 역법, 법제와 관련된 간행물을 만들었다. 이런 업적들이 있
기 때문에 세종을 레오나르도 다빈치에 비유하기도 한다.　그런데
세종에 대해 이런 업적들만 언급된다면 우리가 좋아하는 위인전의
인식 창에서 벗어나지 못하고 말 것이다. 아무리 천재라 해도 혼자
할 수 없는 것이 국정운영이라, 비록 세종시대에 이루어진 업적이
라고 해도 수많은 시행착오와 많은 관리, 대신들의 협업이 있었기

때문에 가능했던 것이다. 물론 세종의 지혜롭고 통찰력 있는 감식
안이 있었기 때문에 옳고 그름을 분별하고 바람직한 방향을 찾아내
어 결과물을 낼 수가 있었다.

서양의 학자들은 동양 특히 한국에는 민주적 정책/행정과정이 없
었다고 한다. 그래서 한국행정론에 관한 책들을 모두 부정적으로
평가하고 있으며 조선시대의 행정론에 대해서는 아예 단출하게 취
급한다. 한국은 전제왕권 국가라 왕이 혼자 마음으로 정책을 결정
한 것으로 기술하고 있으며, 심지어 신분제이므로 지배계급이 마음
대로 백성을 착취하며 매관매직, 부정부패에 빠져있었을 따름이라
고 평가하고 있다.

그러나 이는 한 측면으로 당대의 관점으로 살펴볼 필요가 있다.
세종의 업적에서 놀라운 것은 이전 행정과 정책과정을 이미 수백
년 전에 확립해서 비록 노비라 해도 함부로 때리거나 가혹행위를
할 수 없었고, 아이와 노인은 철저히 보호해 주었던 것이다. 세종
즉위 600년이 지났는데 그의 즉위는 국정운영을 통해 정책과 행정
과정을 이끌기 시작했음을 의미한다.

세종의 어전은 항상 집단 토론의 장이었다. 대신들은 어전에서
세종과 함께 토론하기 위해 특정 화두에 대해서 치밀하고 폭넓게
공부를 하고 대안을 마련해야만 했다. 그렇지 않으면 당장에 논박
을 당하기도 하고 그 실력이 드러나게 되면 망신을 당하기도 했다.
게다가 거의 모든 정책 과제나 화두가 한 번에 끝나는 법은 거의 없
었다. 수십 년간 계속 이어지는 화두도 있었다.

세종의 가치는 겉으로 드러나는 위대한 업적이 아니라 수많은 정책 사안에서 나름의 철학과 가치를 지키기 위해 분투했다는 것이다. 이런 과정에서 많은 기득권층 대변자들이 반대하기도 했다. 대신들과는 전쟁터를 방불케 할만한 논쟁을 이어가기도 했다. 비록 왕권 시대라 한계도 있었지만 많은 경우 오늘날의 민주 인권 가치와 닿아 있어 진심으로 놀랍기도 하다.

바로 세종에 대해 주목한 이유가 여기에 있다. 세종이 모두 다 잘했다고 할 수는 없다. 그것은 불가능한 일이다. 그가 전제국가의 왕이었다는 사실에는 이견이 있을 수 없기 때문이다. 다만 오늘날에도 리더의 자질은 종합적으로 통찰하고 협치와 조율을 통해 바람직한 결과를 이끌어내는 데 있다. 물론 그는 인간이기 때문에 실수를 할 수 있고, 때론 미혹에 빠지기도 한다. 중요한 것은 그런 상황에서 독선과 아집에 빠지지 않는 노력이 중요하다.

이 책은 세종이 문치를 통해 문화국가를 만들려고 했다는 점에 착안했다. 문화국가는 말과 대화를 통해 중지를 모으고 세상을 좀 더 낫게 하는 나라이다. 법이나 돈보다는 사람의 가치와 이상의 공유를 통해 약자를 위한 나라이다. 법을 적용하더라도 생명 그리고 인간과 백성을 우선하려 했고, 형법보다는 사람의 공감으로 설득하고 실행하게 하는 나라이다. 이에 따라 결과보다는 과정을, 잘못보다는 그 진의를 중시했다 세상의 폭력과 전쟁에서 벗어나 사람과 사람이 좀 더 인간답게 사는 나라를 만드는 게 문치의 나라이기도 하다. 그 형식에서는 세종과 신하들의 대화에 초점을 맞추었다. 그 대화는 경서를 읽고 토론을 하는 것보다 실제 민생에 관련한 사건과 사실을 앞에 두고 이뤄진 대화들이다.

이에 따라 기존 저술들이 위대한 업적 중심에 치우쳤지만 이 책에서는 일상 정책 사안에 대해 인권, 민본주의 관점이 반영되었는지 살핀다. 세종시대에 펼쳐진 정책의 향연은 치열하지만 세계에 유례가 없다. 사적인 욕심을 버리고 오로지 공적인 가치와 대안을 도출하기 위해 치열하게 임한 그들을 보면 옳고 그름을 떠나 숭고한 마음이 들게 하기도 한다. 세종시대에 무엇을 실현하려 했으며 오늘날 왜 그것을 되짚어 보아야 하는지에 대한 대답을 얻기 위해 이제 그들의 육성을 들어보도록 하자.

제 1 부

백성을 먼저
생각하다

우매한 백성들이 말하고 싶은 것이 있어도
마침내 제 뜻을 잘 표현하지 못하는 사람이
많다. 내 이를 딱하게 여기어 새로 28자(字)
를 만들었으니, 사람들로 하여금 쉬 익히어
날마다 쓰는 데 편하게 할 뿐이다.

근정전진하도(勤政殿陳賀圖)

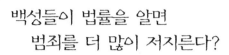

백성들이 법률을 알면
범죄를 더 많이 저지른다?

상참(약식 조회)을 하고 정사를 보면서 왕이 율문(律文, 형률의 법조문, [대명률]의 법조문을 지칭한다)을 이두문(吏讀文, 한자의 음과 뜻을 빌려 우리말을 적은 표기법)으로 번역해 반포할 것을 알리자 대신들의 반대가 심했다. 이에 세종이 대신들의 주장에 반대하면서 신하들에게 일렀다.

"비록 사리를 아는 사람이라도, 율문에 따라 판결을 내린 뒤에야 죄의 경중을 알게 된다. 하물며 어리석은 백성이야 어찌 범죄한 바가 크고 작음을 알아서 스스로 고치겠는가. 비록 백성들에게 율문을 다 알게 할 수는 없겠지만, 따로이 큰 죄의 조항만이라도 뽑아 적고, 이를 이두문으로 번역하여 민간에게 반포하는 것이 필요하다. 우부우부(愚夫愚婦)들에게 범죄를 피할 줄 알게 함이 어떻겠는가."

이런 방안에 반대하는 이조 판서 **허조**(許稠)가 아뢰었다.

"신은 폐단이 일어나지 않을까 두렵습니다. 간악한 백성이 진실로 율문을 알게 되면, 죄의 크고 작은 것을 헤아려서 두려워하

허조 | 許稠 (1369~1439)

고려 말(공민왕 18) 조선 초(세종 21)의 문신. 태종이 즉위하자 사헌부잡단으로 발탁되었으나, 강직한 발언으로 왕의 뜻을 거슬러 완산판관으로 좌천되었다. 이후 강직한 성품이 다시 인정받아 1402년(태종 2) 이조정랑을 시작으로 예문관직제학으로 세자시강원문학을 겸임한다. 1422년(세종 4) 이조판서가 되어 구임법(久任法)을 제정해 전곡을 다루는 경관(京官)은 3년, 수령은 6년 임기를 채우도록 정하였다. 그리고 죄인의 자식이라도 직접 지은 죄가 없으면 처벌하지 않도록 하는 법제를 만들었다. 1438년에는 세종을 도와 신숙주(申叔舟) 등 진사 100인과 하위지(河緯之) 등 문신급 제자 33인을 뽑았고, 같은 해 우의정 영집현전춘추관사 세자부로 승진한다. 이듬해 궤장(几杖)이 하사되고 좌의정 영춘추관사에 올랐으나, 그 해에 죽었다. 『소학』·『중용』을 즐겨 읽었고 효행이 지극했으며, 강직한 성품을 지녔다. 특히, 유교적 윤리관을 보급해야 하는 조선 초기에 태종·세종을 도와 예약제도를 정비하는 데 크게 공헌하였다. 세종묘정에 배향되었다. [*]

고 꺼리는 바가 없어질 것입니다. 이에 법을 제 마음대로 농간하는 무리가 생길 것입니다."

이 말을 듣고 왕이 다시 반박해 말했다.

"그렇다면, 백성에게 알지 못하고 죄를 범하게 하는 것이 옳겠는가. 백성에게 법을 알지 못하게 해서, 그 범법한 자를 벌주게 되면, 조사모삼(朝四暮三)의 술책에 가깝지 않겠는가. 더욱이 조종(祖宗)께서 율문을 읽게 하는 법을 세우신 것은 사람마다 모두 알게 하고자 함이었다. 경 등은 고전을 상고하고 의논하여 아뢰라."

허조가 물러가니, 왕이 다시 말했다.

"허조의 생각에는, 백성들이 율문을 알게 되면 쟁송(爭訟)이 그치지 않을 것이요, 윗사람을 능멸하는 폐단이 점점 있게 될 것이라 보는 것이다. 그러나 모름지기 세민(細民, 가난하고 천한 백성)에게 금법(禁法)을 알게 하여 두려워서 피하게 함이 옳겠다."

드디어 왕이 집현전에 명하여 옛적에 백성에게 법률을 익히게 하던 일을 상고하여 아뢰게 하였다.[1]

한글 창제를 대신들이 반대했던 사실은 많이 알려져 있지만 율문을 백성들에게 알려야 한다는 세종의 생각은 많이 알려져 있지 않다. 한글을 만든 중요한 이유 가운데 하나가 율문의 공유에 있었다. 백성들이 글자를 알아야 한다고 여긴 것과 같이 세종은 백성들이 법을 아는 것이 중요하다고 말했다. 이유는 법을 알아야 만이 무엇이 잘못인지를 알아서 법에 저촉되지 않도록 조심하게 되기 때문이라는 것이다. 이는 오늘날 생각해도 당연한 노릇이다. 그러나 대신들 중에는 이것에 대해서 다른 생각을 가지고 있었다. 오히려 법을 알게 되면 백성들이 그것을 나쁘게 이용하기 때문에 널리 반포하는 것은 마땅하지 않다고 했다. 하지만, 세종은 백성들이 잘 알고 있지 못할 경우 처벌을 하지 말자는 생각을 평소에 하고 있었다. 무엇보다 세종은 무조건 백성들의 잘못을 들어 처벌을 하는 것이 능사이고 목표가 아니라고 생각했다.

이와 관련된 사례는 또 있는데 역시 세종이 법을 어떻게 바라보고 있는지가 그대로 드러난다. 1429년(세종 11) 3월 26일, 어가에 뛰어든 자를 율문에 따라 처리하여야 한다는 청이 있게 되는데 이를 세종이 거부했다. 구체적으로 보면, 우대언 정연(鄭淵)이 이제 어떤 사람이 어가(御駕) 앞에 뛰어 들어온 자가 있는데 율에 따르면 교형에 처함이 마땅해 벌을 주어야 한다고 하자 세종이 말했다.

"이는 매우 옳지 않다. 만일 그런 법률이 있는 줄을 알고도 감히 뛰어 들었다면, 율이 응당 이와 같을 것이다. 그러나 무지한 사람이 어리둥절해 갈 바를 모르고 어쩌다 뛰어든 것인데 이런 벌을 내린다면 어찌 옳겠는가."

세종은 고의성과 사전인지 여부를 중시했다. 따라서 세종은 어가에 뛰어드는 것이 법을 어기는 것이라는 사실을 모르는 백성에게 처벌을 하는 것은 적절하지 않다고 말하고 있다. 알고도 어기는 것은 당연히 처벌을 해야 한다. 더구나 이 백성은 어쩌다가 우연히 어가에 뛰어들었을 뿐이다. 무엇보다 세종은 형벌을 무조건 적용하기보다는 먼저 백성이 모르는 상태를 개선하는 것이 필요하다고 봤다. 그러니 세종에게는 무지한 백성에게 법을 알게 해주는 것도 국가가 해야 할 일이며 그것은 군주가 해야 할 일이 된다. 여기에서 무지한 백성이라는 말은 백성을 폄하하는 말이 아니라 당연히 그럴 수밖에 없는 현실을 말하는 것이다. 왜냐하면 문자가 백성에게 없고 그것을 숙달해 사용할 여건이 되어 있지 않았기 때문이다.

당시 전체적인 상황은 사대부를 포함한 일부 계층만 문자를 독점하기 때문에 지식과 정보의 공유와 확산은 물론이고 자신들의 삶을 치명적으로 좌우할 수 있는 법도 모르고 있는 것이다. 세종은 그나마 당장에 이두문자를 통해서 한자에 음을 달아서 전달할 수 있기 때문에 이를 적용하려 한 것인데, 대신들이 반대하고 나서게 된 것이다. 세종에게는 답답한 일이 아닐 수 없다. 어쩌면 한글 창제 과정에서 반발하는 대신들의 움직임과 같은 맥락에 있었을 것이다. 글자라는 것은 권력이고 지배의 도구이기 때문에 지배층에서는 모든 백성이 글자 알기를 원하지 않았던 것을 알 수 있다.

지식의 권력이 모두에게 개방이 되면 지배 사대부들은 자신의 존립 기반이 흔들릴 수 있고, 심지어 자신들이 비판과 평가를 겪게 될 것이고 송사와 관련되어서 힘들어질 것이라고 생각한 것이다. 자신들의 권력도 무너지고 신경 쓰는 일이 많아지기 때문에 트집을 잡은 셈이다. 결국에는 사대부만이 아니라 백성을 위해 왕을 대리하며 일을 해야 하는 관리들이 백성들의 처지가 아닌 자신들의 이해관계 속에서 판단하려 했던 욕망이 그들의 속에 깔려 있다는 것을 쉽게 짐작할 수 있다.

당연히 백성들을 위한 정치, 그리고 불편부당한 형률의 집행을 생각해본다면 널리 법률을 알릴 수 있는 수단을 찾는 것이 옳다. 그런데 세종이 이두로 형률을 표기하여 알리는 것도 한계가 있었기 때문에 한글을 창제하게 되는 것이다. 한글창제를 둘러싼 논쟁 가운데에서도 이런 송사와 형옥(刑獄, 형벌과 감옥)에 관한 언급이 나오기 때문에 이를 미뤄 짐작할 수 있다.

1443년(세종 25) 12월 30일 훈민정음을 반포했는데, 처음에 이러했다.

> "우매한 백성들이 말하고 싶은 것이 있어도 마침내 제 뜻을 잘 표현하지 못하는 사람이 많다. 내 이를 딱하게 여기어 새로 28자(字)를 만들었으니, 사람들로 하여금 쉬 익히어 날마다 쓰는 데 편하게 할 뿐이다."

한글이 창제되고 난 뒤, 잘 알려져 있듯이 1444년(세종 26) 2월 20일, **최만리** 등이 한글을 만든 것에 대해서 극렬하게 반대하는 상소를 올린다. 그런데 여기에, 세종이 한글을 만든 이유 가운데 하나가 형률 때문이라는 대목이 담겨 있다. 세종은 이두가 백성들에게는 불편하다는 점을 직접적으로 언급한다.

"형살(刑殺)에 대한 옥사(獄辭)같은 것을 이두 문자로 쓴다면, 문리(文理)를 알지 못하는 어리석은 백성이 한 글자의 착오로 혹 원통함을 당할 수도 있다"는 것이 그것이다. 왜냐하면 이두는 한자에다가 음을 다는 것이기 때문에 여전히 불편하고 제대로 뜻을 담을 수 없어

최만리 | 崔萬理(?~1445)

고려 중기 해동공자로 불린 최충(崔冲, 984~1068)의 13대 손으로 고려 때부터 내려온 명문집안이다. 조선 세종 때의 문신. 세종 2년 집현전이 설치되면서 박사(博士, 정7품)로 임명되어 교리(정5품, 세종 7)·응교(정4품, 세종 9)·직제학(종3품, 세종 19)을 거쳐 18년 만에 실질적인 장관인 부제학에 올랐다.

"언문의 제작은 지극히 신묘해 만물을 창조하고 지혜를 운행함이 천고에 뛰어나지만, 신 등의 구구한 좁은 소견으로는 의심되는 측면이 있어 뒤에 열거하오니 판단해 주시기를 엎드려 바랍니다"라는 갑자 상소를 올려 세종과 대립한 것으로 널리 알려져 있다. 세종은 최만리를 비롯해 상소에 참여한 사람들을 의금부에 하옥시켰다가 다음날 석방하라고 명령한다.

……

세종 25년(1443) 12월 창제된 그 해의 맨 마지막 실록 기사는 "이달에 주상이 친히 언문 28자를 만드셨다"라고 정확한 날짜의 밝힘 없이 짧은 설명으로 보아 매우 비밀스럽게 추진된 작업이었다는 것을 알 수 있다.

……

그는 다시 관직에 나아가지 않았고, 이듬해(세종 27, 1445) 10월 23일 세상을 떠난다.

20여 년 뒤 세조는 "작은 잘못이 하나라도 있으면 반드시 간언"한 인물로 높이 평가했다. [*]

한자를 벗어난 독창적이고 개별적인 우리 문자가 필요한 이유다.

세종은 이제 언문으로 그 말을 직접 써서 읽어 듣게 하면, 비록 지극히 어리석은 사람일지라도 모두 다 쉽게 알아들어서 억울함을 품을 자가 없을 것이라고 했다. 입에서 나오는 글자이기 때문에 이해가 빠르고 제대로 표현할 수 있기 때문이다. 형벌은 사람의 목숨을 빼앗고 개인은 물론 집안 전체를 풍비박산 낼 수 있기 때문에 한글의 역할과 기능은 매우 중요했다.

물론 최만리는 한글을 사용하게 되면 너무 글자를 쉽게 배워 쓰기 때문에 성리학을 포함한 학문을 배우지 않을 것이라 우려하면서, 결국에는 교화의 나라가 되지 않고 천박한 나라가 될 것이라며 반대한다. 한자를 공부하지 않으면 옳고 그름을 판별하지 못하는 쓸모없는 사람들만 만들어 내어 인재도 없어진다고 했으니, 이것은 한글을 통해서 더 많은 지식과 정보를 소통 축적할 수 있는 것은 보지 못하고 단지 한

자로 된 성리학만을 염두에 두기 때문에 일어나는 생각이었다.

최만리 등의 주장은 당연히 백성들이 법을 잘 알게 되어 나타나는 긍정적인 효과는 생각하지 않았다. 오히려 법을 모르면 당하는 것은 모르는 사람이고 고통을 겪게 되지만 법을 아는 사람들에게는 상관이 없었다. 사실 최만리는 한글창제 반대만이 아니라 백성이 법을 알지 않아도 된다고 주장한 이였다. 그는 옥송(獄訟, 형사재판)에 대해서 더 극단적으로 말한다.

> "예로부터 중국은 말과 글이 같아도 옥송 사이에 원왕(冤枉)한 것이 심히 많습니다. 가령 우리나라로 말하면 옥에 갇혀 있는 죄수인데 이두를 해득하는 자라도 직접 초사(招辭, 죄인의 진술)를 읽고 허위인 줄을 알면서도 매를 견디지 못해 그릇 항복하는 자가 많습니다. 이는 초사의 글 뜻을 알지 못해 원통함을 당하는 것이 아님이 명백합니다. 만일 그러하면 비록 언문을 써도 무엇이 이보다 다르겠습니까. 이것은 형옥(刑獄)의 공평하고 공평하지 못함이 옥리(獄吏)의 어떠하냐에 있는 문제입니다. 말과 문자의 같고 같지 않음에 있지 않은 것을 알 수 있습니다. 언문으로써 옥사를 공평하게 한다는 것에 신 등은 옳지 않다고 생각합니다."

최만리는 법조문을 모르기 때문에 억울하고 원통한 형옥이 생기는 것이 아니라 그것을 담당하고 있는 관리의 문제라고 주장하고 있다. 물론 법조문을 백성들이 다 알아도 옥사가 공평하게 처리되기는 결코 쉬운 일이 아니다. 법조문과 별도로 조사과정이나 판결 과정에서 달라질 수도 있기 때문이다. 하지만 관리가 아무리 잘한다고 해도 백성이 그것을 제대로 상세하게 표현하지 못한다면 한계가 있을 수밖에 없다. 또한 모든 것을 관리에게만 책임을 묻는다면 이 역시 적절하지 않다. 수많은 송사에 휩싸인 관리라면 자신의 의지와는 관계없이 잘못된 판단을 내릴 수 있다. 그렇기 때문에 쉬운 글자로 누구나 법에 접근하고 스스로 판단할 수 있는 환경의 조성이 필요하다.

낭연히 오늘날 한글은 그러한 역할을 하고 있다. 세종은 한글로 법문을 널리 공유시켜 많은 백성들이 억울한 형벌을 받지 않도록 하고 싶었지만 결국 자신들의 법률에 대한 기득권을 지키기 위한 이들은 반대했다. 오늘날에도 법조문과 판결문이 너무 어려워 쉽게 고치고 있는 것은 이러한 맥락이라고 할 수 있다. 이렇게 어려운 법문을 끊임없이 공유·소통·확산시키는 것이 민본정치, 민주주의의 원칙임은 말할 것도 없다. 세종 때나 지금이나 법의 목적은 처벌이 아니라 죄를 짓지 않게 하는 것이다.

수천 백성들이 살아났는데 무슨 책임을 묻겠는가

1443년(세종 25) 6월 1일, 나라의 세곡을 실은 배 99척이 난파를 당하는 일이 벌어졌다. 전라도 조전선(漕轉船) 99척이 충청도 비인현(庇仁縣) 법도(法島)에 이르러, 77척은 바람에 떠밀려 가고 11척은 침몰되었으며, 오직 11척만이 온전하였다는 보고가 닿았다. 이에 왕은 통례문 판관(通禮門判官) 박회(朴回)를 보내서 조사하도록 하였다.

6월 7일, 판관 박회의 치계가 올라왔고 이를 대한 왕은 기뻐하며, 각사에 술과 과일을 내렸다. 박회의 치계(馳啓, 말을 달려와서 아뢰다)는 구체적으로 이러했다.

"바람에 떠밀렸던 배 88척이 고만량(高巒梁, 충남 보령군 서쪽 바다)에 도착하였는데, 그 침몰한 배 11척도 또한 미곡(米穀)을 상실하지 않았고, 오직 4척만이 완전 침몰되었습니다. 그러나, 한 사람도 빠져 죽지는 않았습니다."

이를 듣고 왕이 크게 기뻐하면서 말했다.

"이와 같은 변고는 근래에 없던 일이므로 아침저녁으로 두려워하고 염려했더니, 이제 치보를 듣고 나는 매우 기뻐한다."

드디어 보고한 사람에게 의복 한 벌을 하사하고서, 이어서 승정원에도 술을 하사했다. 그리고 왕이 말했다.

"나의 수천 백성[赤子]들이 이제 다행하게 살아났으니 내 마음에 기뻐서 애오라지('겨우'를 강조하여 이르는 말) 제군(諸君)과 함께 술자리를 베푼다. 너희들도 또한 함께 마시고 즐기도록 하라."

궐내의 긱사(各司)에도 주괴(酒果)를 하사해 경사를 기뻐하기를 함께 하고, 승전색(承傳色) 환자(宦者) 김충(金忠)에게 비단 의복 한 벌을 하사했다. 대개 기쁜 일을 즉시 계달한 때문이며, 또 여섯 승지에게도 각각 교의(交綺) 1필씩을 했다.

조운선은 전국에서 조세로 걷어들인 쌀, 즉 세곡(稅穀)을 바닷길로 한양 도성에 실어 나르는 선박을 말한다. 한번에 많은 양의 쌀을 운반하기 때문에 잘못되면 막대한 손실이 발생하므로 국가 전체에서 각별하게 신경을 쓰고 이 운반 과정에서 잘못을 하게 되면 관련자는 국법으로 엄히 다스렸다. 그럼에도 날씨가 변덕스럽고 바닷길이 험한 경우에는 난파를 당하는 일이 곧잘 있어 대량으로 인명과 미곡을 잃는 경우가 많아서 그런 상황일수록 더욱 경계했다.

그런데 우려하던 상황이 벌어진 것이다. 무려 99척의 배가 풍랑을 만나서 88척은 돌아왔으나 배 11척이 침몰한 상황이 되었다. 애초에 11척만이 왔다는 보고와는 전혀 다른 희소식이었다. 침몰한 배가 11척이었던 것이다. 더구나 11척의 침몰한 배들 안에 있는 미곡은 상하지 않았고, 4척만 완전 침몰했다는 내용이었다. 인상적인 것은 사실 배가 여러 척 가라앉은 것에 대해서는 세종이 타박하지 않는다는 것이다. 무엇보다 세종은 다행이라고 여긴 점은 또 있었다. 이튿날 6월 8일, 세종은 자신의 마음을 박회에게도 전했다.

"내가 처음에 조운선 70여 척이 바람을 만나서 표류 침몰하였다는 말을 듣고, 내 마음에 그 배에 탔던 천여 명의 사람이 다 빠져 죽었으리라 여겼다. 그래서 아침저녁으로 진념(軫念)하였었다."

'아침저녁으로 진념하였다'는 말을 통해 세종이 얼마나 마음을 졸였을지 짐작할 수 있다. 세종이 관심을 더 보였던 것은 그 안에 타고 있는 천여 명의 사람들이었다. 그 사람들은 사대부들이나 상류층, 관리들이 아니고 대부분 일반 백성들이었다. 죽었으리라 생각했던 천여 명의 사람이 살아 돌아왔음에 세종은 크게 기뻐한 것이다. 세종은 빨리 보고하여 걱정을 풀어주었다며 기쁜 마음으로 박회에게 옷 한 벌을 내린다.

6월 10일 마침내 호조좌랑 신계조가 '조운선 12척이 서강에 도착하였는데, 군인은 1백 70명이었습니다'라는 보고를 하자, 이에 신계조에게 술 3백 병을 내렸다. 이것만이 아니었다. 이미 6월 8일 표류한 뱃사람들에게도 쌀을 하사한 바가 있다. 또한 세종이 승정원에 일러 '바람에 표류하던 뱃사람들을 내가 매우 불쌍하게 여겨 그 배에 실었던 쌀을 요량해서 주고자 한다'고 했고 이에 대신들이 논의를 하여 서울 창고에 있는 묵은 쌀을 주는 것이 마땅하다고 결론을 내렸다. 이런 결정에 따라 표류에서 돌아온 뱃사람들에게 쌀과 음식을 준다.

한편 6월 9일, 김포현 서원(金浦縣書員) 박효진(朴孝眞)이, 66척은 서강(西江)에 도착, 16척은 갑곶(甲串)에 도착했다고 보고를 하니, 세종은 목면을 한 필 내렸다.

세종은 침몰한 네 척에 대해서 얼마든지 책임을 물을 수도 있었다. 그러나 세종은 책임을 묻기보다는 잃지 않은 것에 대해서 더 소중하게 생각하고 그것을 매우 가치 있게 생각하여 살아 돌아온 사람들에게 오히려 상을 내리고 있는 것이다.

태종 때의 사례와 비교해 볼 수 있을 것이다. 1410년(태종 10) 5월 2일, 도관찰사(都觀察使) 송인(宋因)이 풍랑을 만난 조운선에 대해서 아뢰었다. 그는 "도내(道內)의 병선(兵船) 4척이 동북면(東北面)에 쌀을 운반하다가, 동산현(洞山縣) 정진(井津) 근처에서 역풍(逆風)을 만나 패선(敗船)했습니다. 쌀·콩 9백 25석을 잃었는데, 운반하던 군사는 모두 언덕에 의지해 살았습니다"라고 했다.

태종이 이 보고를 듣고 화가 나서 말했다.

"언덕에 의지했다니 바다 가운데는 아니다. 풍세의 변함을 살피지 못해, 마음을 써서 구호하지 않았기 때문인 것이다. 그러니 압령(押領 병졸을 감독 통솔함) 운반하던 만호(萬戶)·천호(千戶), 마땅히 그 죄를 다스리라." 결국 그들은 곤장을 맞게 된다.

만약 세종이라면 어떻게 했을까. 아마도 사람들이 살아 돌아온 것을 주목하지 않았을까. 실제로 1422년(세종 4) 풍랑을 만나 배가 파손되어 병사들이 죽은 사건에 대해 의정부에서 윤득민·신득해 등을 국문하기를 청했다. 처음에 의정부에서 사인(舍人) 정여(鄭旅)를 보내 이렇게 고했다.

해도찰방(海道察訪)

조선 초기에 하삼도(下三道) 곧 충청도·전라도·경상도의 수군(水軍), 만호(萬戶)·천호(千戶)의 불법한 일을 규찰하고 병선(兵船)·장비(裝備)·선군(船軍) 등을 검열하기 위하여 중앙에서 파견하였던 임시 관원. 또는 그 관직. [*]

"경기도 **해도찰방**(海道察訪) 윤득민(尹得民)·충청도 해도질방 신득해(申得海)도 이 달 초 2일에 풍랑을 만나, 배가 부서지고 군인도 물에 빠져 죽었습니다. 국문(鞫問)하여야 합니다."

아울러 관련자 모두를 국문하기를 청하였다. 세종이 이에 대해서 말했다.

"대신의 말이 그러하지만, 금년 들어서 이미 대고(大故)가 나게 되고, 재변이 여러 번 일어나게 되었다. 시운이 불길해서 그러한 것이다. 당초에 보낼 때에 일이 반드시 성공하리라고 기필(어떤 일을 꼭 이룰 것을 약속함)한 것도 아니다. 이제 큰 바람을 만나 그들의 몸만 면한 것도 크게 기쁜 일이다. 국문할 필요가 없는 일이다."

세종은 풍랑을 만난 것은 인재가 아니라 자연 재해 때문이고 살아 온 것만 해도 다행이라고 본 것이다. 객관적인 상황을 정확하게 파악하고 그에 따라서 잘잘못을 따지는 세종의 모습을 보여주는 사례이다. 사람이 아무리 처신을 잘한다고 해도 어려운 지경이었다는 판단을 내린 세종은 국문을 할 필요가 없다고 보았던 것이다.

1428년(세종 10) 윤4월 11일에는 대신들에게서 조운 책임에 관해 더 강력한 요청이 있게 된다. 조운할 때 유실된 물품을 운송하는 아전에게 변상시키라는 의견이 있었는데, 세종은 이를 물리쳤다.
당시 강원도 감사가 "무릇 조운(漕運)할 때에 나라에 공납하는 곡식과 잡공(雜貢)으로서 물에 침몰하여 유실한 것은 운송하는 아전에게 변상시키게 하소서"라고 계했다.

세종이 이 말을 듣고 반대했는데, 반대 이유는 분명했다. 세종은 '가난한 사람이 물에 빠져 의복을 잃는 것도 정말 가엾은 일인데, 하물며 또 변상까지 시킨단 말인가' 라고 했다. 사실 이런 일을 하는 이들이 돈이 많을 리가 없고 그 손해의 양은 때로 막대하다고 할 수 있다. 더구나 이들이 고의로 사욕을 취하기 위해서 한 짓이나 그 결과도 아닌 것이다. 또한 불가항력적인 상황이 존재하는데 그러한 상황을 참작하지 않고 무조건 변상 책임을 지우는 것은 가혹한 일이라고 보는 것이다. 이런 세종의 태도는 이후에도 계속된다.

1448년(세종 30) 4월 6일, 복몰(覆沒, 배가 뒤집혀 가라앉음)한 조운선으로 피해 입은 사람을 구제하도록 했다. 당시 상황은 이러했다. 4월 초1일에 큰 바람이 불어 전라도 조운선 6척이 강화도 앞 교동(喬桐)에서 파손되고, 충청도 조운선 2척이 남양(南陽)에서 파선되었던 상황이었다. 조운선이 파손되고 파선이 되었으니 연관자들은 처벌이 가능했다. 이에 대해 세종이 경기 감사에게 유시(諭示)한 내용은 이러했다.

> "배를 압령한 사람이 옷과 식량을 잃어서 혹 기한(飢寒)으로 인하여 죽을까 염려되니, 옷과 양식을 알맞게 주고 그 깨어진 배로 수리할 수 있는 것은 수리해주어 처소를 잃는 데에 이르지 않게 하라."

유시는 관청 등에서 서면이나 구두로 백성들에게 타일러 깨닫도록 널리 알리는 것을 말한다. 이를 통해서 당시 처벌을 청한 경기 감사에게 그렇게 하지 말도록 지시가 내려졌음을 알 수가 있다. 아울러 충청도 감사에게도 알렸다.

"전라도 조운선 1척이 안흥량(安興梁)에 이르러 깨어져서 진신이 복몰(覆沒)했다. 그래서 배를 압령하는 사람이 옷과 양식을 다 잃었다. 기한으로 고생할까 염려되니 옷과 양식을 알맞게 주어 처소를 잃지 않도록 호송하라."

이 유시에서는 오히려 굶주림과 추위로 고생할 것이 염려되어 옷과 양식을 주고 머무는 곳을 잃지 않도록 보살피고 있다. 이렇게 할 때 나랏일에 참여하는 백성들은 자발적으로 더 참여하게 될 것이다. 또 자신들의 의도와는 관계없이 결과가 잘못되었다고 엄벌에 처해지게 되면 위축되고 수동적이 되어 일이 더 잘못될 수 있는 것을 방지하는 효과도 가져올 것이다.

아이와 여성은
오랑캐라도 구휼하라

길가에 버려진 아이가 있다하니 왕이 잘 보살피게 했다.

처음에 한성부(漢城府)에서 "보제원(普濟院) 길가에 어린아이가 알몸으로 말똥 속에 묻혀 있삽기에 이미 구호하여 기르도록 하였삽고, 또 각 부(部)에 이첩(移牒)하여 그 부모를 널리 찾게 하였습니다"라고 보고했다.

이를 듣고 왕이 말했다.

"젖 있는 자를 잘 가려서 그 애를 기르도록 하여 죽지 않게 하라."[2]

호조에서 고아인 미친 계집아이의 존휼(存恤)을 건의했는데, 전라도 감사의 관문(關門)에 의거하여 아뢰었다.

"고창현(高敞縣)에 나이 8, 9세 된 계집아이가 있어 미친 병을 얻었는데 부모와 족친이 없사오니, 청컨대 양미(糧米)를 하루에 한 되씩을 주게 하소서."

왕이 명하여 아뢴 대로 하게 하였다. 아울러 수령에게 일러 상시 존휼하여 춥고 굶주림에 이르지 않도록 하게 하였다.

병조에서 평안도에서 보낸 생포한 야인을 각 고을에 안치하여 공급할 것을 아뢰니 아이와 여성을 우선하게 했다. 처음에 병조에서 아뢰었다.

"평안도에서 올려 보낸 생포한 야인은 남녀노소 합 1백 74명인데 각 고을에 안치(安置)하여 공급하게 하소서."

이에 왕이 말했다.

"작은 아이와 계집은 모두 도둑질한 자가 아니니 의리상 구휼해야 한다. 야인의 성질은 본시 더위를 두려워하니, 혹 더위를 먹어 죽는 자가 있을까 염려된다. 모름지기 서늘하고 따뜻하게 하여 주어 병이 나지 않게 하고, 또 남녀가 서로 섞여 있지 말게 하며, 굶주리고 춥지 않게 하도록 야인이 있는 곳의 수령은 엄하게 살피라."³⁾

예조에서 서울 안에서 유실된 어린아이를 양육하는 방도를 아뢰었는데, 제생원(濟生院)의 정문(呈文, 공문서)에 의거하여 보고했다.

"서울 안 5부(部)에서 유실된 어린아이를 모두 본원(本院)으로 보내어 보호 양육합니다. 그런데 다만 본원에 방이 없어 아이들을 모아서 양육하지 못하고 비자(婢子)에게 나누어 주어 기르게 하고 검찰(檢察)합니다. 그 비자들이 모두가 항심(恒心)이 없고 군색한 사람들이어서 비록 친자식일지라도 보호할 수 없습니다. 하물며 유실된 아이를 어찌 마음을 두어 구호하려 하겠습니까. 이에 날마다 야위고 파리해지니 정말 가여운 일입니다. 원(院) 옆에다 집 3간을 지어서 한 간은 온돌(溫堗), 한 간은 서늘한 방, 한 간은 밥 짓는 곳으로 만들어야 합니다.

그리고 원(院)의 노비(奴婢) 각각 한 명과 양민과 천인 중에서 항심이 있고 자원하는 사람으로 하여금 구호하게 합니다. 그 옷과 요(料)는 매골승(埋骨僧, 시체를 묻는 중)의 예에 의하여 주도록 하며, 어린아이들에게 겨울철의 덮개와 소금·장(醬)·진어(陳魚)·젓갈·미역 등의 물건도 모두 넉넉히 주어야 합니다. 또 원관(院官)과 세조(提調)로 하여금 항상 검찰하게 하소서."

이에 왕이 그대로 따랐다.[4]

세종은 아이와 여성에 관한 일에 주목했고, 특히 아이 문제는 매우 중요한 정책 과제로 인식하고 조치를 취했다. 아이와 여성을 약자로 인식했던 것이다.

1433년(세종 15) 12월 20일 판서 신상(申商)이 조선을 배반한 자에 대해 처벌을 청했다. 신상은 함길도의 어떤 여인이 본국을 배반하고 몰래 타국에 귀화(歸化)하여, 유사(有司)에서 참형에 처해야 한다고 청을 올렸다. 이에 세종은 "죄는 마땅히 사형에 처하여야 하나, 이 사람은 여자인데, 역시 남자와 같이 처결하여야 하는가. 율문(律文)에는 비록 남녀의 구분이 없지만, 가장 가벼운 형벌에 좇아 처리하는 것이 어떤가"라고 했고, 이에 신상이 "임금의 말씀이 지당합니다"라고 했다. 법조문에는 남녀의 처벌에 있어 구분이 없지만 세종은 직권으로 여성에게 내려지는 형벌에 대해 차등을 둔 것이다.

굶주린 백성들을 살피는 가운데에서도 아이들에 대해 더욱 신경을 쓰는 세종의 모습을 볼 수 있다. 1436년(세종 18) 11월 20일, 세종은 충청도에 흉년이 들자, 노인과 어린아이를 버린 사람이 몇 사람이나 되는지, 결코 숨기거나 빠뜨리지 말고 수효를 기록하여 보고하고, 모두 편안히 모여 살게 하라고 했으며 유기(遺棄)된 아이들은 그 고을 수령에게 항상 굶주림을 면하도록 진휼을 더하게 했다. 기근에 처하게 되면 가장 약자인 아이들이 버려지는 것에 대해서 구제하도록 정책을 집중하게 만든 것이다.

1437년(세종 19) 1월 13일 실록에는 고아가 된 아이를 급히 구휼하게 하는 기록이 있다.

> "올해에 전라도가 조금 풍년이 들었으므로 여러 도의 주린 백성들이 모두 가서 얻어먹는데, 그 어린아이를 먹이지 못해 혹은 길가에 버렸다. 혹은 나무에 매어 놓고 가고, 혹은 남의 집에서 하룻밤 자기를 청하고서 버려두고 갔다. 이런 남녀 어린 아이가 모두 32명이나 되었다. 임금이 호조에 명해 그 도에 공문을 보내어 급히 구휼을 가하도록 하였다."

> 1430년(세종 12) 윤12월 12일에 세종은 현감과 현령들을 보는 자리에서 "지금 서울에 어린 아이들이 살 곳을 잃고 굶주려 지쳐 있다. 지방 고을엔들 어찌 이런 일이 없겠느냐. 그대들은 가서 구제하라."

당시 조선에서는 기근을 당하게 되면 곡식을 얻을 수 있는 곳으로 백성들이 이동하는 일이 잦았다. 전국에 걸쳐 흉년이 들었는데 전라도가 조금 곡식이 도니 다른 지역의 굶주린 백성들이 쌀을 얻기 위해 멀리 전라도를 찾았지만 정작 아이까지 먹이지 못해서 버리는 일이 벌어졌다. 그들에게 더이상 방법이 없었던 것이지만, 세종은 이렇게 버린 아이들을 구휼하라는 명령을 내렸다.

1435년(세종 17) 12월 13일에는 호조에서 활인원 사람의 구휼에 대해 "동서활인원(東西活人院)에 모인 굶주린 백성 가운데에서, 아이를 해산한 부녀는 예(例)에 따라 급료(給料)하고 아울러 소금과 장을 주소서"라고 하니 허락했다. 굶주린 백성 가운데에서도 출산한 여성을 우선 배려하고 있는 대목이다. 산모는 해산과정에서 매우 고통을 겪었고 몸 상태는 더 좋지 않을 수밖에 없었다. 산모에게 소금과 장을 준 것은 아이와 산모 모두를 살리기 위한 것이었다. 산모가 잘못된다면 아이까지 잘못될 수 있기 때문이다.

1436년(세종 18) 10월 10일, 기근으로 유이(流移, 맺고 끊은 데가 없음)하는 백성들이 그 어린 아이를 버리고 갔는데, 마을 사람들도 이 아이들을 보호해서 기르지 않아, 의탁할 데가 없어서 굶주려 죽는 사람이 있게 되었다. 이때 고을의 마을 대표자인 이정(里正)이 수령에게 알려서, 일정 재산이 있고 자상(慈祥)한 사람에게 아이를 주어 보호 양육케 하고, 관청에서 의복과 양식을 주어 추위와 굶주림을 면하게 했다. 통상적으로 국가나 관청이 이런 아이들에게 아무런 조치를 하지 않았을 것으로 알고 있는 인식과 많이 다름을 알 수 있다.

세종은 아이들이 굶주리지 않고 범죄의 대상이 되지 않도록 국가가 적극적으로 지원하도록 했다. 물론 그 대상인 아이들은 왕족의 종친과 양반이나 사대부의 자녀들만이 아니었고 백성의 자녀들이었다.

1429년(세종 11) 11월 4일 기록에는 엄격한 범죄의 처벌과 함께 놀랍게도 죄인의 자식에 대해서까지 세종이 어떻게 생각하고 있는지 보여주는 부분이 있다.

"광주(廣州)에 사는 사노(私奴) 인만(元萬)이 그 주인집 처녀 고음덕(古音德)과 사통하여 자식을 낳고는, 그들을 거느리고 도망하여 순천(順天)까지 갔다가 목매어 자살했습니다. 고음덕은 율이 참형에 해당합니다."

하니, 그대로 따르고 이어서 명하기를

"간통해서 낳은 아기는 거두어 굶주리거나 추위에 얼어 죽지 않게 하라."

사노(私奴)라 하면 권문세가에서 사적으로 부리던 노비이다. 천민과 주인집 처녀인 아씨가 사랑에 빠졌다는 것은 당시의 신분제도를 뛰어넘는 사랑이 아닌 사회체제를 뒤흔드는 위중한 범죄였다. 사노는 이미 자살을 하여 세상에 없으니 아이를 맡아 키울 수 없고, 더구나 가문에 치욕을 남긴 채 참형을 당한 여자쪽 집에서 아이를 거두는 것은 사실 불가능했을 것이다. 이러한 상황에서 아이는 아마도 내버려지지 않았을까? 세종은 이러한 사정까지 살폈던 것 같다. 사통한 죄에 대한 처벌은 내리되 범죄자의 아이에 대한 염려를 잊지 않는 군주… 사람을 먼저 생각하는 세종의 마음을 엿볼 수 있는 부분이다.

"무릇 화간(和姦)은 장 80대, 남편이 있으면 장 90대이다. 조간(刁姦, 여자를 유괴한 뒤 간음)은 장 100대이고, 강간한 자는 교수형에 처한다. 강간미수죄는 장 100대에 3,000리 바깥의 먼 곳으로 유배를 보낸다." _대명률

조선시대 성범죄에 대해서는 매우 엄격한 처벌을 행했는데, 그

가운데에서도 강간범에 대해서는 교수형에, 특히 12세 이하의 여자아이에 대한 성폭행 역시 극형에 처해졌다.

1426년(세종 8) 11월 17일, 평해(平海)에 있는 죄수 김잉읍화(金仍邑火)는 8세의 계집아이를 강간하여 교형에 처해졌고, 1427년(세종 9) 12월 24일, 사노 김봉(金奉)은 11세 소녀를 강간하여 교형에 처했다. 1435년(세송 1/) 12월 22일, 강원도 철원(鐵原)의 사노 문수생(文守生)이 11세 된 계집아이를 강간했기에 형률에 근거해 교형에 처했다. 이 외에도 세종실록에 따르면 어린 여자아이를 강간한 여러 기록들이 나오는데 예외없이 교형에 처했다고 나온다.

이뿐 아니라 강간 미수에 그치더라도 군수에서 관노(官奴)로 전락시키는 중형을 내린 일례도 있으니 이러한 성범죄에 대한 인식은 오늘날과 비교했을 때 보다 훨씬 엄중했다고 보여진다. 특히 세종의 인권에 대한 감수성은 놀랍도록 앞서 있었음을 볼 수 있다.

제 명이 아닌
죽음을 할까 염려된다

왕이 지인(知印)을 춘천(春川)에 보내어 벌목(伐木)하는 상황을 살
피게 했다. 사환이 돌아와 "이미 베어 놓은 목재가 1천 8백여 개입
니다. 이미 강변에 옮겨 놓은 것이 7백여 개입니다. 군인이 병이
난 자가 22인이고, 죽은 자가 3인입니다"라고 참사를 전하자, 부
상자가 발생한 벌목장에 의원과 약을 보냈다.

이에 왕이 놀라서 승지(왕명은 승지를 통해 해당 관서에 전달되었으며,
공문이나 건의사항 또한 왕에게 직접 제출하지 않고 이들을 거쳐 왕에게 전달
되었다)들에게 일렀다.

"저번에 이천(伊川) 온정(溫井)에서 의외의 재난이 있어서 나의 조
치가 잘못 되었던가 싶었다. 마음에 심히 부끄럽게 생각되었다.
이 뒤로는 다시 건축 일을 하지 않기로 마음먹었는데 오늘에 이르
러 자손을 위하는 계책으로 또 이 일을 일으켰다. 역사를 하고 있
는 무리에 병이 난 자가 많다고 하니 내 심히 염려된다. 내 전일에
말했듯이 이궁을 짓는 것이 반드시 촉박한 일이 아니기에 올봄에
마치지 못하면 내년에, 내년에도 마치지 못하면 여러 해에 할 것

이라 얘기했다. 이렇게 하는 이유는 백성을 괴롭힐까 두려워함이었다. 그러니 벌목하는 역사를 곧 정지하게 하라."

좌승지 이승손(李承孫)과 우승지 김조(金銚) 등이 아뢰었다.

"역사하는 인부가 1천 4백여입니다. 병난 자는 겨우 22인입니다. 죽은 자는 3인밖에 안 되오니, 염려하실 것이 없습니다. 또 이 역사를 끝내 하시지 않는다면 그만입니다. 하지만 부득이 하실 것이라면 어찌 정지할 수 있겠습니까. 이제 일하는 자들 모두를 헤쳐서 돌려보냈다가 얼마 후에 또 불러 모여들게 하면 공연히 번거롭고 시끄럽기만 할 뿐입니다. 신들의 의견으로는 용한 의원을 시켜서 좋은 약을 많이 가져가게 하여 병에 따라 치료하게 하여야 합니다. 그러면, 큰 일이 정지되지 않고 실제로 편의하고 유익함이 될 것이라 생각합니다."

이에 왕이 말했다.

"너희들의 말이 옳다. 빨리 용한 의원을 보내어 구호 치료하게 해야겠다. 또 병의 증세를 자세히 적어서 바로 곧 치계(馳啓)하게 하라. 아울러 죽은 자들은 참으로 불쌍하니 모두 구휼하는 은전을 베풀어 주라."

드디어 의원을 보내고, 강원도 관찰사에게 전지했다.

"군인이 병에 걸린 자가 많다기에, 제 명이 아닌 죽음을 할까 염려되어서 의원을 시키어 약을 가지고 가서 구호 치료하게 하라. 경은 그리 알고 곡진하게 조치해 한 사람의 죽음도 없도록 하라. 만일 죽는 자가 있으면 거두어 매장하고 표를 세워 주라."[5]

 벌목은 나라에서 필요한 건물을 지을 때나 선박에 쓰일 나무를 베는 일이다. 많은 백성들이 동원되는 일이기에 당연히 시고가 잦을 수밖에 없었을 것이다. 이미 이전 온성의 공사에서 일어난 재난의 경험이 있었던 세종은 다시 이궁을 짓는 일에 사고가 발생하자 크게 걱정하여 일을 중단하라고 지시한다.

이천 온정의 재난이란 1442년(세종 24) 4월 17일, 세종이 치료를 위해 이천 온정에 갔었고, 이후에 궁에 돌아오자 곧 온정에서 불이 났다. 16일에 세종이 호송 인력들과 함께 온정에서 출발했는데, 이튿날인 17일에 불이 나서 온정의 욕실이 연달아 탔던 것이다.

세종은 대궐에 돌아온 후에 귀환에 관한 연회를 베푸는 것을 정지하게 했다. 대개 실화(失火) 때문에 경계하고 두려워하는데 세종이 이렇게 두려워한 이유는 그 욕실이 자신의 지시로 새로 만들어진 것이기 때문이다. 세종 자신이 사용하기 위해 마련한 것인데 그것이 타버렸으니 그 명령이 혹시 잘못되어 누군가에게 피해를 준 것은 아닌지 경계를 한 것이다.

구체적으로 온정을 지은 과정을 1441년(세종 23) 5월 15일의 기록에서 보면, 중을 소집하여 이천(伊川) 온정의 욕실을 짓게 했고 일을 할 인력들을 충청도에서 1백 50명, 경기에서 1백 명을 불러 모았다. 물론 20일 동안 사역한 자에게는 상직(賞職)을, 30일 동안 사역한 자에게는 도첩(度牒)을 주었다고 한다. 그럼에도 불구하고 세종은 이렇게 공사를 했을 때 무엇인가 무리한 점이 없었는지, 비록 공사 중이라고 해도 백성을 노역에 나서게 한 것이 뭔가 잘못된 점이 없는 것인지를 생각한 것이다. 그 사역에 불만을 품고 방화를 했다면 더욱 그렇다. 더구나 온정의 욕실은 온전히 세종을 위한 것이었는데, 동궁의 욕실은 불타지 않았기 때문에 더욱 그러한 마음을 갖게 되었을 것이다.

강원도 벌목장에서 사고가 난 것을 알고 세종이 두려워한 것은 이러한 맥락 때문이라고 할 수 있다. 온정 이후에 자신이 잘못했기 때문

맹사성 | 孟思誠(1360~1438)

고려말 조선초의 문신. 자는 성지(誠之), 호는 고불(古佛). 본관은 신창, 출생은 온양. 1418년 세종 즉위 후 공조판서가 되었고 이때도 사직을 청하였으나 윤허되지 않았다. 그 뒤 1419년 이조판서와 예문관대제학이 되었고 그 이듬해 다시 이조판서가 되었다. 1421년 의정부찬성사를 지냈다. 세종 13년에 좌의정이 되어 명재상으로 이름을 날렸으며 황희와 함께 조선 초기 문화를 이룩하는 데 크게 기여했으며 시문에 능하고 음률에도 밝아 향악을 정리하기도 했다. 『태종실록』 편찬을 감독했고, 『팔도지리지』를 편찬하였다. 또한 맹사성은 검소한 관리, 효자로 표창 받아 정문이 세워졌으며 직접 쓴 작품에 유명한 「강호사시가」가 있다. 조선조의 황희 정승과 함께 세종대왕 시기, 그리고 조선시대를 대표하는 명재상이자 정승, 청백리의 상징으로 통하며 우의정, 좌의정까지 오르기도 해서 역대 좌의정 중 최장기 재임자다. 나이가 많아서 벼슬을 사양하고 물러났으나 나라에 중요한 일이 있으면 반드시 그에게 자문했다 한다. 그가 세상을 떠나던 날 세종이 모든 국정을 중단한 채 문무백관을 거느리고 문상했다고 한다. [*]

에 그런 일이 일어난 것은 아닌지 조심하는 태도가 보이는 것이다. 무엇보다 죽은 자가 있기 때문에 벌목의 역사를 중지하려고 했다. 그러나 두 승지가 아뢰듯 이미 1,400여 명이나 동원된 역사를 중지할 수는 없는 것이었다. 그래서 역시를 중지하는 대신 의원과 약을 보내도록 결정했다. 만약 벌목만을 생각한다면 그것을 채우기 위해서 독촉을 하겠지만 그 과정에서 사람을 상하게 하는 것을 극도로 경계시키고 있는 세종이다.

한편 이렇게 백성을 동원하여 나랏일을 할 때, 고민하는 것 가운데 하나는 공사 기한에 관한 것이다. 1430년(세종 12) 11월 15일, 세종은 황희와 **맹사성**을 불러 백성 동원의 기한을 정할 것을 의논한 바가 있다.

> "우리나라는 과거부터 백성을 동원시키는 것이 일정한 한계가 없어서 열흘, 한 달까지 이르기도 했다. 이 때문에 백성의 고통이 매우 심하였다. 옛 제도를 조사하여 날 수를 제한하려 하는 데 있어 열흘이나 한 달까지는 가지 않게 함이 어떠한가."

일정한 한계가 없이 일을 시기던 깃에시 빗어나 닐 수를 세한하겠다고 하자, 대신들이 모두 좋다고 찬성했다. 그 동안 부역에 동원된 백성들은 그 일이 끝날 때까지 집으로 돌아가지 못하는 일이 일반이었던 것이다. 농업을 기반으로 한 국가에서 농사 짓는 제 때를 놓치는 것은 백성들의 생계가 위협 당하는 일이었다. 특히 한 해의 농사를 망치는 일은 다음 해의 식량 문제와 직결되는 중요한 일이었기 때문이다. 그래서 공사기간에 맞추어 기약없이 백성을 동원시키는 것도 문제였지만, 동원시키는 때, 즉 시기도 매우 중요했다. 예를 들어 파종(播種)을 해야 할 봄에 성을 쌓는 일은 적당하지 않기 때문이다.

1430년(세종 12) 윤12월 8일 세종은 최윤덕이 성 축조를 내년 가을로 미룰 것을 건의하자 이를 받아들였다. 이때 상참을 받고 정사를 보는데, 이조 판서 권진(權軫)이 아뢰었다.

"도순문사(都巡問使) 최윤덕(崔閏德)이 부사(副使)와 수행관원을 아울러 함께 간 곳마다 지방의 접대가 너무 번폐합니다. 오래 지방에 머물러 있는 것은 매우 옳지 못합니다. 더구나 '가을에 할 일을 봄철에 하면 백성이 전염병으로 많이 죽는다'라고 했습니다. 쌓을 성터가 결정되었다면 그 역사(役事)를 감독하는 것은 윤덕이 아니어도 할 수 있습니다.

옛적 임인년에 도성(都城)을 수축할 때, 군인이 병으로 죽은 사람이 적었으나, 그들이 돌아갈 때는 죽은 자가 길바닥에 서로 깔렸습니다. 이를 옛 책에서 상고하면, 가을에 할 일을 봄철에 강행했기 때문입니다. 내년 봄에 성을 쌓는다는 것은 옳지 않다고 합니다."

이조판서 권진은 성을 쌓기 위해서 그곳을 방문한 것이 필요 없는 일이라고 말한다. 이유는 성을 쌓는 시기 때문에 미리 방문하는 것은 의미가 없다고 봤다. 무엇보다 봄에 성을 쌓으려고 최윤덕이 미리 방문을 한 것인데 권진은 봄에 성을 쌓는 것 자체가 좋지 못하기 때문에 방문할 필요도 없는 일이라고 한다.

세종이 이에 대해서 동의를 한다. 그리고 다음과 같이 말한다.

> "경의 말이 옳다. 나는 과거에, '가을에 할 일을 봄철에 강행하면 백성이 전염병으로 많이 죽는다'고 한 뜻을 미처 몰라서, 봄철에 백성을 사역을 시켰는데 봄에 시킨 것은 사실 잘못이었다. 현재는 봄철에는 백성을 사역하지 못하도록 했다. 삼도(三道)의 성을 봄철에는 쌓지 않게 반드시 할 것이다."

권진이 물러 나간 뒤에, 세종이 대언(代言, 조선시대의 관직) 등에게 명했는데 봄에는 성을 쌓지 못한다는 취지를 최윤덕에게 이르게 하였다. 봄에 하지 않아야 하는 이유는 온도가 높아지기 때문에 전염병이 많아질 수 있어서이다. 또한 농사철이기 때문에 적합하지 않은 면도 있다. 오히려 가을에 시작하여 겨울 그리고 이른 봄으로 이어지는 것이 나을 수 있다. 이는 백성의 생명을 상하지 않게 하기 위해서이다. 물론 그것이 국가의 일을 하는 데도 매우 중요하기 때문이다.

그렇다고 해서 겨울에 질병이나 사고가 없는 것은 아니다. 날씨가 춥기 때문에 추위에 따른 질병도 있을 수 있고 눈과 얼음으로 작업에 지장을 받고 안전사고도 있기 때문에 언제나 의원과 약은 필요하다. 1429년(세종 11) 10월 2일, 예조에 전지하여 도성을 수축하는 세 곳에 각기 의원(醫員) 2인을 파견하여 군인으로 질병에 걸린 자를 치료토록 했는데, 역시 겨울에도 조심해야 할 필요성이 있있다.

> "지금 천기가 점점 추워져서 성을 수축하는 군사들이 혹은 노
> 숙(露宿)과 야간작업 때문에 한기에 저촉되어 질병이 나거나 혹은
> 흙과 돌에 깔려 부상하는 수가 있으니, 그들의 음식과 거처 및 의
> 약품 등의 잡물을 모두 친히 보살펴서 성의껏 구료하라."

춥지 않을 때는 노숙이나 야간작업이 가능하지만 겨울에는 어렵
다. 흙과 돌에 깔리는 안전사고가 뜻하지 않게 발생할 수 있는 곳이
공사현장이다. 그럼에도 일을 하지 않을 수 없으니 그들에 대한 식
량 지원뿐 아니라 의료품 전달도 중요하게 생각한 것이다. 또한 일
을 어떻게 시키는가도 중요하다. 1430년(세종 12) 8월 13일에는 공조
에 토목 공사의 감역관이 일을 혹독하게 시키지 못하게 하라고 했
다. 내용은 이러했다.

> "성곽을 쌓거나 집을 짓고 수리하는 등, 토목(土木) 공사의 감역
> 관(監役官)들 중 대부분이 백성을 애호하는 나의 본의는 본받지 않
> 고 공사를 빨리 끝내는 데에만 급급한 나머지, 아침 일찍 시작하고
> 밤늦게 파하는 등, 노고가 극심하여 질병이 발생하기 쉽고, 이에
> 횡사(橫死)하는 자가 있다. 지금부터는 많은 사람들을 모아 부릴 경
> 우, 서울은 제조(提調)가, 외방은 감사(監司)가 불시(不時)에 현장을 검
> 사해 혹심하게 부리는 것을 금해야 한다. 만일 질병에 걸린 자가
> 있으면 의원에게 약품을 가지고 가서 치료 구제해 주도록 하라."

관리들은 하루라도 빨리 성과를 드러내고 싶어 하는 심리가 있게

마련이다. 그래서 공사 목표를 설정하고 이에 맞추어 재촉하다보니 크고 작은 사고가 날 수밖에 없었던 것이다. 이러한 성과주의는 오늘날과 크게 다르지 않은 것 같다. 세종은 무엇이 문제인지를 정확하게 파악하고 있다. '백성을 애호하는 나의 본의'를 밝히며 질병에 걸린 자들을 위해 의원을 지원해주는 것 뿐 아니라 문제의 재발을 방지하기 위해 단빌싱의 행정명령을 내리는 것이 아닌 '불시에 현장을 검시' 하라는 조치를 취한다. 이러한 세종의 모습은 무엇이 근본 목적인가를, 성과주의의 결과물이 아닌 백성을 먼저 생각하는 지도자의 철학이 있었기에 가능한 판단이었을 것이다.

1429년(세종 11) 9월 16일 세종이 군자감(軍資監, 조선시대 군수품의 저장과 출납을 맡았던 관청)에서 압사한 사람들을 매우 가엾게 여기어 조의의 뜻으로 조참(朝參)과 시사(視事) · 윤대(輪對) · 경연(經筵)을 정지하게 했다. 만약 나랏일에 동원된 이들의 생명을 귀하게 생각하지 않는다면 이런 조치를 취하는 것은 쉽지 않을 것이다.

1436년(세종 18) 3월 11일 회양(淮陽)의 남곡(嵐谷) 등처에서 사냥하다가 회양 부사 김유양(金有讓)을 맞아 송간(松磵)에서 유숙하며, 이렇게 말했다.

> "군대가 출동하는 사이에 어찌 질병이 나고 배고프고 추위에 떠는 사람이 없겠는가. 만약 미처 구하지 못한다면 반드시 생명이 끊어지게 될 것이기 때문에 이후로는 미처 구료하지 못하여 길에 버리게 된 사람 외에 아직도 구원할 만한 사람은 모름지기 즉시 구호하여 죽게 하지 말라."

세종은 외향적이기보다는 책 보는 것만 즐겨하는 사람이었다. 오죽하면 아들을 운동시키기 위해 아버지 태종은 일부러 사냥터에 데리고 나갈 정도였다고 한다. 세종 4년 11월 1일 기록에는 '임금이 허손병(虛損病)을 앓은 지여러 달이 되매, 정부와 육조(六曹)에서 육찬(肉饌) 자시기를 청하여 두세 번에 이르렀으나 듣지 아니하고, 병세는 점점 깊어 약이 효험이 없으니…' 임금으로 즉위 후 세종은 이전보다더욱 공부에 집중했고, 늘 과중한 업무 속에서이 외에도 여러 가지 심각한 병을 앓아 나이가들수록 점점 간강이 악화되었음은 익히 알려져 있다.

강무(講武)

조선시대, 임금이 신하와 백성들을 모아 일정한 곳에서 함께 사냥하며 무예를 닦던 행사. 서울에서는 사계절의 끝 무렵에, 지방에서는 봄*4 가을 두 계절에 이루어졌는데, 수렵하여 잡은 동물로 종묘사직과 지방 사직에 제사하였다. [*]

아버지의 걱정으로 사냥을 나섰던 세종은 이후 건강을 위해 사냥을 많이 다닌 왕, 역대 왕 가운데 매 사냥 애호가로도 알려져 있다. 그러나 당시 왕의 사냥은 **강무**(講武), 군사훈련의 참관 목적도 겸하고 있었으니 단순히 사냥놀음으로 치부해선 안 된다. 왕의 궐 밖 행차에는 당연히 많은 인력이 따르게 된다. 더구나 군사훈련을 겸한 사냥 행차들이니 그 규모는 상당했다.

송간에서 유숙하며 추위와 배고픔에 고통 받는 군대에 대한, 그에 따른 수행들과 백성들에 대한 세종의 염려가 더 깊어 보이는 것은 설령 자신의 건강을 위한 것이든 군사훈련이든 신분이 차등되어진 세상에서 만인지상(萬人之上)의 왕이 생명의 무게를 무겁게 생각하고 있었다는 것이다.

어찌 양민(良民)과 천인(賤人)을 구별해서 다스릴 수 있겠는가

집현전 응교 권채의 잔혹한 행적에 대해 조사하라고 명했는데 처음에 형조 판서 노한(盧閈)이 계했다.

"신(臣)이 길을 가다가 한 노복이 무슨 물건을 지고 있는 것을 보았습니다. 사람의 형용과 비슷했는데 가죽과 뼈가 서로 붙어 파리하기가 더 할 수 없었습니다. 놀라서 물어보니, 집현전 응교(集賢殿應敎) 권채(權採)의 가비(家婢-집종)였습니다. 권채가 집종이 도망한 것에 분노하여 가둬서 이 지경에 이르렀다고 합니다. 본 형조에서 이를 조사했으나 끝내지 못해서 즉시 계달(啓達, 신하가 글로 임금에게 아룀)하지 못했습니다. 그의 잔인(殘忍)이 심한 것은 이루 다말할 수 없겠습니다."

이를 듣고 왕이 말했다.

"나는 권채를 성질이 안존(安存)하고 양순한 사람으로 여겼는데, 그가 그렇게 잔인했던가. 이것은 반드시 그 아내의 뜻을 따라 그렇게 된 것일 수 있으니 모름지기 끝까지 조사하라."[6]

권채의 일에 대해서 의금부에서 계본(啓本)을 올렸는데 그 내용이 다음과 같다.

"집종 덕금(德金)을 학대해 거의 죽게까지 수척하고 곤고하게 한 것은 권채는 아는 바가 없다고 합니다. 남자 종 구질금(仇叱金)과 여자 종 양덕(楊德)의 말한 바가 형조에서 공초(供招, 죄인이 범죄사실을 제대로 말하는 일) 받은 것과 전혀 다릅니다. 만약 한데로 모으고자 한다면 마땅히 형벌을 써서 신문해야만 되겠습니다. 그러나 종과 주인 사이의 일인데 형벌을 써서 신문하여 끝까지 캐내는 것은 편하지는 않습니다. 다만 권채의 아내 정씨가 가주(家主)의 명령을 듣지 않고 머리털을 자르고 포학하게 하고 곤욕을 준 죄만 형률에 의거함이 어떻겠습니까."

이 계본의 내용을 보고 왕이 말했다.

"일단 권채를 석방하고 다시 정씨에게 덕금을 수척하게 하고 곤욕을 준 사유를 국문하여 아뢰라."

이 명을 듣고 조금 후에 추국을 마친 계본을 바쳤다. 임금이 올린 계본을 보고 말했다.

"권채의 일은 비록 종과 주인 사이의 일이라고는 하지만, 노비가 스스로 고소한 것이 아니고 국가에서 알고 추핵(推劾)한 것이다. 종과 주인 사이의 일이라고 논하는 것이 옳겠는가. 여러 달을 포학하게 하여 거의 죽을 지경에까지 이르러 잔인하기가 이보다 심함이 없으니, 어찌 국문(鞫問)을 하지 않고 그 사실을 알 수 있겠는가. 그 일이 노비에 관계되는 것은 형벌로 신문해 다시 추핵하고, 권채가 만약에 참예하여 알았다면, 또한 다시 잡아 와서 신문하라."[7]

명령에 따라 권채와 그의 아내를 형벌로서 신문하도록 했다. 의금부 제조 신상(申商)이 계했다.

"권채의 노비 공초(供招)가 형조(刑曹)와 다름이 없습니다. 그런데 권채와 그 아내는 모두 실정을 고백하지 않고 허물을 형조 판서에게 돌립니다. 이 사람은 다만 글을 배울 줄은 알아도 부끄러움은 알지 못합니다."

왕이 말했다.

"임금의 직책은 하늘을 대신하여 만물을 다스리는 것이다. 그러니 만물이 그 저소를 얻지 못하여도 오히려 대단히 상심할 것인데 하물며 사람일 경우야 어떠하겠는가. 진실로 차별없이 만물을 다스려야 할 임금이 어찌 양민과 천인을 구별해서 다스릴 수 있겠는가. 녹비(祿非)가 나타나서 일의 증거가 더욱 명백한 것이 이런데, 권채가 기어코 복죄(服罪)하지 않는다면 마땅히 형벌로서 신문할 것이다."[8]

의금부에서 비첩을 학대한 권채와 그의 아내의 형벌을 정했다. "권채가 비첩(婢妾) 덕금을 고랑으로 채워서 집안에 가두었다. 그 아내 정씨가 덕금을 질투하여, 머리털을 자르고 똥을 먹이고 항문을 침으로 찌르며 하루 걸러서 밥을 주는 등을 하였습니다. 이렇게 여러 달을 가두어 두고 학대하여 굶주리고 곤고하여 거의 죽게 되었습니다. 형률에 의거하면 권채는 장 80, 정씨는 장 90에 해당합니다" 이에 권채는 직첩을 회수하고 외방에 부처(付處)시키고, 정씨는 속장(贖杖, 매 대신 돈으로 내게 하는 것)에 처하게 하였다.[9]

권채(1399~1438)의 사건은 세종에게 충격이었다. 무엇보다 권채는 집현전 부교리(集賢殿副校理)로, 세종이 저작랑(著作郎) 신석견(辛石堅)·정자(正字) 남수문(南秀文) 등을 불러 사가독서(賜暇讀書) 제도를 할 때 이들과 같이 하게 했던 인물이기 때문이다. 사가독서 제도는 국가의 유능한 인재를 양성하고 문운(文運)을 진작시키기 위해 젊은 문신들에게 휴가를 줘 독서에 전념할 수 있도록 한 것이었다.

1426년(세종 8) 12월 11일, 세종은 사가독서에 관해 이렇게 언급한다.

> "내가 너희들에게 집현관을 제수한 것은 나이가 젊고 장래가 있어 다만 글을 읽혀서 실제 효과가 있게 하고자 함이었다. 그러나 각각 직무 때문에 아침저녁으로 독서에 전심할 겨를이 없으니, 지금부터는 본전(本殿)에 출근하지 말고 집에서 전심으로 글을 읽어라. 그리고 성과를 내어 내 뜻에 맞게 하라. 글 읽는 규범에 관해서는 **변계량**(卞季良)의 지도를 받도록 하라."

권채가 나이가 젊고 유능하고 장래가 유망하며 품성이 좋은 집현전 학사이었으므로 그에게 독서에 전념하도록 기회를 준 것인데 노비를 이렇게 학대한 점이 드러났으니 세종에게는 충격이 될 수밖에 없었다. 사가독서에 추천

변계량 | 卞季良 (1369~1430)

고려 말 조선 초의 정치가. 자는 거경(巨卿), 호는 춘정(春亭), 본관은 밀양이며, 시호는 문숙(文肅)이다. 세종의 스승. 1426년(세종 8) 판우군도총제부사(判右軍都摠制府事)가 되었다. 20여 년간 대제학을 지내면서 외교 문서를 지어 잡과출신으로는 문장이 있었으며, 『태조실록』 편찬과 『고려사』 개수에 참여하였다. 시에도 뛰어나 문묘·기자묘의 비문과 낙천정기(樂天亭記)·헌릉지문(獻陵誌文) 등을 지었으며 『청구영언』에 시조 2수가 전한다. 뛰어난 문장으로 세종의 명을 받아 흥덕사(興德寺)에서 『국조보감』(國朝寶鑑)을 엮는 임무를 맡아 머무르는 동안, 세종이 궁중의 귀한 음식을 하사하였고, 조정의 고관도 동료들 또한 자주 변계량에게 술과 음식을 보내 위로하였는데, 변계량은 그 음식과 술을 모두 먹지 않고 방에다 저장해 둘 뿐, 따르던 종이나 시자 누구에게도 한 입 나눠주는 일이 없었고 급기야 날이 오래되어 음식들이 구더기를 까고 악취가 진동할 정도로 썩으면 그냥 언덕에 갖다 버릴 뿐이었다. [*]

될 만한 인재가 아니기 때문에 그 제도의 실시마저 체면을 구긴 셈이 되었다. 더구나 세종이 매우 중요하게 생각하고 애정을 갖고 있는 집현전 부교리였다. 그래서 권채가 아내의 말을 듣고 움직였는지, 과연 권채는 이 같은 사실을 다 알고 있었는지에 대해서 세종 스스로가 궁금하지 않을 수가 없는 것이다. 그만큼 그를 믿고 신뢰하는 인재라고 생각했기 때문이다. 인재라고 생각한 이가 능력 이전에 품성에 문제가 있는 것으로 밝혀진다는 것은 세종의 문치(文治)에도 타격이 있을 수밖에 없다.

그렇다면 이 사건은 어떻게 된 것일까. 가비 덕금은 권채의 첩이었다. 발단은 집종 가비가 도망쳤다가 잡혀왔는데, 이 사실에 분노한 권채의 아내가 덕금을 가두고 온갖 학대를 한 것이다. 물론 권채는 이 같은 사실을 다 알고 있었다. 이렇게 묵인 · 방조한 것 때문에 죄를 받을 수밖에 없었다. 권채는 세종에게 상당히 실망을 주었고, 이미 집현전에 있을 관리가 아니라고 판단을 할 수밖에 없었다. 따라서 그에게 형벌을 내리고 멀리 내보내기에 이른다.

이러한 처결에 대해서 반대를 하는 이가 있을 법했다. 바로 허조였다. 허조가 권채를 논죄하는 것이 강상의 문란함을 초래할까 두렵다고 아뢰었다. 그는 위아래의 수직적 신분 질서를 매우 중하게 생각하는 이였다. 이조 판서 허조가 지신사 정흠지(鄭欽之)에게 말했다.

"임금과 신하, 아버지와 아들, 종과 주인의 사이는 그 관계가 같습니다. 지금 권채가 계집종을 학대 곤욕 시킨 죄로써 직첩을 회수하고 외방(外方)에 부처(付處)하시니, 신은 강상(綱常)의 문란함이 여기서부터 시작될까 두려워합니다."

정흠지가 이 같은 말을 전하여 아뢰니, 세종이 말했다.

"비록 계집종일지라도 이미 첩이 되었으면 마땅히 첩으로 대우해야 한다. 그 아내도 또한 마땅히 가장(家長)의 첩으로 이를 대우해야 한다, 그의 잔인 포학함이 이 정도니 어떻게 그를 용서하겠는가."

세종의 물음에 정흠지가 '권채의 죄는 경한 것 같습니다' 라고 하자 세종은 다만 그 관직만 파면시키게 하였다. 세종의 인권 감수성을 생각한다면 권채의 행동에 대해서 세종이 벌을 가볍게 할 수는 없는 노릇이었다. 더구나 자신이 추천하고 지원을 했던 인재였기 때문에 더욱 그러했다. 비록 자신의 사람이었지만 잘못에 대해서는 원칙에 맞게 처결을 한 것이다. 어쨌든 학대 행위를 한 것에 대해서는 아무리 종이라고 해도 함부로 할 수 없었다. 특히 때려죽이는 일은 중한 범죄였다.

"잔인하고 포학한 무리들이 한결같이 노비를 고소하지 않고 함부로 때려죽이는데 이후로는 비록 죄가 있는 노비라도 만일 법에 따라 형벌을 주도록 한다. 제 마음대로 그릇 형벌을 하는 자[任情枉刑者]는 삼절린(三切隣, 가까이 사는 세 이웃)과 오가장(五家長)이 즉시 모여 이것을 금지하고, 만일 법을 어기고 마구 형벌하여 죽임에 이르거든 삼절린과 오가장이 관령(管領)에게 달려가 고발하게 한다."[10]

흔히 노비는 주인이 함부로 해도 된다고 생각하는 경향이 있다. 조선시대를 다루는 작품들의 경우에 노비가 함부로 참살되는 것이 많이 나온다. 그러다보니 일반적으로 그렇게 해도 되고, 탈법이나 위법이 정상이 되는 인식구조를 갖게 되었다. 조선시대의 부정적인 측면을 적나라하게 드러내도 이에 대해서 뭐라 할 사람도 없기 때문이다. 노비의 자손들이 지적할 리도 만무하다. 자신이 노비의 후손이라고 밝힐 일도 없다.

그러나 조선시대는 법으로 노비가 잘못한 일이 있으면 형벌로 치죄를 해야지 사사로이 벌을 주지 못하도록 했다. 이의 기틀을 잡은 것이 세종이다. 조선시대 왕들은 선대왕이 세운 법은 끝까지 지켜야 했다. 비록 노비가 물건처럼 취급되어도 사람이니, 형벌에 따라 노비의 죄를 주지 않고 사적인 벌을 주는 짓은 일단 마을 주변의 오가장 등을 통해 이를 통제하고자 했다. 오가장은 조선시대 민호(民戶) 다섯 집을 한 통으로 만들어 인보(隣保) 혹은 행정 조직의 말단으로 했는데, 그 우두머리를 일컫는다. 또한 오가장 등이 보고, 조사 등을 제대로 역할을 하지 못하면 중형에 처했다.

단순히 공공기관이 개입하는 것이 아니라 마을의 자치 조직이나 우두머리가 해결하도록 하고 그것이 제대로 되지 않으면 국가 기관이 개입하게 했다. 물론 허위로 노비가 고소하는 것도 중죄에 속했다. 여하간 허조처럼 노비가 자신의 상전을 고소하는 일을 못마땅해 하는 이들도 상당했는데 세종은 그들과 생각이 달랐다. 그렇다고 해서 세종이 자의대로 한 것이 아니라 다음과 같이 확립한다.

"율문을 참고하니, 노비구가장조(奴婢毆家長條)에 이르기를, '만약 노비가 죄가 있는 것을 그의 가장(家長)이나 기복친(朞服親), 혹은 외조부모가 관에 고발하지 않고 구타하여 죽인 자는 장(杖) 1백 대의 형에 처하고, 죄 없는 노비를 죽인 자는 장(杖) 60대에, 도(徒) 1년의 형에 처한다. 당해 노비의 처자는 모두 석방하여 양민이 되게 한다. 만약 노비가 주인의 시키는 명령을 위범(違犯)해 법으로 형벌을 결행(決行)하다가 우연히 죽게 만든 것과 과실치사한 자는 모두 논죄하지 않는다' 고 하니 주인으로 노비를 함부로 죽인 자는 일체 율문에 따라 시행해야 옳을 것이다.

그러나, 우리 나라의 노비는 대대로 서로 전해 내려오는 것으로서 명분이 매우 엄중해 중국의 노비와는 아주 다르다. 그러므로 또 죄를 지은 노비를 그 주인이 처벌하는 법도 실행한 지가 이미 오래된 것이니 갑자기 고치기는 쉽지 않다. 더욱이 사삿집(私家)의 은밀한 곳에서 그가 함부로 무고한 자를 죽이고도 그에 따른 가족은 그냥 계속하여 부리게 한다면, 이것이 어찌 백성을 사랑하고 형벌을 신중히 하는 뜻이겠는가. 지금부터는 노비가 죄가 있건 없건 관에 진고(陳告)하지 않고 구타 살해한 자는 일체 옛 법례(法例)에 따라 과단(科斷)할 것이다.

만약 포락(炮烙)・의형(劓刑)・이형(刵刑)・경면(黥面)・고족(刳足)과 혹은 쇠붙이 칼날을 사용하거나, 큰 나무나 큰 돌을 사용하는 등 모든 참혹한 방법으로 함부로 죽인 자라도, 그 죽은 자의 가족이 자기의 노비가 아니면 속공(屬公)시키지 못하도록 한다. 만약 기복 친이나 외조부모가 구타 살해한 것이라도 그 죽은 자의 가족이 살인에 관계된 자의 노비라면 또한 속공(屬公)하게 하라."[11]

세종은 노비가 죄가 있건 없건 따져야 할 일이 있다면 무조건 관청에 보고를 해서 정식 절차를 밟아야 한다고 보았다. 형률의 문제에 대해서는 개인이 판단하지 않고 객관적인 기관이 전담하고 올바른 판결과 조치를 내려야 하는 것이 백성을 사랑하는 일이기도 하거니와 나라의 기강과 질서가 선다고 보았던 것이다. 더구나 노비를 죽이고도 그 가족을 그대로 부리고 있는 것은 적절하지 않으므로 당연히 그 노비 가족들에게 보상금-속공을 지불해야 한다고 본 것이다. 노비 가장이 없어진 경우 경제적 타격은 물론이고 정신적인 충격으로 위자료도 필요한 것이다.

　세종은 이미 있는 법대로 했다. 기존에 사사로이 노비에게 죄와 벌을 주는 일에는 율문이나 법례가 있었고 이를 제대로 집행하려 한 것이다. 그만큼 사사로이 노비라도 처결할 수 없으며 공식적인 판결을 통해서 죄를 주도록 했다. 그렇기 때문에 권채가 행한 것은 인권의 차원만이 아니라 법률차원에서도 죄를 줄 수밖에 없는 것이다. 이러한 점은 조선시대에 노비를 함부로 했을 것이라는 생각 때문에 잘 알려지지 않아 사극이나 영화, 역사 소설에도 빈번하게 등장하지만 적어도 세종 시기에는 그런 내용이 그려지는 것은 맞지 않다. 무엇보다 자신이 아끼는 인재라고 해도 사사로이 노비를 해친 행위에 대해서 묵과하지 않았던 것이다.

노비 산모와 남편에게
휴가를 준 이유
– 노비도 하늘이 낳은 백성

왕이 형조에게 전지했다.

"경외 공처(京外公處)의 비자(婢子, 여성노비를 말함. 남성노비는 노자(奴子)라고 했음)가 아이를 낳으면 휴가를 백일 동안 주게 하고, 이를 일정한 규정으로 삼게 하라."[12]

왕이 대언(代言) 등에게 일렀다.

"옛적에 관노비에 대하여 아이를 낳을 때에는 반드시 출산하고 나서 7일 이후에 복무하게 하였다. 이것은 아이를 두고 일하면 어린 아이가 해롭게 될까봐 염려한 것이다. 출산 전에도 1백 일 간의 휴가를 더 주게 했다. 그러나 산기에 임박하여 복무하였다가 몸이 지치면 곧 미처 집까지 가기 전에 아이를 낳는 경우가 있다. 만일 산기에 임하여 1개월간의 복무를 면제하여 주면 어떻겠는가. 가령 그가 속인다 할지라도 1개월까지야 넘을 수 있겠는가. 그러니 상정소(詳定所)에 명하여 이에 대한 법을 제정하게 하라."[13]

왕이 형조에 전지하여 사역인의 아내가 아이를 낳으면 남편도 30일의 휴가를 주도록 했다. 이때 형조에 다음과 같이 전교하였다.

"경외의 여종(婢子)이 아이를 배어 산삭(産朔)에 임한 자와 산후(産後) 1백 일 안에 있는 자는 사역(使役)을 시키지 말라는 것은 일찍이 법으로 세웠다. 그러나, 그 남편에게는 휴가를 주지 않고 그전대로 역할을 하게 하니까 산모를 구호할 수 없게 되었다. 한갓 부부가 서로 구원(救援)하는 뜻에 어긋난다. 뿐만 아니라, 이에 혹 목숨을 잃는 일까지 있어 진실로 가엾다 할 것이다. 이제부터는 사역인(使役人)의 아내가 아이를 낳으면 그 남편도 만 30일 뒤에 구실을 하게 하라."[14]

세종이 산모를 매우 중요하게 생각했다. 그런데 세종이 노비 산모까지도 각별하게 관심을 보였다는 사실을 이런 기록을 통해 새삼 알 수가 있다. 노비의 삶은 분명 녹록치 않았다. 노비는 성씨(姓氏)가 없이 이름만 있었다. 외모도 양인과는 달라 남자는 머리를 깎았고 여자는 짧은 치마를 입어야 했다. 그래서 노비여성을 창적이라고 불렀다. 사대부 여성들이 최대한 긴 치마를 입었던 것과는 구분이 확연했던 것이다. 노비는 사람임에도 물건처럼 매매가 되었다. 무엇보다 노비는 아무리 부당한 일을 당해도 자신의 주인을 고발할 수 없었다. 상전이 모반 음모가 아닌 이상 어떠한 범죄를 해도 관청에 고발할 수 없었던 것이다. 오히려 상전을 관에 고발하는 것은 도덕적으로 강상을 짓밟는 것이었고 교살에 해당하는 중죄였다. 이른바 강상죄였다.

〈대명률(大明律)〉에 노비가 가장(家長)을 고발하면 장(杖) 1백, 도(徒) 3

년의 형벌을 쓰고, 나만 무고한 것은 교형(絞刑)에 해당했다. 실제로 1422년(세종 4) 2월 3일에 형조는 노비가 주인을 고발한 자는 그 고발을 받지 말고, 무고율(誣告律)에 따라 교형에 처할 것이며, 여자 종의 남편과 남자 종의 아내가 주인을 고발한 자는 그 고발을 받지 말고 장(杖) 1백, 유(流) 3천 리의 형벌에 처한다고 정했으며, 세종은 이를 받아들였다.

조선의 노비가 더 힘든 면도 있었다. 유형원(柳馨遠, 1622~1673)은 중국의 노비는 범죄 때문에 노비가 되거나 스스로 몸을 팔아 그렇게 만들었을 뿐 조선처럼 집안 자체가 대대로 노비가 아니며 자신의 부모 때문에 대대로 노비가 되어 형벌을 받는 것도 없다고 말한 바 있다.

성호 이익(李瀷, 1681~1763)도 조선의 노비 제도에 대해서 말한 바가 있는데, 우리나라의 노비법은 천하에 없었던 것으로 한번 노비가 되면 백세(百世) 괴로움을 받게 된다며 비판적이었다. 그러면서 이에 부당한 노비제도는 폐지해야 마땅하다고 했다.

위의 기록에 나오는 관노(官奴)는 관아(官衙) 소유의 노비이다. 경외 공처의 비자는 오늘날로 보면 공공기관의 여성 관노비라고 할 수 있는데 관노비라도 산모한테는 7일 휴가를 제도적으로 부여하고 있었다. 그러나 7일은 산모의 출산 자체만을 생각한 것이다.

이에 세종은 산모가 몸을 회복하는 것은 물론이고 아이의 건강 상태 등을 생각하여 석 달 이상의 육아 기간이 필요하다고 보고 노비에게도 100일의 휴가를 주게 된다. 이렇게 시행을 하고보니 출산 이후가 아니라 출산 이전도 문제가 있다는 것을 알게 된다. 이른바 출산 전에 준비를 해야 하기 때문이다. 더구나 갑자기 산기를 느끼고 아이를 낳게 되는 경우도 있다. 더구나 처갓집에 가서 출산을 하는 경우에는 사전에 이동을 해야 하는 경우도 생기고 다시 집으로 돌아올 경우에도 시일이 소요된다. 그렇기 때문에 일정한 기간이 보장되어야 하는 것이다.

그러므로 세종은 1개월의 출산 휴가를 주는 것을 공식적인 제도로 만들고 법으로 시행하게 한다. 여기에서 더 나아가 남편에게도 출산 휴가를 주게 된다. 자칫 산모와 아이가 위험해질 수 있기 때문에 남편들이 옆에 있어야 할 필요가 있다. 이러한 점은 오늘날에도 귀감이 되는 것이므로 많이 회자되어 왔던 부분이다.

노비들은 사실상 오늘날의 노동자와 다름이 없다. 노동자들에게는 출산 육아 휴가가 필요한 것은 현대적인 개념이라고 생각할 수 있지만 이미 세종 시기에 제도적으로 확립을 하고 있는 것이다. 다만 그것이 공노비 즉 공적 기관의 노비에게만 한정되어 있었다. 사노비는 여기에서 거리가 있었기 때문에 오늘날 공무원 사회에서 출산 육아 휴가 등이 보장이 먼저 되는 것과 닮은꼴인 셈이다. 어떻게 보면 중요한 정책과제를 공공 부문부터 먼저 모범을 보이고 일반 사회까지 확산시키기 위한 조치라고 볼 수가 있다.

사실 노비에 관한 문제는 큰 국가 정책 과제였다. 앞서 태종은 양인을 많이 만들기 위해 정책 조치를 취하는데 아버지가 양인이면 그 자녀는 어머니가 노비인 것과는 관계없이 아버지 신분을 따르도록 했다. 그것이 바로 1414년(태종 14) 시행한 노비종부법(奴婢從父法)이었다. 양인이 많다는 것은 좋은 일이었다. 양인이 공역과 군역을 짊어져야 하기 때문에 국가 재정에 중요했기 때문이다. 노비는 그런 것을 하지 않아도 되었다. 대신 차별을 받았다.

그런데 노비종부법이 악용되어 양인이 무한정으로 불어난나는 지적이 일어나게 된다. 심지어 노비 여성들이 양인의 자녀라고 우기거나 속이는 일들이 벌어져 송사가 복잡해졌다. 그래서 이후에 어머니의 신분을 따르게 한다. 그것이 노비종모법(奴婢從母法)이다. 이번에는 노비가 더 많이 늘어나게 되는 것이다. 물론 이후에 이 또한 문제가 생겨서 나중에 이는 다시 아버지의 신분을 따르는 것으로 바뀌게 된다. 농업 국가였던 조선의 진퇴양난의 정책 사안 가운데 하나였다. 국가 재정을 좌우하는 양인의 숫자의 조정에 노비제도가 정책 수단이었다. 세종도 국가재정문제에 연관되어 있기 때문에 이러한 현실 자체는 거부하지 못했다. 하지만 세종은 국가 정책과는 별도로 노비의 인권 등에 대해서 최대한 보호의 논리를 내세웠다.

세종이 형조에 전지한 내용을 보면 세종이 노비에 대해서 어떻게 생각하고 있었는지 잘 드러난다.

"우리 나라의 노비법은 상하(上下)의 구분을 엄격하게 하기 위한 것이다. 강상의 원칙 때문에 노비에게 죄가 있다고 그 주인이 그를 죽인 경우에도 논의하는 사람들은 상례(上例)처럼 모두 그 주인이 잘했다고 치켜 올리고 그 노비를 억누른다. 그러면서 이것은 진실로 좋은 법이고 아름다운 뜻이라고 한다.

그러나 상 주고 벌 주는 것은 임금 된 자의 대권(大權, 큰 권한)이다. 임금 된 자라도 한 사람의 죄 없는 자를 죽여서, 선(善)한 것을 복 주고 지나친 것을 화(禍) 주는 하늘의 법칙을 함부로 하지 못한다. 더욱이 노비는 비록 천민이나 하늘이 낸 백성 아님이 없다. 그러니, 신하된 자로서 하늘이 낳은 백성을 부리는 것만으로도 만족해야 하는데, 그 어찌 제멋대로 형벌로 무고(無辜)한 사람을 함부로 죽인다는 말인가. 임금 된 자의 덕(德)은 살리기를 좋아해야 할 뿐이다. 그러니 무고한 백성이 많이 죽는 것을 보고 앉아서 아무렇지도 않은 듯이 못하게 하지도 않고 그 주인을 잘했다고 치켜 올리는 것이 옳다고 할 수 있겠는가. 나는 매우 옳지 않게 여긴다."[15]

세종은 노비도 천민일지라도 백성이고, 임금은 무고한 백성이 상하거나 죽는 것을 좌시하지 않아야 한다고 생각했다. 노비도 하늘이 낳은 백성이기 때문이다. 함부로 해하는 것은 하늘의 뜻을 거스르는 것이다. 만약 경제적인 이득만을 생각했다면 이런 생각을 하지 못했을 것이다. 더구나 당시 인구 증산 때문에 출산 휴가 등을 준 것이라면 낳게만 할 것이지 긴 휴가를 줄 필요는 없었을 것이다. 위와 같은 세계관과 가치관이 있기 때문에 가능했다.

천출이라도 충위군에 귀속 시키라

변계손이 공신의 자식이나 천출인 자를 충의위에 귀속시키는 것이 부당하다는 상소를 했으나 왕은 듣지 않았다. 이때 상참을 받고, 정사를 보았는데 우사간 변계손(卞季孫)이 아뢰었다.

"공신(功臣)의 사천(私賤)이 낳은 아들은 충의위(忠義衛)에 붙이지 말기를 청하옵니다."

이 말을 듣고 왕이 말했다.

"비록 세워 놓은 규정은 없으나, 이 법은 이미 태종 때에 정해졌다. 더구나 공천(公賤)의 소생 자식은 이미 충의위의 반열(班列)에 들어가게 되었다. 사천과 공천에 무슨 분간이 있겠는가. 충의위란 조부와 아버지의 공로로 그 후사를 소중히 여기는 것이다. 그 자손이 된 사람은 공천이나 사천을 구별하지 않고 모두 충의위에 붙이는 것이 옳다."

변계손이 다시 아뢰었다.

"만약 사천이 그 주인과 함께 같은 곳에 입직(入直)하게 될 경우 실로 불편합니다."

왕이 다시 말했다.

"1품의 사천이 낳은 아들은 5품에 한하여 관직을 주는 것은 이미 작정된 법전이 있다. 비록 같이 충의위가 되지 않더라도 그 관직을 받은 것은 일반이니 다시 말하지 말라."[16]

왕이 이승직과 양계원에게 대간들이 요즘 상소하는 말은 고집에 불과하다고 말했다. 상참을 받고, 정사를 보았는데 왕이 대사헌 이승직(李繩直)과 정언(正言) 양계원(楊繼元)에게 일러 말했다.

"요즈음 대간들이 상소하여 청하는 말은 내 생각에는 고집이라 여겨진다. 갑오년부터 2품의 천첩(賤妾) 아들은 영구히 양민이 되는 것을 허락하고 품계(品階)를 제한하여 관직을 받게 했다. 그리고 또 태종 때부터 공신의 공천 소생 아들은 이미 충의위에 붙였는데, 유독 사천의 소생 아들에게만 붙이지 못하게 하는 것이 옳겠느냐. 또 공천이 사천이 되기도 하고, 사천이 공천이 되기도 하는 것이니, 공천과 사천이 무엇이 다르냐. 평민이 천인한테 장가들어 낳은 자식도 아비를 따라 양민이 되는데, 하물며 공신으로서 후사가 없어 제사가 끊어지려 할 때에야 더 말해서 무엇하겠느냐. 다행히 천첩(賤妾)의 아들이라도 있으면 반드시 충의위에 붙여서 그를 공신의 후사로 삼는 것은 너무나 명백한 일이다. 대간(臺諫)은 이 뜻을 살피지는 않고 다만 오늘 이 법을 새로 세우려 한다고만 하는구나."

이승직이 대답했다.

"신 등은 공천의 소생 아들을 충의위에 소속시켰던 줄은 몰랐습니다."

왕이 이에 말했다.

"경 등이 만약 이런 사람들을 충의위에 속하지 못하도록 하려면 먼저 한품수직(限品受職)한다는 법부터 고치는 것이 옳을 것이다. 유독 이것만을 바로잡으려 하니 과연 끝만 보는 것이다. 또 간원(諫院)에서 상소하기를, '상전이 도리어 사천보다 아래에 있게 되므로 옳지 않다'고 한다. 이것은 관작(官爵)이 그렇게 되는 것이다. 이미 품계를 제한하여 관직을 받는 법이 있다. 때문에, 본 주인이라도 만약 관질(官秩)이 낮으면, 반드시 그 아래에 있게 될 것이다. 관작으로 논해도 아버지가 도리어 아들보다 아래에 있게 될 수도 있다. 그러니, 본 주인이 사천의 아래에 있게 되는 것이 무엇이 괴이한가. 관위(官位)에 있는 까닭일 뿐이다."[17]

주인과 노비 사이의 관직에 관한 토론 같은데 도대체 충의군이 무엇이기에 노비출신과 관련해 이렇게 중요하게 다뤄질까. 충의위(忠義衛)는 조선시대의 중앙군으로서 오위(五衛)의 충좌위(忠佐衛)에 소속되었던 양반 특수 병종(兵種)이다. 1418년(세종 즉위년) 11월 3일에 만들었다.

실록에 보면 충의위를 설치하여 개국(開國)·정사(定社)·좌명(佐命) 3공신(功臣)의 자손(子孫)으로 나누어 충원(充員)하여, 4번(番)으로 번갈아 숙위(宿衛)하게 하고, 몸소 불충(不忠)·불효(不孝)를 범한 자와 그 자손들은 들어와 속하는 것을 허용하지 않았다라고 되어 있다. 즉 충의위는 공신들의 자손이 소속되어 있는 중앙군사 조직이라는 점을 알 수가 있다.

이 조직이 세종 즉위년에 만들어졌는데 그렇다면 왜 만들었을까. 14346년(세종 16) 1월 20일의 기록을 보면 "본조에서 충의위를 설치하고 공신의 자제들을 모두 이에 입속시켜 그 공을 보답하고 있다"라고 했다. 즉 공신이 세운 업적에 대한 보상으로 만든 것이다. 또한 이런 제도적 보상은 단지 과거에 대한 평가만이 아니라 앞으로 신하들이나 백성들이 미래에도 공을 세우는데 자극과 동기를 주고자 하는 것이다.

하지만 문제가 발생한다. 충의위에 공신의 처가 낳은 자제가 들어가야 하는데 그 소생이 없을 수 있는 것이다. 후사가 없을 경우, 다른 부인들에게서 낳은 아이로 가문의 대를 잇게 해야 한다. 그런데 처는 여러 종류가 있을 수 있다, 양처도 있고 첩도 있으며 첩 중에서도 노비 출신이 있을 수 있다. 이럴 경우에 과연 노비 출신 자제를 충의위에 소속시킬 수 있는가 하는 문제가 발생하는 것이다.

이미 태종 시대에 공천 그러니까 관노비의 경우에는 허용을 했지만 당시는 사노비의 소생은 허용을 하지 않았다. 역시 사노비는 노비 중에서도 더 차별을 받았다는 사실을 알 수가 있다. 사노비는 말 그대로 사적으로 소유된 노비라고 할 수 있는데 세종은 사천 소생이라고 하여 배제할 수는 없다고 본 것이다. 더구나 대를 이어야할 소생이라고 하면 더욱 그러했다.

실제로 1430년(세종 12) 2월 9일, 병조에 전지하여 공신의 첩의 아들이 사천일지라도 충의위에 속하게 하라고 했다. 즉 공신의 적처(嫡妻)에 아들이 없는 사람은 첩의 아들이 원래 사천(私賤)이라 하더라도 충의위에 속하게 하라고 했던 것이다.

신하들은 이에 대해서 반대하고 나섰다. 신하들이 염려하는 것은 같은 군대 조직에 있게 되고 그 안에서 관직의 높낮이가 달라질 수 있기 때문에 주인이 오히려 낮게 될 수 있다고 말한다. 주인이 높아야 정상인데 낮으니 문제라고 여기는 것이고 주인이 노비의 명령을 들어가 히는 상황을 지직하는 것이다 그러나 세종은 이에 대해 이미 품계가 정해져 있기 때문에 다른 문제라고 말한다. 규정에 1품의 사천이 낳은 아들은 5품에 한하여 관직을 준다. 신하들이 강상의 도리를 위반하는 것이라고 하지만 세종은 비록 관질이나 관작이 낮아도 아버지가 아들보다 낮은 경우도 있는데, 그것이 문제가 되지는 않는다고 말한다. 즉 사천 소생이 관직이나 관작이 높아도 이상한 일은 아니라고 말한다.

한편, 세종이 무조건 자기 주장대로만 한 것은 아니다. 세종은 절충과 조율을 잘하는 임금이었다. 1430년(세종 12) 6월 20일, 병조에 전지했는데 "공신의 적실(嫡室)과 양첩(良妾)에게 아들이 없는 사람은, 천첩(賤妾)의 맏아들 외에 여러 아들들(衆子)은 충의위에 소속시키지 말라"고 했다. 이렇게 나중에 장자만 충의군에 소속되도록 했다.

이러한 점은 반대를 하는 신하들의 견해를 중간 절충적으로 반영한 것이라고 보인다. 어쨌든 천출이라고 해도 충의위에 들어갈 수 있었다. 그런데 문제가 또 있었다. 이들이 자동적으로 이런 자격을 갖게 되니 모두 공부를 하지 않았던 모양이다.

1445년(세종 27) 2월 9일, 우찬성 권제 등이 글을 올린다.
"거개가 배우지 못한 까닭으로 사리를 아는 자가 적어서 오로지 거저 놀기만을 일삼고 대체는 돌아보지 않아서, 국가가 공을 갚고 후손들을 우대하는 뜻에 어그러짐이 있습니다."
시간이 지나면서 본래와는 많이 달라지게 된 것이다. 그렇기 때문에 이들을 공부시키는 방법이 제안되고 시행되기에 이른다. 즉 충의위 자제들 중에 40세 이하로 4품에서부터 학생까지 시직(時職)

이나 산직(散職)을 불문하고 그 재질에 따라서 학업을 받도록 한다. 경서(經書)를 강독한 성적이 3번 이상 '불통(不通)'이 된 자는 비록 서용(敍用)할 때를 당했어도 서용하지 않고 차례를 넘기며, 출근한 날짜의 많고 적음과 강독 성적의 점수를 참고해 서용했다.

처음에 충위군 제도는 공신들의 업적을 보상하여 미래의 공적을 유도하기 위해 그 자제들에게 혜택을 주는 차원에서 마련했다. 일단 공직을 받았으면 그 자리에 맞게 열심히 배우고 익혀 실무에 충실해야 맞다. 그것이 세종의 국정 운영 철학에도 맞는 것이었다.

첩(妾)이라도 처(妻)이기 때문이다

상참을 받고 정사를 보는데, 죽은 검참의(檢參議) 한동(韓揀)의 첩이 공신에게 주는 토지인 별사전패에 관해 글을 올렸다.

"남편은 태조·태종 때의 원종공신(元從功臣)이기에 공신전(功臣田)과 별사전(別賜田) 30결(結)을 받았습니다. 공신전은 이미 타례(他例)에 따라 관(官)에 돌려 바쳤습니다. 단지 별사전패(別賜田牌)만은 '자손들에게 전하게 하라'고 하셨는데, 이제 호조에서 도로 가져가니 마음이 정말 아프고 어찌 할 바를 모르겠습니다."

왕이 좌우에게 일렀다.

"천첩(賤妾)은 이를 물려받을 수 없는가."

호조 판서 **안순**(安純)이 아뢰었다.

"천첩이 물려받을 수 없는 것은 이미 법령에 뚜렷이 있습니다."

왕이 말했다.

"비록 첩(妾)이라 할지라도 다른 데로 시집가지 않았다면 역시 처(妻)인 것이다. 더구나, 한동은 그를 정실 아내(正室妻)로 대우했으니 더 말할 것이 있을까. 도로 내어 줌이 옳다."[18]

안순 | 安純 (1371~1440)

본관은 순흥(順興). 자는 현지(顯之). 1419년(세종 1) 호조참판으로서 정조사(正朝使)가 되어 명나라에 다녀왔다. 1420년 공조판서로 승진하였다. 1423년 함길도 도관찰사에 이어 참찬의정부사(參贊議政府事)가 되었다. 이듬해 호조판서, 1432년 판중추원사 겸판호조사(判中樞院事兼判戶曹事), 1435년 의정부찬성사를 거쳐, 1437년 충청도의 기근을 수습하기 위한 도순문진휼사(都巡問賑恤使)로 임명되어, 잘 수습한 공로로 숭정대부에 올랐다. 오랫동안 호조판서 또는 판호조사를 겸하면서 국가의 전곡(錢穀)을 관장했는데, 경비 출납에서 추호도 틀림없이 정확했다고 한다. 그러므로 수많은 관직을 역임했지만 특히 국가의 재정을 책임 맡은 직에서 가장 공로를 쌓았던 것이다. 1439년에 신병으로 금천별서(衿川別墅)에 은퇴했다가 이듬해에 죽었다. 저술로는 『근재집(謹齋集)』 부록에 유고가 실려 있다. [*]

상정소에서 천첩의 아들로 아비를 잇는 경우 노비를 10명으로 제한할 것을 아뢰었는데, 왕이 이를 다시 의논케 했다. 상참을 받고, 정사를 보는데 상정소(詳定所)에서 아뢰었다.

"모든 벼슬아치들의 경우 적처(嫡妻)의 아들이 없고 천첩의 아들만 있는 이에게는, 청하건대 그 아들에게 노비를 주되 10명에 지나지 못하게 해야 합니다. 그 외에는 손자와 사촌에 한하여 나누어 주게 하옵소서."

이 말을 듣고 왕이 말했다.

"적처와 양첩(良妾)에게 아들이 없으면 비록 천첩의 아들이라도 역시 그 부모의 승중(承重)이 되는 것이다. 그러니 어찌 노비를 감하여 줄 수 있으랴. 하물며 우리나라에서는 천인(賤人)으로서 노비 1백여 명을 가진 자가 있어도 오히려 금하지 못했는데, 다시 의논하여 아뢰라."[19]

　　　노비가 첩이 되었을 때 재산 분배 문제도 세종에게는 그냥 지나칠 수 없는 문제였다. 본격적인 이야기를 하기 전에 첩에 관련한 용어를 살펴볼 필요가 있겠다.

　　적첩은 첫 번째 첩을 말하고 천첩(賤妾)은 말 그대로 천한 첩이라는 뜻이다. 어엿집에서 계집종이 양반에게 첩이 되었을 때 자신을 칭하는 말이다. 소첩(小妾)은 사대부가에 정실로 시집간 여자 또는 양민 신분으로 사대부가의 첩이 된 여자들이 남편에게 자신을 칭할 때 썼다. 신첩(臣妾)은 왕비와 후궁에 한해서 임금에게 자신을 부를 때 썼다.

재산 분배는 유산 배분에서 갈등이 생기는 법이다. 이와 관련된 단어로 승중이 언급된다. 승중(承重)은 세 가지 의미가 있는데 ① 대를 잇는 것, ② 아버지의 사망으로 손자가 조부를 잇는 것, ③ 후계자가 없는 대종(大宗)의 가계를 소종(小宗)의 지자(支子)로 잇는 것 등이다. 일반적으로 대를 잇는다는 넓은 의미로 쓰인다.

부모가 남긴 노비와 재산은 승중자(承重子)·중자녀(衆子女)·양첩자녀(良妾子女)에게 각각 일정한 비율로 분배되었다. 승중자에서 승중이라 함은 조상의 제사를 이어 받드는 것인데 그 중함을 승계한다는 뜻이다. 적처의 아들이 없으면 천첩의 소생이 조상의 제사를 지내는 계통을 승계하게 된다. 비록 천첩의 소생이라고 해도 상속에서 차이가 있으면 안 된다는 세종의 생각이 드러나 있다.

조선 초기 상속 관련 규정에 따르면 보통 양첩 자녀는 적자분 상속의 7분의 1, 천첩의 자녀는 10분의 1을 받게 했다. 그런데 별사전은 천첩이 받을 수 없었다.

조선시대에 왕이 개인적으로 신하들에게 나누어 준 토지를 사전(賜田)이라 불렀다. 사전은 공신전(功臣田)과 별사전(別賜田)이 주를 이루었다.

1409년(태종 9) 공신전전급법(功臣田傳給法)을 만들어 공·사 천인의 자손과 기첩(妓妾) 및 천첩이 공신전을 받지 못하도록 한 바 있다.

별사전은 공이 있으나 공신에 선정되지 못한 신하, 왕이 개인적으로 총애하는 신하들에게 경제적 혜택을 주기 위하여 마련되었다. 때로는 공신전을 지급받은 신하들에게 더 많은 토지를 하사하기 위하여 별사전을 지급하기도 하였다.

별사전은 수조권(收租權, 벼슬아치가 나라에서 부여받은 조세를 받을 권리)을 분급하는 경우가 많았는데 소유권 지체를 내려 주기도 했다. 수조권을 분급한 별사전은 공신전과 달리 상속이 불가능했다. 다만 별사전 분급 때 함께 발급하는 별사전사패(別賜田賜牌)의 내용에 따라 상속이 가능하기도 하였다(『태종실록』 11년 9월 27일). 사패(賜牌, 공신에게 나라에서 산림·토지·노비 따위를 내려주며 그 소유에 관한 문서를 주던 일, 또는 그 문서)가 있다 해도 별사전은 공신전과 마찬가지로 천첩이 받지 못하도록 했다. 하지만 세종은 이러한 규정 외에 천첩도 받을 수 있다고 판단했던 것이다.

세종은 비록 천첩이라고 해도 다른 곳에 다시 시집을 가지 않았다면 역시 처이기 때문에 재산 상속에서 차이가 있으면 곤란하다고 말한다. 더구나 살아생전에 남편이 본처와 같이 대우를 했다고 하면 더욱 더 똑같이 대접을 해주어야 한다고 보는 것이다. 법리 자체가 아니라 정리(情理)에 따라 판단하고 있는 것이다. 같이 살지도 않고 혈연 관계가 직접적으로 있지 않은 사람이 상속을 받는 것은 인간의 도리상으로도 적절하지 않다. 정말 가문에 대한 애정이 있는지 장래에 계속 승계할 생각이 있는지가 불확실하기 때문이다.

또한 세종은 노비 상속에 있어서도 천첩이라고 해서 따로 차별하지 않고 똑같이 분배하도록 했다. 천인이 노비를 백 명이나 소유하고 있는 사례와 형평성이 맞지 않기 때문에 이런 점도 고려하고 있다. 또 승중이라는 것은 결국 제사를 지내는 것이고 제사를 지내려 먼 경세력이 뒷받침되어야 하기 때문에 토지 상속이 필요히다. 그래서 천첩의 자녀라고 해서 남녀의 차이를 두지 않고 분배를 했다.

가문을 잇는데 천한 출신이면 어떤까. 제사도 마찬가지다. 부모를 잘 기억해줄 수 있는 피붙이가 낫다. 생판 모르거나 친족관계가 먼 사람보다 조금이라도 더 각별할 수 있다. 출신이 좋다고 더 나을 것이라는 생각은 인간의 도리를 보면 생각하기 힘든 일이다.

성공할수록 두려운 것이다

영의정 황희 · 좌의정 맹사성 · 우의정 권진 · 이조 판서 허조 · 판중추 원사 하경복 · 호조 판서 안순 · 예조 판서 **신상** 등을 불러 파저강 전투와 관련하여 정사를 논하면서 왕이 말했다.

"내가 왕위에 오른 뒤로 매양 문치(文治)에 힘을 쓰고 군사의 일에는 마음을 두지 아니했다. 내가 어찌 큰일을 좋아하고 공을 이루기를 즐겨서 야인을 정벌하였겠는가. 적이 먼저 우리에게 해를 끼치므로 할 수 없이 거행하게 된 것이다. 다행히 크게 승리하였다. 진실로 기쁜 일이나, 역시 두려운 것이다. 지금은 비록 성공했어도 어떻게 이 공을 보전해 영구히 후환을 없게 할 것인가."

모두 아뢰었다.

"자랑하고 기뻐하는 것은 옛 사람이 경계한 바입니다. 전하께서는 크게 승리한 것을 기뻐하지 않으시고 도리어 두려워하시니, 이는 진실로 아름다운 뜻입니다. 신 등이 생각건대, 성책(城柵)을 굳게 하고 군량을 준비하며, 불의의 사변을 경계하여, 두려워하는 마음을 지니면 후환이 없을 것입니다."

왕이 말했다.

"적이 침노하면 장수된 자가 적을 가볍게 여기고 나가서 싸우다가 패전하는 것은 예나 이제나 항상 걱정하는 것이다. 지금 적을 토벌한 뒤인지라 만일 적이 보복하러 침벌하면 가볍게 대적할 수 없다. 지금부터 장수에게 비록 적의 변란이 있어도 조심하여 가벼이 움직이지 말고, 성벽을 굳게 지키라. 그리고 들에 있는 여러 물건을 깨끗이 치우고 기다리다가, 적을 공격할 만한 형세가 되면 기회를 살펴서 쫓아 잡는 것이 어떤가."

모두 아뢰었다.

"상교가 지당하옵니다."[20]

권진이 각도의 성을 쌓는 데 인부를 내면서 그 수효를 감할 것을 아뢰자 달리 생각하라고 말하다.

이때 권진(權軫)이 아뢰었다.

"각도의 성(城)을 쌓는 데 인부[人丁]를 내게 하되, 전지 1, 2결(結)을 가진 집은 1, 2인을 내게 하고, 3, 4결을 가진 집은 2, 3인을 내게 합니

신상 | 申商(1372~1435)

1419년(세종 1)에는 진하사(進賀使)로 명나라에 다녀와서 경상도 도관찰출척사가 되었는데, 이때 기근에 처한 백성들을 진휼하는 데 진력하였다. 이어 대사헌·이조참판·한성부윤·우군도총제 겸 평안도도관찰출척사 등을 거쳐, 1424년 예조판서로 성절사(聖節使)가 되어 명나라에 다녀왔다. 1425년 형조판서를 지내고, 이듬해 다시 예조판서가 되었다. 풍채가 매우 컸고, 오랫동안 예조판서로 있으면서 실수 없이 일을 무난히 처리하였다 한다. 후에 숭정대부(崇政大夫)에 추서되었다.

『용재총화』(성현 저술 1499~1504년)에 신상과 허조의 상이한 수완에 대해 기록하고 있다. 세종조에 신상은 예조판서가 되고, 허조는 이조판서가 되었다. 신상은 업무하러 나가서 해가 기울 때 오고 허조는 해가 뜰 때 나가서 해가 지나서 온다고 했는데 신상은 결단을 잘했고, 허조는 부지런하나 각박하게 처리했다고 한다. [*]

다. 백성들이 매우 괴롭게 여깁니다. 바라옵건대, 그 수효를 줄이게 하소서."

왕이 말했다.

"사람들 모두가 말하기를, '승평(昇平)한 세상에서 어찌하여 성을 쌓기에 급급 하는가'라고 한다. 하지만 나는 그렇지 않다고 생각한다. 편안한 때일수록 늘 위태로운 것을 잊지 않고 경계함은 나라를 위하는 도리다. 그러니 어찌 도적이 침범한 뒤에야 성을 쌓는다는 이치가 있겠는가. 성을 쌓는 일은 늦출 수 없는 것이다. 그러나 경작하는 농토의 많고 적음에 따라 군정(軍丁)을 내게 하는 것은 이미 국령(國令)으로 정해져 있다. 그것이 과연 경의 말과 같다면 너무 지나친 일이다. 병조로 하여금 전의 수교(受敎)를 상고하게 하여, 거듭 밝혀서 시행케 하라"[21]

북방 4군 6진을 넓힌 것이 세종의 대표적인 영토 업적이라고 한다. 어떤 이들은 세종이 북방 영토 확장에 관심이 많았다고 평가하기도 한다. 여기에서 세종의 언급을 보면 알 수 있듯이 세종은 여진족을 일부러 공격한 것이 아니었다. 그들이 북방 경계를 자주 침입했기 때문에 세종도 고민이 많았다. 즉 세종의 문치차원의 노력에도 불구하고 그들이 침입을 일삼았기에 방어적 차원에서 대응을 모색한 것이다. 1432년 12월 9일에 야인 400기가 경계에 침입, 사람과 물건들을 약탈해갔다. 이때 강계절제사 박초가 추격하여 사람들을 구하고 약탈해가는 물건을 다시 빼앗았다. 12월 21일에는 파저강 유역의 이만주가 침입했다.

이만주(李滿住, ?~1467)는 건주여진 후리가이 부족의 대추장이었다.

15세기 중빈 조선과 명나리 사이에서 조공과 약탈을 기듭하며 세력이 커졌다. 1432년 12월 21일에 침입한 그가 조선군을 공격해 1433년 1월, 여연 강계에서 전투가 벌어졌는데 평안도감사가 전사자 48명을 포함해서 75명의 피해를 봤다. 매우 큰 피해를 입었기 때문에 조선에서는 가만있을 수 없었다. 여진족의 침입이 계속되자, 북방의 근심을 뿌리 뽑기 위해 마침내 조선 조정에서는 여진족의 정벌을 논의한다.

세종은 파저강(지금의 중국 퉁가강(압록강의 중국쪽 지류) 일대) 유역의 여진족의 정벌을 위해서 1월 11일에 평안도 절제사로 최윤덕을 임명했다. 1433년(세종 15) 4월 10일에 황해도와 평안도의 군병 1만 5000명을 모아 드디어 압록강 유역의 파저강 인근으로 출진했고, 4월 10일~4월 19일까지 여진족 추장 임할라 휘하의 여러 부락들을 공격해 크게 승리했다. 많은 여진인을 포로로 잡고 무기와 가축 다수를 얻었다. 이후 4군 설치에 박차를 가하게 된다. 그런데 세종은 이런 대승이 있었음에도 불구하고 기쁨에 취하지 않았다. 오히려 승리가 오히려 두려운 일이라고 말한다.

주희가 지은 『근사록(近思錄)』에 보면 '성인은 일이 더 잘 풀려갈 때 더 경계한다' 라는 말이 나온다. 거안위사(居安危思)는 편안한 때에 앞으로 닥칠 위태로움을 생각하는 것을 말한다. 이 말이 나오는 「춘추좌전」에 이르기를 '편안할 때 위기를 생각하라. 위기를 생각하면 잘 대비되고, 대비하면 환란을 피할 수 있다' 라고 했다. 이런 말을 연상할 수 있게 세종은 크게 승리하고 난 이후에도 성벽을 굳게 지키고 공격에 대비하고 그들의 잔존세력을 제거하는 일에도 각별하게 주의를 주고 있다. 비록 승리했다고 해도 여진족들을 무시하여 역습을 당하는 일을 경계하게 했던 것이다. 상대방을 낮춰 볼 때만큼 위험한 일도 없다. 이런 여진족 전투만이 아니라 세종은 항상 교만해지지 않으려고 노력했다. 「여씨춘추」에 '망국의 군주는 스스로 교만하고 지혜롭다고 여기며 사물을 경시한다'라고 했는데 이를 경계한 것이 세종이다. 그러한 태도가 어떤 상황이 와도 나타나는 것이 세종이었던 것이다.

1442년(세종 24) 8월 24일, 세종은 이렇게도 말한 바가 있다.

> "옛날 제왕이 왕업(王業)을 창건할 때에는 근심하고 부지런히 애쓰며 염려하여 하루도 편안히 거처할 겨를이 없었다. 쇠세(衰世)에 이르렀을 때에도 임금은 항상 국가의 위기를 염려하여 감히 편안할 겨를이 없었던 것이다."

이렇게 말한 점은 왕은 창업을 하는 단계나 창업이 끝나갈 때나 그와 상관없이 항상 위기에 대비하여야 한다고 생각한 세종 스스로가 그러한 국정 운영을 해왔음을 말하는 것이다. 언제나 다가올 수 있는 위험에 대비하고 만전을 기해야 한다는 초지일관의 태도를 강조하고 있는 셈이다. 국운이 상승하거나 국력이 강해져도 자만하지 않고 언제나 국운이 하강하거나 국력이 약해지는 것을 염려하고 대비하는 태도가 군주에게는 필요한 것이다.

성곽을 쌓는 문제도 마찬가지다. 편안한데 왜 성곽을 축조하느냐고 할 수 있지만 오히려 편안할수록 위기에 대비하여 성곽을 만들어야 한다. 난리가 설마 나겠느냐고 생각할수록 첩자들은 이같은 상황을 알아채고, 적들은 이를 바탕으로 허점을 파고들어 공격을 하는 법이다.

유비무환은 이런 맥락에서 생각할 수 있다. 위기 상황에 닥쳐서 성곽을 쌓으면 너무 늦고, 군사로 징발한 인력도 부족한 상황이기 때문에 전투가 제대로 이뤄질 수 없다. 이 때문에 일정을 늦출 수가 없고 그에 맞는 인력을 징발하여 성곽을 쌓게 해야 한다. 그럼에도 불구하고 성곽을 쌓느라고 백성들이 지나친 피해를 보는 것은 피하려고 하는 것이 세종이었다.

대체로 승리자와 성공한 자들은 그것을 과시하거나 그것에 안주하는 경향이 있고, 이에 대한 대비를 못하는 경우가 많아 더 낭패스러운 경우에 처하게 된다. 승리와 성공은 반드시 자신이 잘해서가 아닐 수 있다. 또한 상대방은 그것을 만회하기 위해 절치부심 준비를 하고 기회를 본다는 점을 생각하지 않으면 필연적으로 더 큰 패배를 당하게 되며 이는 혼자만의 위기가 아니라 모든 이들을 위기로 빠뜨릴 수 있으며 최고지도자일수록 더욱 이 같은 점을 생각하는 것이 마땅한 도리일 것이다.

북은 누구를 위해 치게 하는가

효령 대군의 계집종 동백(冬白)이 신문고를 울려 사정을 호소하기에 의금부에 내려 국문케 했다.

"상전(上典)의 시양부(侍養父)인 이미 사망한 의랑(議郞) 방여권(方與權)의 아내 권씨가 금년 3월에 유후사 사택에서 죽었습니다. 그러자 그 겨레붙이(혈연관계가 있는 사람)인 전 사윤(司尹) 이맹유(李孟畂)와 전 부사정 남지(南智)가 권씨가 남긴 재산을 차지하려고 그 집의 노비 문서와 토지 문서를 감추었습니다. 또 방여권의 첩의 자식 가생(可生)을 꾀어서 상전이 여권(與權)의 시양자(侍養子)가 아니라고 사헌부에 무고하게 했습니다. 하지만 상전도 그보다 먼저 고소장을 내어 시비의 판단을 청하였으나, 사헌부에서 들어주지 아니하였습니다. 오히려 가생의 무고를 수리한 것이 이미 공정한 일이 아니옵니다. 이맹유가 권씨의 초상을 치르던 며칠 동안에 빈소를 모시던 계집종 진주(眞珠)를 간통하여 첩을 삼아서 상복도 벗기고 고기도 먹이었는데, 사헌부는 그 죄를 면제해 주기 위하여, 거짓말로 진주의 상복을 벗긴 자는 계집종의 아들 석로(石老)였다고 하며 허위 날조로 문초(文초)를 하였습니다. 그러나 석모가 그대로 복종하지 않으니 심하게 고문을 자행했습니다. 이맹유의 종제인 겸집의(兼執義) 숙당(叔當)까지 자기가 이맹유의 종제되는 혐의도 생각지 않고 공공연히 참석하여 국문한 것도 심히 공정하지 못한 일이옵니다. 부디 소관 관아에게 그 사유를 국문하게 하시기를 빕니다."

이렇게 말을 하니 의금부에 내려 국문하게 하였다.[22]

세종은 실록에도 여러 번 등장하는, 이런 신문고에 올라온 진정 내용을 반영 조치한다. 신문고는 오늘날의 국민청원제도라고 할 수 있다. 억울하고 원통한 일을 당했을 때 임금에게 직접 알리는 것이다. 신문고는 태종 때에 설치되었지만 그것을 실질적으로 운영하려고 노력한 것은 세종이라고 할 수 있다.

태종은 많은 피를 묻히고 권좌를 얻었기 때문에 백성의 말을 듣는 임금이라는 점을 주지시키기 위해 신문고를 만들었다면, 세종은 백성들의 실제 청원 내용에 더 관심을 보였다. 즉 세종은 신문고의 운영에 대해서 되도록이면 백성의 처지에서 고려하고 반영하려고 노력을 했다. 한 군사가 신문고를 올린 사안에 대한 세종의 판단도 마찬가지였다.

경상도에 속한 진군(鎭軍)이 관직을 받고자 신문고를 치니, **김종서**가 이 사람에게 벌을 내려야 한다고 아뢰었는데, 왕은 달리 생각했다. 먼저 좌대언 김종서(金宗瑞)가 아뢰었다.

"경상도의 진군이 기선군(騎船軍)의 예를 들면서 관직을 받고자 하여 두세 번 신문고를 쳤습니다. 이렇게 신문고를 친 것은 원통

김종서 | 金宗瑞(1383~1453)

1405년(태종 5) 문과에 급제하여 1415년 상서원직장(尙書院直長)을 지냈고, 1418년(세종 즉위년) 강원도의 답험손실(踏驗損實)로 원성이 크자 조정에서는 그에게 다시 조사하게 하였다. 1419년 3월 행대감찰(行臺監察)로서 충청도에 파견되어 진휼상황을 조사하였고, 같은 해 10월에 사간원우정언이 되었다.

1420년 윤정월에 광주판관(廣州判官)이 되었고, 봉상판관(奉常判官)으로 있으면서 의주·삭주도(義州朔州道)의 진제경차관(賑濟敬差官)으로 파견되었으며, 1426년 4월에는 이조정랑으로 전라도에 파견되어 침입한 왜인의 포획상황을 조사, 보고하였다.

1427년에는 민정을 살피기 위하여 황해도경차관으로 파견되기도 했다. 특히, 세종의 신임이 두터워 우부대언, 좌부대언, 우대언을 거쳐 1433년 좌대언인 그에게 이부지선(吏部之選)을 관장하도록 특명하기도 하였다. 같은 해 12월 함길도관찰사가 된 뒤 7, 8년간 북변에서 육진(六鎭)을 개척하여 두만강을 국경선으로 확정하는 데 큰 공로를 세웠다. 이후 형조판서가 되었고, 예조판서를 거쳐 의금부제조가 되었다. 또한 승문원제조도 겸했다. 1445년에는 충청·전라·경상 3도의 도순찰사로 파견되어 삼남지방의 목마장으로 적합한 곳과 방마(放馬)가 가능한 곳의 수효를 조사하여 보고하였다. 1446년 의정부우찬성으로 임명되고 판예조사(判禮曹事)를 겸하였으며, 이듬해 충청도에 파견되어 태안 등지의 책보(柵堡)를 심정하였다. 1449년 8월 달달(達達, Tatar) 야선(也先)이 침입하여 요동지방이 소란해짐에 따라 그에 대처하기 위하여 평안도절제사로 파견되었다. [*]

하고 억울한 일이 아닌데도 천청(天聽, 임금의 귀)을 번거롭게 하는 것입니다. 이에 죄 주는 것이 어떻겠습니까?"

김종서의 말을 듣고 왕이 말했다.

"그가 바라는 바가 이뤄질 수 없으니 이미 소원을 잃었는데 또 그에 대해 죄를 입게 된다면 정말 불쌍하다. 비록 번거로움이 되나 죄를 다스리지 말게 할 것이다. 옛날에 원숙(元肅)이 지신사(知申事)가 되었을 때 의리에 어그러진 일로 신문고를 친 사람이 있었는데, 원숙이 논죄하기를 청했으나 내가 죄 주지 않았다. 만약 불순한 생각으로 연이어 번거롭게 신문고를 치는 사람이 있으면 캐어 묻고 죄 주는 것이 옳을 것이다."[23]

각 진에 주둔하고 있는 군사가 자신의 관직을 받고자 하는 이유로 신문고를 울린 것은 원통하고 억울한 일이 아니기 때문에 죄를 주어야 한다는 것이 김종서의 주장이다.

하지만 세종은 그렇게 생각하지 않았다. 자신의 소원인 관직을 받지 못해서 그 관직에 관한 소원이 이루어진다는 것이 보장되지 않는데 죄까지 물어야 하는가 오히려 김종서에게 묻는다. 정말 몰라서 물어볼 수도 있는 것이니 국가는 그것에 대해서 설명을 해줄 필요도 있다. 백성이 모든 것을 다 알 수 있는 것은 아니다. 다만, 알면서도 신문고를 두드린다면 그것은 의도가 좋지 않은 것이다. 그래서 무엇보다 세종은 불순한 의도를 가지고 신문고를 치는 사람에게는 죄를 물어야 한다고 본다. 더 나아가 없는 사실을 만들거나 누군가를 일부러 모함하려고 하는 것은 처벌의 대상이 되겠다. 당연히 신문고를 백성들이 치지 못하게 하는 관헌은 벌을 받았다.

신문고 치는 것을 금지한 의금부의 당직원을 헌부에 내려 국문하게 했다. 사비(私婢) 자재(自在)가 광화문의 종을 치고 자기의 원억(冤抑)한 일을 호소해 승정원에서 그 까닭을 물으니, 대답한 내용이 이러했다.

"의금부의 당직원(當直員)이 '신문고 치는 것을' 금하기 때문에 종을 쳤습니다."

이 말을 듣고 왕이 말했다.

"신문고를 설치한 이유는 사람들이 마음대로 칠 수 있게 해서, 아래 백성들의 사정이 위에 통할 수 있게 하려는 것이다. 그런데 무슨 까닭에 금했는가. 만약 진술한 말이 사실이 아니라면 죄는 그 사람에게 있는 것이다. 북을 관리하는 관리에게 무슨 상관이 있겠는가 싶지만 이와 같이 금지를 당한 사람이 반드시 여러 사람일 것이다. 그 의금부의 당직원을 헌부에 내려 국문하게 하라."

드디어 김중성(金仲誠)·유미(柳渼)의 의금부 관직(官職)을 파면시
켰다.[24]

신문고를 치지 못해 광화문에 있는 종루에 올라가 종을 울린 노
비의 사연에서 신문고를 설치한 이유를 명확하게 세종이 밝히고 있
다. 백성이 북을 마음대로 쳐서 억울한 일을 위에 통할 수 있는 언
론의 확보라는 측면에서 설치했음을 말하고 있기 때문이다. 결국에
는 신문고를 치지 못하게 한 관헌들을 파직 시키는 중대한 처벌을
내리게 된다. 세종은 북을 울리는 것을 민본주의라고 생각했다.

　　상참을 받고 정사를 보았다. 허조가 아뢰었다. "참람하게 격고
(擊鼓)한 자를 성상께옵서 특히 백성을 사랑하시는 인덕(仁德)으로
죄책을 더 주지 않으시어, 북을 쳐서 호소하는 자가 매우 많습니
다. 헌부(憲府)와 형관(刑官)에 안건(案件) 문서가 구름같이 쌓여서 두
루 살필 수 없습니다. 그러니 마땅히 참람하게 격고(북을 침)하는
무리를 징계하시어 소송을 덜게 하옵소서."
　　임금이 말했다.
　　"그러나 원(元)나라에서 중서성(中書省)을 둔 것은 무릇 격고하여
소송하는 자는 순서를 밟지 않고 뛰어넘어서 아뢰지 못하게 하려
는 것이었다. 이 때문에 하정(下情)이 주달(奏達)되지 못하여 마침내
대란(大亂)을 일으켰다. 그래서 명나라의 태종 황제는 원나라의 실
책을 거울삼아 백성에게 바로 대궐 안에 들어와 원통함을 호소하
게 하고, 황제가 모두 친히 재결(裁決)했다."[25]

이렇게 북을 울리지 않고 어떤 제도적 기관 예컨대 중서성 같은

기관을 통해서 소(訴)를 올리면 중간에 제대로 오르지 못해서 큰 문제가 생긴다는 것을 원나라 사례를 전례로 들어 세종은 설득하고 있다. 왕과 백성이 직접 소통하고자 하는 의지를 여기에 담고 있는 것이다. 물론 그렇게 하면 왕이 힘든 업무에 처하는 것은 불 보듯 뻔한 일이었다. 그런데 애초에 세종은 대신들의 상언 때문에 신문고를 함부로 치는 것에 대해서 죄를 주라고 한 적이 있다. 그러나 곧 이를 다시 결정하라는 말을 한다. 1430년(세종 12) 10월 29일, 세종이 대언(代言) 등에게 이렇게 일렀다.

> "지난번에 '신문고를 함부로 치는 자에게는 죄를 주라' 했었는데, 이제 다시 생각하니, 이렇게 하면 품은 생각이 있어 아뢰고 싶은 사람도 법을 두려워하여 말하지 못할 것이다. 또 어리석은 사람은 이것을 모르고 치게 될 것이다. 그러므로 나는 그들에게 죄를 주지 않을 것이니, 경들은 그리 알라."

법은 명징해야 한다. 그렇지 않으면 선의의 피해자가 생길 수 있기 때문이다. 법은 처벌과 연관되어 있고 이는 정신적 신체적 고통과 훼손을 낳기 때문에 미래 행동에 관한 심리적 효과를 낳는다. 여기에서도 '함부로 치는 것'이라는 기준이 모호하다. 어떻게 치는 것이 함부로인가 생각하지 않을 수 없다. 때문에 세종이 그 모호함을 두려워해서 신문고 치기를 꺼리게 될 것을 지적하고 있는 것이다. 더구나 아예 법이나 사정을 잘 모르는 이들은 모르고 신문고를 치는데 이것을 모두 처벌하는 것은 지나치다고 여긴 것이다. 평소의 세종 생각이다.

물론 여전히 신문고를 다른 의도가 있거나 해당 사안이 아닌데도 칠 수 있는 문제가 발생할 수 있기 때문에 조치가 필요했다. 세종은 한 등급 낮추어서 죄를 주라는 중간 절충안을 낸다. 1431년(세종 13) 10월 28일, "근래에는 함부로 고소(告訴)하는 사람이 지나치게 많으니, 지금부터 두 번씩이나 함부로 고소하고 격고(擊鼓)하는 자는 1등(等)을 감하여 죄를 다스리게 하라"고 했다. 아예 통제를 하지 않을 수 없으니 최소한의 기준을 마련한 것이다. 함부로 쳤다 해도 1등급 낮게 처벌을 하라고 말하는 것은 이 때문이다.

세종 15년 1월 16일 사헌부에서 아뢴 내용을 보면 다음과 같았다.

"근래에 신문고를 치는 자가 정치의 잘잘못과 민생의 편안과 근심은 말하지 않고 오직 자기들 일만 호소합니다. 또 원통하고 억울한 일이 아닌데 무고하는 자와, 망고(妄告)하는 자와, 월소(越訴, 지방 관청에 호소할 것을 조정에 호소함) 하는 자를 모두 그대로 두고 논죄하지 않습니다. 이 때문에, 완악(頑惡)한 무리들이 조금만 마음에 불평이 있으면 관리를 대하고 욕지거리하기를, '내가 마땅히 신문고를 치겠다' 고 하고, 흔히 웃어른과 다투어 이기지 못하면 문득 꾸짖기를, '내가 마땅히 신문고를 치겠다' 고 합니다.

이에 백성이 그 관원을 모욕하고 아랫사람이 웃어른을 업신여기니, 그 폐가 심히 큽니다. 또 그 사이에 혹 바르게 판결한 것을 그릇 판결했다고 망령되게 일컫고, 혹은 미결된 것을 이미 기결되었다고 망령되게 합니다. 혹은 월소하여 신문고를 치는 자도 있고, 혹은 작고 더러운 일들을 혹 신소(申訴)하는 자도 있습니다. 몽롱(矇矓)하게 신문(申聞)해 성청(聖聽)을 번독(煩瀆)하게 하오니 대체에 어그러질뿐만 아니라, 소송이 복잡하게 늘고, 풍속이 가볍고 박(薄)하니 염려하지 아니할 수 없습니다."

신문고의 기능 가운데 하나는 정치나 정책이 잘못된 것이니 민생 문제 등을 공론화 하는 것이다. 그런데 사간원은 신문고를 치는 이들이 오로지 자기의 이익에만 관계되는 일을 호소하고 있음을 지적하고 있다. 다른 사람을 모함하거나 망령된 말을 하거나 조정에서 관여할 일이 아닌 것을 호소하는 일이 너무 많다는 것이다.

더구나 신문고를 울리는 것이 다른 이들에게 협박이나 겁을 주는 발언의 근거가 되고 있다고 하니, 잘 판결한 것을 잘못 판결했다고 하는 일이 너무 많다는 점을 사간원이 말하고 있는 것이다. 당연히 소송이 많이 늘어나고 원칙들이 흩어지는 일이 있을 수 있었다. 없는 사실을 누명을 씌우거나 다른 사람들을 음해하는 행위들이 있었다. 고소 고발을 통해 상대방을 겁박하는 일도 있고 그 자체로 괴롭히는 행위도 있다. 그렇다고 해서 고소 고발 제도를 없앨 수는 없는 노릇이다. 물론 이 같은 사실을 세종이 모를 리 없었다. 또한 이런 잘못된 사례가 전부일 수는 없을 것이다.

사간원은 일단 죄를 명확하게 했다. 율문(律文)에는 감찰어사(監察御史)가 억울한 사실을 갖추어 실봉(實封)하여 주문(奏聞)하면, 위관(委官)이 추문(推問)하여 진실을 캐내고, 무고를 입은 사람에게는 법률에 따라 제대로 고치고, 원고(元告)와 원문(元問)한 관리는 죄에 처하게 했다.

하지만 억울함이 없고 몽롱하게 변명한 자에게는 장(杖) 1백 대에, 도(徒) 3년에 처하게 했다. 무고한 죄가 중한 자는 더 죄를 주고 변명한 사람은 실정을 알았으면 죄를 같이 줬다. 이외에 억울한 일이 아니면서 난잡하게 신정(申呈)한 것에 대하여 신소불실조(申訴不實條)에 일의 경중에 따라 죄를 정하여 벌을 주게 했다.

다만 황희는 형벌로 송사를 그치게 하는 것을 우려하기도 했다. 사생(死生)에 관계되는 박절한 일에만 신문고를 허락해야 한다고 생각한 황희는 그 나머지 작은 일과 노비를 다투는 송사는, 결절(決折, 판결)한 관리가 바뀐 뒤에 사헌부에 정소(呈訴)하면, 주장관(主掌官)이 맡아 제대로 고치게 해야 한다고 보았다. 그러면서 "대개 형벌을 써서 송사를 그치게 함은 독한 약을 써서 병을 치료하는 것과 같으므로, 후회하는 일이 있을까 두렵습니다"라고 했다. 세종은 이에 대해 예전대로 하되 다만 신소불실률로 죄를 논하라고 명한다. 이는 그 호소하는 내용이 부합하지 않거나 내용이 충실하지 않을 때 죄를 주는 제도를 말한다.

여러 방법을 모색하다가 신문고의 이름을 달리 바꾼다. 바로 승문고라는 이름이다. 1434년(세종 16) 1월 24일, 신문고를 승문고(升聞鼓)로 바꾸게 된 것인데 이유가 다음과 같았다.

> "'신(申)'자는 신하들끼리 서로 상대방을 높여서 쓰는 말이며, 군상에게 계달하는 데 쓰는 말이 아니기 때문에, 앞서 이 '신'자로 쓰던 것을 모두 개칭하고 유독 이 신문고만을 아직 고치지 않고 있었는데, 이제 드디어 개칭했다."

단지 임금에게 도달하는 것이라는 점을 강조한 것인데 이는 꼭 왕을 연상하는 것에서 벗어나, 공적인 성격을 통해서 사전에 치는 사람들에게 스스로 생각해보게 만든다. 즉 신중하게 하도록 한다. 왕에게 들어간다는 생각을 할 수 있도록 이름을 고치는 해법을 적용해 본 것이다. 그러므로 사적인 것들이나 좀 잘못된 내용들을 스스로 걸러 줄 수 있게 한다. 당연히 그것이 거짓이면 처벌이 기다리고 있음은 물론이다. 여기에 아주 무지한 백성은 이미 세종이 처벌하지 않기로 했으니 간악한 무리들이 인위적으로 아용하는 것은 마는 단계에 이르게 된 것이다. 오늘날의 넛지(nudge) 전략과 연관되어 있다고 보겠다. 넛지는 노벨상을 받은 리처드 탈러 교수의 이론으로 부드럽게 찔러 의사를 전달하는 것을 말한다. 이는 문화전략의 또 하나의 방법이라고도 할 수가 있다.

오늘날의 국민청원이라는 것을 생각해 보면 그 안에 들어가야 할 내용은 자신이 당한 억울한 일이 아니라 국민적으로 해당되는 국민 민생에 관한 것이어야 한다. 그렇게 해야 많은 이들이 동의를 하고 지지를 하게 되며 결국에는 개인만이 아니라 나라 전체 국민 모두에게 혜택이 돌아가는 형태가 되어야 한다. 더구나 대신과 왕이 신문고의 내용을 검토하는 것은 다른 사안에 들어가야 할 국가 가용 자원을 투입하는 기회비용이 소요되는 국정운영 업무이기 때문에 오늘날에도 신중함은 여전히 필요하다. 그러나 그것은 민주 공화정의 원리에 따라 제도적 절차적민주주의 수단으로 실질적인 민주주의를 완성하는 노정 기운데 있다.

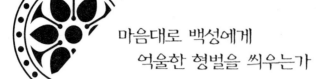

마음대로 백성에게 억울한 형벌을 씌우는가

백성에게 억울한 형벌을 씌운 평안 절제사 윤하를 심문했다.

봉상 소윤(奉常少尹) 이종규(李宗揆)를 보내어 평안도 절제사 윤하(尹夏)가 여연(閭延) 군민(軍民)들에게 그릇 억울한 형벌을 씌운 죄를 신문하게 하였다. 처음에 이안길(李安吉)이 적군과 싸워, 군사들이 화살에 맞아 죽은 자가 몇 사람이 되었다. 윤하는, 사로잡혀 죽은 사람이 많을 것인데도, 안길이 이를 숨겨 말하지 않는 것이 분명하다고 의심했다. 이에 이안길을 잡아 고문하기까지 이르렀던 것이다. 임금이 이 말을 듣고 노하여 말했다.

"안길은 적은 군사로써 강한 적군을 쳐서 물리쳤으니, 용감함이 남보다 지나친 사람이 아니면 할 수 없는 일을 했다. 그런데 윤하는 그 실상을 살피지도 않고 형문(刑問)을 함은 무슨 뜻이냐."

이종규에게 명하여 가서 문죄(問罪)하게 하였다.[26]

형조에서 사적으로 형벌을 가해 살인한 충주목 판사 윤하 등의 장형을 건의하자 받아들였다.

형조에서 아뢰었다.

"판충주목사(判忠州牧事) 윤하는 그 고을 사람 정우(鄭偶)가 사냥하다가 사슴을 잡은 것에 화를 내어, 사적으로 지나친 형벌을 가하여 죽게 했습니다. 판관 이백충(李伯忠)은 비록 공모는 하지 않았다 할지라도 경우를 지적해 이를 말리지 못했습니다. 윤하는 법에 따라 장형 80을 실시하고 도(徒) 2년에 처하며, 매장은(埋葬銀) 10냥을 추징하고, 이백충(李伯忠)은 80을 실시하소서."

아뢴 대로 실시하게 했는데 다만 윤하는 직첩(職牒)만을 회수하고, 지방에 부처하게 하도록 명했다.[27]

평안도 절제사 윤하는 세종이 강조하는 원칙을 잘 지키지 않은 관리였다. 이안길이 용감하게 적군을 싸워 공을 세웠는데 오히려 사람이 상한 것만 문제를 삼고 또한 사실을 숨기고 있다고 의심했다. 더구나 의심에만 머문 것이 아니라 고문을 해서 허위자백을 받으려고 했던 것이다. 따라서 세종은 윤하에게 분노하지 않을 수 없었다. 윤12월 24일에 평안도 관찰사에게 유시(諭示)한 내용을 보면 좀 더 자세히 나와 있다.

"지난번에 야인(野人) 4백여 기(四百餘騎)가 갑자기 여연군(閭延郡)에 들어왔는데, 이안길이 굶주리고 피곤한 군사 2백여 명을 거느리고 힘써 싸워 물리치고 성보(城堡)를 보전하게 되었다. 이에 그 공이 큰데 도절제사 윤하가 친히 그 고을에 이르러 그 일을 자기 눈으로 보고도 군관(軍官) 박임(朴林) 등 15인을 갑자기 형벌로 문초하였다. 이는 그에게 위임(委任)한 뜻에 심히 어그러진다."

이안길만이 아니라 군관 박임 등 15명을 잡아서 문초를 했으니 세종이 분노할 만했다. 그런데 세종은 윤하를 용서한다. "그러나 그 죄를 용서하는 것이니 경은 이 뜻으로써 그에게 이르라"라는 말미의 실록 기록을 통해 알 수 있다. 역시 모든 것을 엄혹한 형벌로만 다스리지 않으려한 세종의 가치관을 다시 한 번 볼 수 있다.

그런데 이후에 윤하는 다시 일을 만든다. 8년이 지나고 윤하는 판중추목사로 재직하고 있었는데 이때도 함부로 형벌을 사용했고 심지어 사람을 죽음에 이르게 만들었다. 고을 사람 정우가 자신보다 앞서 사슴을 잡은 것에 대해서 미워하여 사적 형벌을 가했기 때문에 벌어진 일이었다. 윤하에게 처벌을 한 것만이 아니라 옆에 있던 보좌관인 판관 이백충도 처벌을 하고 있다. 다만, 세종은 처벌만이 능사가 아니라는 점을 강조해왔듯이 윤하에게도 직첩만 회수하고 귀양을 보낸다.

세종은 즉위했을 때부터 형벌의 분별 있는 적용을 강조했다. 1418년(세종 즉위년) 11월 3일, 중앙과 지방의 신료들에게 마땅히 행해야 될 조목들을 유시했는데 이렇게 명했다. "각 고을의 수령이 혹시 한때의 사사로운 노여움 때문에 법을 어기고 억울한 형벌을 쓰며, 호소할 데가 없는 백성을 매질하여, 화기(和氣)를 상하게 하였다면, 감사는 그전에 내렸던 교지를 거행해도, 법을 굽혀서 함부로 처형하는 일이 없게 하여, 내가 형벌을 신중히 하고 죄인을 불쌍히 여기는 뜻에 부응할 것이다"

사사로운 분노로 형벌을 내리지 말고 법에 따르지 않고 형벌을 잘못 내려 억울한 일을 당하지 않도록 조심하게 했다. 또한 함부로 사람의 목숨을 취하는 일이 없게 하도록 명하고 있다. 1424년(세종 6) 8월 21일 법령을 어기더라도 현임 관리 외 인민의 잡범은 형벌을 조심해서 내리도록 했다. 이때 "내가 생각하건대, 예전 어진 임금들의 형벌을 쓰는 목저은 형벌을 범하는 지기 없어지기를 기(期)하였는데, 어찌 차마 무지한 백성을 중하게 법에다만 몰아넣을 수 있겠는가. 태형(笞刑) 한 대나 곤장 한 대에라도 만일 그 중도(中道)를 잃는다면 원망을 부르고 화기(和氣)를 상(傷)하는 것이 혹여 이에서 비롯되는 것이다"라고 했다. 현명한 임금들이 형벌을 쓰는 것은 죄를 저지르는 이들을 없애려고 하는 것이지 죄에 백성들을 몰아 놓기 위해서가 아니라는 점을 말하고 있다. 그리고 "한결같이 예전에 법률을 제정한 본뜻에 따르고" "과인의 형벌을 조심하고 불쌍히 여기는 지극한 뜻에 합치되도록 하라"고 한다. 윤하 같은 관리는 결국 법의 본뜻과 형벌을 가하는데 조심하라는 임금의 뜻을 거스르고 있는 것이다. 세종은 이러한 법의 원칙을 강조하면서도 생명을 중시했다. 생명을 함부로 형벌로 다치게 하는 것은 매우 조심했던 세종이었다. 다음 사례에서 세종과 대신이 논쟁을 벌인다.

관노비 김선삼이 절도죄를 범하여 교형에 해당하였으나 왕이 감형을 특명했다.

이날 상참을 받고 정사를 보았다. 이때 형조에서 아뢰었다.

"교하(交河)의 관노 김선삼(金善三)이 절도죄를 범했습니다. 율(律)이 교형에 해당하옵니다."

이에 대해 왕이 특명으로 사형에서 감형하게 했다. 이에 형조 참판 유계문(柳季聞)이 아뢰었다.

"절도하고서도 중형(重刑)을 면하오면, 다시 마음대로 도적질하다가 종내에 강도에 이르기도 합니다. 법대로 논죄하기를 청합니다."

이 말을 듣고 왕이 말했다.

"근년 이래로 백성이 기근(饑饉)에 있게 되어서 죽은 자가 퍽 많다. 그러니 내가 참으로 견디고 볼 수가 없다. 그런데 또 형벌로 죽이겠는가."

유계문이 다시 아뢰었다.

"성상께서 백성을 사랑하시는 마음은 비록 지극하시나, 범법한 사람은 반드시 중형으로 처벌을 해야 이후에 백성들이 다 법을 두려워해 디시는 범법하는 자가 없을 것입니다."

왕이 말했다.

"그 같은 사람은 그 면죄된 것만 다행으로 여기고 징계가 없어진 자이지만, 비록 지금은 죽지 않는다 해도 결국에는 반드시 죽임을 당할 것이다. 그러므로 경한 법을 좇는 것이 옳을 것이다."[28]

형조 참판 유계문(1383~1445)은 법의 원칙을 강조했다. 범법을 한 사람은 반드시 처벌을 해야 한다는 법원칙을 말했다. 절도죄는 중형에 해당하기 때문에 무거운 벌을 내려야 하는데, 그렇게 상응하는 중형을 내리지 않으면 그가 더 심한 범죄를 저지른다고 본 것이다. 따라서 김 선삼에 대해서 법대로 논죄하기를 요구한 것이다. 그러나 세종은 그렇게 하지 않았다. 세종은 왜 법대로 처결을 하지 않은 것일까.

기근 때문에 너무 고통을 당하고 보니, 어쩔 수 없이 절도를 하게 되었던 근본 원인을 생각하고 있기 때문이다. 따라서 사람의 목숨만을 빼앗는 것이 중요한 것이 아니라 기근 때문에 그가 결국 죽게 둘 수는 없는 것이라고 한다. 그대로 있으면 굶어죽는 상황이었기 때문에 죽지 않기 위해 절도를 한 것인데, 이를 중형에 처하게 된다면 이는 적절하지 않은 것이라 본 것이다. 범죄를 저지르고도 호의호식을 사는 이들에게 법은 더 엄하게 적용되어야 하는데 말이다. 법은 오히려 이러한 현실을 타개하지 못한다. 그러니 법원칙이 누구를 위해서 아니 스스로 존립 가능한 여할을 하고 있는지 의문이다.

　백성을 사랑하는 세종에 대해서 유계문은 법원칙을 강조하고 있는 것인데 그렇다고 해서 세종이 법원칙의 준수를 외면하고 있는 것은 아니다.

　1439년(세종 21) 12월 15일 기록에 세종은,

　　　"삼범 절도(三犯竊盜)와 관가의 돈이나 곡식을 훔친 자는 역시 사형에 처하게 되는데, 모두 사람을 해(害)한 죄는 아닌 것이다. 또 하물며 절도가 많은 것은 실로 근년의 기근 때문이니 더욱 가긍(可矜)한 일이다. 이들의 범한 바는 장차 특별히 감형하여 흠휼(欽恤)의 뜻을 베풀고자 한다."

　삼범 절도는 세 번 절도를 하는 것을 말하며, 이 경우 사형에 처하게 되어 있는데 이러한 것도 기근이 심할 경우에는 더 많아질 수밖에 없기 때문에 반드시 사형에 처하면 안 된다고 한 것이다. 그러나 이렇게 했을 때 세종도 염려 되는 면이 없는 것은 아니었다.

　　　"그러나 이렇게 했을 때 또 뒷날에 그것이 격례(格例)가 되어, 다시는 율문을 따를 리(理)가 없을까 염려된다. 이것은 곧 고식지정(姑息之政, 임시방편)이니 역시 미안한 일이다. 어찌하면 법의 실행을 살리면서 사형되는 자가 좀 감하게 될 수 있겠는가. 그 법조문을 강구해 조사하고 사리를 짐작해 의논하고 아뢰게 하라."

　격례는 격식이 되어 있는 예를 말한다. 사형을 최대한 감해 주었을 때 그것이 마치 하나의 모범적인 예가 되어, 율문에 규정되어 있는 사형죄가 흔들릴 것을 염려하고 있는 세종인 것이다.

고식지정은 고식지계의 연장선상인데, 그 맥락은 근본적인 대책이 아니라 미봉의 대책으로 정책을 실행하는 것을 말한다. 그래서 세종은 법원칙을 지키면서도 기근 등의 굶주림에 당하여 어쩔 수 없이 절도죄를 저지르는 이들의 목숨을 최대한 빼앗지 않는 방안을 모색했던 것이다. 그렇다면 굶주림을 없애주는 것이 절도죄를 저지르지 않게 하는 것이겠다. 그래서 세종은 형벌로 죄 자체를 묻기보다는 굶주림 등 백성들의 어려움을 구제하기 위한 노력에 더욱 더 집중하기를 원했고 지방 수령에게 그러한 점들을 많이 환기시키고는 했다. 형벌을 엄하게 한다고 하여 굶주림이 해소되는 것이 아니며 굶주림이 극한에 이를수록 엄한 처벌에도 굶주림을 면하기 위한 범죄는 더 나올 수밖에 없다. 나라의 군주가 엄하기만 하면 그를 따르지 않으니 지도자가 고민해야 하는 부분은 자신들을 위해 고민하고 배려하고 있다는 마음의 쓰임이다. 큰 지도자일수록 이를 통한 더 큰 범위의 정책 수용성이 중요한 점을 생각해야 한다.

〈미주〉

1) 세종실록 58권, 1432년(세종 14) 11월 7일.
2) 세종실록 106권, 1444년(세종 26) 12월 23일.
3) 세종실록 60권, 1433년(세종 15) 6월 2일.
4) 세종실록 68권, 1435년(세종 17) 6월 22일.
5) 세종실록 99권, 1443년(세종 25) 2월 24일.
6) 세종실록 37권, 1427년(세종 9) 8월 20일.

7) 1427년(세종 9) 8일 27일.

8) 세종실록 37권, 1427년(세종 9) 8월 29일.

9) 세종실록 37권, 1427년(세종 9) 9월 3일.

10) 세종실록 64권, 1434년(세종 16) 6월 27일.

11) 세종실록 105권, 1444년(세종 26) 윤7월 24일.

12) 1426년(세종 8) 4월 17일.

13) 세종실록 50권, 1430년(세종 12) 10월 19일.

14) 세종실록 64권, 1434년(세종 16) 4월 26일.

15) 세종실록 105권, 1444년(세종 26) 윤7월 24일.

16) 세종실록 47권, 1430년(세종 12) 2월 14일.

17) 세종실록 47권, 1430년(세종12) 2월 19일.

18) 세종실록 58권, 1432년(세종 14) 10월 29일.

19) 세종실록 48권, 1430년(세종 12) 4월 5일.

20) 1433년(세종 15) 5월 3일.

21) 세종실록 58권, 1432년(세종 14) 10월 10일.

22) 세종실록 36권, 1427년(세종 9) 6월 23일.

23) 세종실록 57권, 1432년(세종 14) 7월 18일.

24) 세종실록 40권, 1428년(세종 10) 5월 24일.

25) 1432년(세종 14) 12월 3일.

26) 세종실록 18권, 1422년(세종 4) 윤 12월 11일.

27) 세종실록 50권, 1430년(세종 12) 11월 20일.

28) 1439년(세종 21) 10월 23일.

제 2 부

권력을 허투루
휘두르지 않다

금년의 가뭄은 작년보다 심하다. 하물며, 이
때에 재난을 당하여 농민의 힘을 하루라도
폐할 수 없다. 올리는 물건이 모두 백성의
힘에서 나왔고, 운송하는 폐가 또한 농사일
을 방해할 것이다. 나의 반찬을 어느 겨를에
헤아리는가. 다시 번거롭게 청하지 말라.

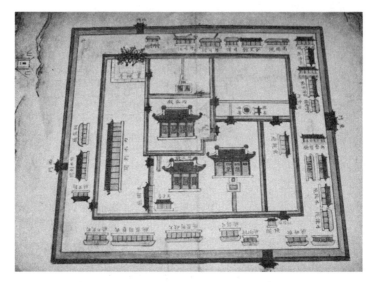

온양 온궁 전경도

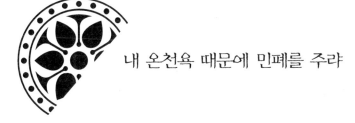

내 온천욕 때문에 민폐를 주랴

왕이 안질 때문에 공사업무 축소를 승정원에 전지했다. 이때 왕이 승정원에 이렇게 일렀다.

"내가 안질(眼疾)을 얻은 지 이제 10년이나 되었으므로, 마음을 편히 하여 조섭(調攝, 보양)하고자 한다. 그래서 매월의 대조회(大朝會)와 아일(衙日, 초닷새·열하루·스무하루·스무닷새)의 조참(朝參)과 야인들의 숙배(肅拜)를 제외하고는 모두 다 없애게 할 것이며, 향과 축문도 친히 전하지 말게 하라."

승지 등이 아뢰었다.

"전에 안질을 앓는 사람에게 목욕을 시켜 시험하였는데, 지금은 모두가 효력이 있습니다. 청하건대 온천으로 행행하시어 신민(臣民)의 소망에 부응(副應)하게 하옵소서."

이렇게 말하니 왕이 말했다.

"이제 농사철을 맞았으니, 시끄럽게 함이 실로 많을 것이라 불가하다."

승지 등이 재삼 이를 청하므로 그제서야 허락했다. 왕이 말했다.

"이제 그대들이 굳이 청하여 이 행차가 있는 것이니, 대신으로 하여금 나의 본뜻을 알게 함이 옳겠다."[1]

왕은 온천에 관한 채붕 설치를 금지시켰다. 의정부 사인(舍人) 이계손(李稽孫)이 탄일을 하례하는 전문(箋文)을 받들고 행궁에 나아가 아뢰었나.

"정부에서는 채붕(彩棚)을 베풀고 대가를 맞이하기를 청합니다."
이 말을 듣고 왕이 말했다.

"내가 안질을 얻은 지 이제 4, 5년이나 되었는데, 금년 정이월에는 왼쪽 눈이 거의 실명하다시피 하였다. 목욕한 뒤부터는 매우 신효(神效)가 있어 실명하는 데에 이르지 않았다. 나도 스스로 기뻐하거니와 신민 치고 누가 하례하지 않겠는가. 정부에서 채붕을 베풀고 맞이하고자 하는 것은 이 때문이겠다. 고려 시대에는 종묘의 친제(親祭)라든가, 강무하고 환궁할 때라면 모두 채붕을 베풀어 맞이하게 했다. 종묘에서 대가를 맞이한 까닭으로 친히 제사 지낸 적도 드물었는데, 내가 오늘날 매양 비록 제사를 친히 지내는 까닭으로, 드디어 이런 일이 없게 되었다. 또 나의 안질이 비록 조금은 나았어도 아직은 영구히 나은 것도 아니고, 목욕하는 행차도 반드시 계속될 것인데 어찌 자주 채붕을 베풀게 할 것인가. 가요(歌謠)나 결채(結彩)도 또한 폐가 있으니, 이것도 내가 모두 금하고자 한다. 그러나 일이 길한 경사에 속하고 또 즐거움으로써 환궁하니, 기쁨을 보여 주는 소이(所以)이므로 금하지는 않지만, 채붕을 설치한다는 것은 결단코 따르지 않겠다."[2]

세종은 평생 눈병 때문에 고생했다. 학문과 연구를 많이 했으니 어쩌면 당연한 발병이었는지 모른다. 1441년(세종 23) 4월 4일 기록에 세종에게 안질이 생긴 이유를 보면, '임금이 모든 일에 부지런했고, 또한 글과 전적(典籍)을 밤낮으로 놓지 않고 보기를 즐겨했으므로 드디어 안질을 얻게 된 것'이라고 쓰고 있다. 세종은 학문과 업무 때문에 생긴 안질로 고생을 했고 일상생활만이 아니라 정사를 보는데도 지장이 많았다. 이 때문에 과중한 업무를 최소화해야 했다. 하지만 업무를 하지 않을 수는 없었기 때문에 쉽게 낫지 않은 면도 있었다. 이때 대신들이 온천욕으로 치료하는 방안을 내놓았다. 세종은 민폐를 준다는 이유 때문에 여러 차례 반복하는 대신들의 제안을 거부했다.

그러나 안질이 있으면 결국 업무를 볼 수가 없으므로 방치하면 더욱 악화되어 나라와 국민 전체에 피해를 주는 것이 된다. 마침내 온천 치료를 가게 되고 일정한 효과를 보게 되면 이에 대해 잔치 하례가 열리게 되는데 지나친 환대를 경계했던 세종은 이것을 탐탁치 않게 생각했다.

채붕은 나무를 엮어 비단 장막으로 덮은 것(謂木張綵以爲覆蔽也)으로 야외 관람석을 말한다. 원래 채붕은 산대를 의미하는데, 산대는 시대에 따라 부르는 명칭이 달라 신라와 고려시대에는 채붕으로 불렸고, 조선시대에는 산대라고 부르게 된다.

결채는 임금의 행차나 외국의 사신이 올 때 갖가지 색실과 색종이나 색 헝겊 등을 문이나 길거리에 내걸어 장식하던 일이다. 어쨌든 세종은 이러한 행사들에 대해서 너무 화려하게 하지 않기를 원했다. 세종이 항상 온천욕을 가게 될 때 펼쳐질 이런 행사에 대해서 염려한 이유는 백성들에게 민폐를 끼칠까 해서였다. 이후 왕비는 중전(中殿) 또는 중궁(中宮)이라 불리며 온천에 행차하게 되는데 이때 세종은 중궁의 온천 거둥 시 폐해를 받은 백성들을 보상하게 한다.

"근일에 중궁이 온천에 거둥할 텐데, 본읍(本邑)의 인민들이 반드시 폐해를 많이 받을 것이다. 그 호조(戶曹)에 명해 사람마다 환상곡과 콩 각 한 섬씩을 주게 하고, 80 이상 노인에게는 곡식과 콩 각 한 섬씩을 감면하게 하며, 지나가는 도로에 손상시킨 보리밭은 역시 형편을 요량하여 보상하게 하라."[3]

그 뒤에 세종은 온천에 자주 가는 것도 꺼리게 되는데 그때마다 대신들이 청하게 된다. 세종 25년에도 마침내 온천에 가기로 결정하는데 민폐를 끼치지 말 것을 충청 감사에게 이르게 된다. 세종이 도승지 김돈(金墩)에게 이른 내용을 보면 다음과 같았다.

"대신들이 심히 청하므로 마지못해 억지로 좇겠노라. 그러나 신하의 도리를 다한다며 임금에게 진귀한 음식과 별미의 것을 서로 먼저 올리려 하기 때문에 백성을 괴롭히고 번거롭게 해 원망을 낳게 됨은 옳지 못한 일이다. 내 민폐를 절대로 없게 해서 조금이라도 내 마음을 편하게 하려 한다. 충청 감사에게 이미 마른 반찬을 준비한 것 외는, 비록 산나물이든 들나물이든 쉽게 구할 물건일지라도 올리지 말게 하라."[4]

왕이 지방에 행차하는 것은 드문 일이다. 세종은 더욱 드물었다. 지방에 임금이 행차할 경우에 신하들이 제 도리를 다한다며 맛있는 음식과 특산품을 바치게 된다. 만약 제대로 하지 않는다면 눈 밖에 날 수도 있다. 물론 세종이 그런 것을 숭하게 생각하지 않는다고 해도 지방 수령의 생각은 그렇지 않았다. 그때 모든 것이 지역 백성들이 하는 것이므로 더 좋은 것을 바치려는 경쟁이 강화될수록 백성들의 고통이 가중된다는 것을 세종이 잘 파악하고 있었다는 것을 알 수 있는 기록이다.

1433년(세종 15) 4월 5일, 임금이 온수현의 병든 노인과 환과고독에게 은혜를 베풀 것을 말하는데 이유는 온천한 것에 대한 보상이었다. 세종이 온양의 백성들을 생각하여 이렇게 말했다.

> "온수현 인민들에게 벼와 콩을 이미 하사했는데, 지금 다시 생각해 보니 조세를 감해 주는 것이 좋을 뻔했다. 그러나 다시 고칠 수 없으니, 병든 노인과 환과고독(鰥寡孤獨)에게라도 은혜를 더 베풀고자 하는데 어떠한가."

이에 안숭선이 "백성을 사랑하시는 마음이 지극합니다"라고 말한다.

한번 지나가는 보상이 아니라 무엇이 진정한 보상인지를 세종은 지난 후에도 생각하고 있었고 그것을 시행한 것이다. 세종의 안질은 잘 낫지 않는다. 그렇기 때문에 효험을 볼 수 있는 온천을 다른 곳에서도 찾아본다.

1449년(세종 31) 12월 3일에는 북쪽 배천으로 마침내 온천 행차를 가게 되는데, 그때도 역시 세종은 민폐를 염려한다. 황해도 배천 온천에 요양가려는 일에 대해 의논하면서 지승문원사(知承文院事) 강맹경(姜孟卿)을 배천 온천에 보낼 때 다음과 같이 명령한다.

"전에 이천(伊川)으로 거둥했을 때 폐단이 많았음은 말할 수 없다. 온양(溫陽)과 초수 행궁(椒水行宮)에서도 너무 지나쳤으나, 모두 이엉(茨)을 덮었을 따름이다. 너는 배천으로 가되 폐단이 나지 말게 하라."

이 기록에 나와 있는 세종의 말을 들어보면 보면 세종이 민폐를 많이 준 듯이 보인다. 하지만 세종은 주로 이천, 온양, 초수 등지에서 온천욕을 했지만 그때마다 민폐가 나지 않을까 조심을 했다. 지나고 나서도 민폐가 있었다고 하면서 배천 온천에 갈 때는 더욱 더 각별히 민폐가 없어야 한다고 단도리를 했다. 조심하고 또 조심하여도 민폐가 날 수밖에 없는 상황이 벌어질 수 있음을 세종은 알고 있었고 이 때문에 항상 대신이나 수령들에게 주의환기를 시켜 민폐를 최소화하였다.

무엇보다 그는 자신의 병이 온천욕으로 고칠 수 없는 것임을 명확하게 알고 있었다. 막연히 건강에 좋다고 온천에 가지는 않았으니 오늘날 누리려는 공공 권력자들과도 다르다. 근본적으로 세종은 자신 때문에 다른 이들에게 민폐를 주는 것 자체를 피하였다. 이러한 근본적인 자세는 다음과 같은 말에서 알 수 있다. 자신의 생일에 대해서 예조에 이렇게 명한다. 스스로 이렇게 하니 다른 사대부들이야 어떻게 행동해야 할지 훤하다.

"임금과 신하 사이에는 예법이 본래 정해져 있어 법도를 넘을 수 없는 것이다. 그러니 이는 고금의 큰 법전[大典]이다. 우리 나라의 종친·외척·정부 훈신(政府勳臣)들이 과인의 탄생일에 널리 재연(齋筵)을 베풀어 오래 살기를 기도했는데 이것이 비록 신하가 임금에게 향하는 지극한 정이라 할지라도 예법에 비추어 보면 그것이 옳은 줄 모르겠다. 그 폐단은 온 백성과 중들이 늘 보고 듣게 되어 때 없이 수륙재(水陸齋)와 전경(轉經, 불교 설법회)을 하여 걸핏하면 선왕의 명복을 빈다. 임금[君上]의 장수를 기도한다고 칭탁하지 아니함이 없다. 여기에 재물을 허비하고 큰 도량을 베푸는 일이 많아질 것이다. 내가 이 폐단을 염려한다. 무릇 여러 신료(臣僚)들은 태조·태종의 휘일(諱日)을 당할 때마다 사사로이 명복을 비는 것을 이미 영으로 금단했는데, 다만 아직 이런 일이 있어, 그 옛 것을 답습하고 있다. 이제부터는 중외(中外)의 신민으로서 축수하는 등의 일은 일체 금절하여, 그 폐단을 고치게 하라."[5]

공짜로 받느니
시장에서 사먹겠다

경기의 각관·전에서 올리는 반찬을 정지시켰다. 백성이 굶주리고 있어서인데 이때 왕이 승정원에 일렀다.

"인군(人君)의 직책은 오로지 백성을 사랑하는 것이다. 지금 백성의 굶주려 죽는 것이 이와 같은데, 차마 여러 도에서 바치는 반찬[膳]을 받을 수 있는가. 전에 흉년 때문에 이미 하삼도(충청·전라·경상도)에서 바치는 반찬을 없애고, 오직 경기·강원 두 도만 없애지 않았다. 그런데, 지금 듣자니 경기에도 굶주려 죽는 자가 또한 많다고 한다. 그러니 내가 몹시 부끄럽다. 두 도에서 바치는 반찬도 아울러 없애는 것이 어떠할까."

승지들이 대답했다.

"만일 두 도에서 바치는 것까지 없앤다면 어선(御膳)을 공급할 수가 없습니다. 부득이하시다면 마땅히 따로 조처가 있어야 하겠습니다. 하지만, 이렇게 한다면 또 폐단이 일어날까 두렵습니다. 그만둘 수 없다면 다만 경기 남도(京畿南道)의 풍년이 들지 못한 각 고을만 바치지 말도록 하는 것이 어떠 하겠습니까."

이 말을 듣고 왕이 말했다.

"한 도내에서 이렇게 분별할 수는 없다."

드디어 명했다.

"문소전(文昭殿) 이외에, 경기에서 각전과 각관에 바치는 반찬은 모두 바치지 말게 하고, 오직 각포(各浦)에서는 예전대로 하라."[6]

병조 판서 한확 등이 전라도·경상도의 진상을 허락할 것을 간청하였으나 허락하지 않았다. 한확(韓確)·예조판서 김종서(金宗瑞)·우참찬 이숙치(李叔) 등이 여러 승지들과 함께 또 아뢰었다.

"금년에 볏곡이 잘되지 않은 것은 모든 도(道)가 다 그런 것은 아닙니다. 다만 바다 연변의 고을들이 부실(不實)할 뿐입니다. 그 나머지의 산군(山郡)들에는 볏곡이 꽤 잘되었습니다. 또 전라도와 경상도도 이 도의 예와는 다릅니다, 청하건대, 두 도의 초하루와 보름의 진상을 허락하옵소서."

왕이 말했다.

"금년의 기근은 마음속으로 명나라 건문(建文) 때와 같은 것이라고 생각하였다. 하지만 근일에 경과(經過)한 곳에는 거의 다 꽤 잘되어서 내 매우 기쁘다. 그러나 어찌 이것을 가지고 기뻐하여 곧 진상(進上)을 허락할 수 있겠는가."

한확 등이 다시 아뢰었다.

"지금 어선의 박(薄)함이 이러니 신 등은 실로 마음이 좋지 않습니다. 또 옛사람이 말하기를, '50세가 되어 고기가 없으면 배부르지 않다'고 했습니다. 전하께서는 춘추가 거의 50세가 되셨습니다. 더구나, 옥체가 평안하지 못하신데, 어찌 반찬을 이렇게 박하게 올릴 수 있겠습니까. 전하께서는 일찍이 태종께 올리는 어선을 각별히 살피셨음에도 지금 어선이 이처럼 박하니 동궁(東宮, 세자)의 어선을 살피는 마음에 어떻겠습니까. 청하건대, 신 등의 바람을 받아들이옵소서."

세종이 말했다.

"경 등이 비록 거듭거듭 말하더라도 나는 끝까지 받아들이지 않을 것이다."[7]

진선(進膳)은 반찬을 올리는 일이고 어선은 임금이 먹는 찬을 올리는 일이다. 각 지역 백성들은 궁 안에 음식들을 들여야 했다. 이 문제는 매우 중요할 수 있는데 특히 나라가 흉년이 들거나 재난 상황에 처했을 때는 더욱 그러하다.

왕은 최고 권력자로 모범을 보여야 한다. 왕이 음식을 제대로 들지 않으면, 관리나 사대부들도 마음대로 음식을 먹을 수는 없는 노릇이다. 왕이 흉년이나 재난 상황에서 음식을 절제하면 모든 지배계층들이 따라야 한다. 만약 여유 있는 이들이 음식을 제어하지 않는다면 전체적으로 상황이 더 좋아지지 않을 수 있기 때문에 스스로 모범을 보여야 한다. 왕이 모범을 보이지 않으면서 사대부를 포함한 지배층에게 재난을 맞이해 검소한 식사를 하게 한다면 따를 일이 없을 것이다. 세종은 집권 초기부터 재난 상황에서 음식을 절제했고 궁으로 진선되는 것을 제어했다.

1422년(세종 4) 11월 14일, 정부·육조(六曹)와 공신·대간(臺諫)이 진선 통제를 풀어주기를 바란다.

"전하는 자봉(自奉)은 박하게 하시면서 인민(人民)에게는 후하게 하십니다. 전하의 생각하심이 지극하시고 극진하시어, 신들이 감히 다시 청하지 못하겠습니다. 다만 신물(新物)이 있으면 공진(供進, 진상)하는 것이 백성에게 해로울 이유가 무엇이겠습니까."

세종이 자신에게는 소홀히 하면서 백성들에게만 신경을 쓴다는 대신들의 지적이다. 새로 나는 물산이 있으면 그것을 들이도록 해야 한다고 주장한다. 예컨대, 햇곡식 같은 첫 농산물은 일부라도 맛보는 것은 나쁘지 않다는 것이기도 하다. 그러나 세종은 허락하지 않는다. 이유는 백성의 어려움이 크기 때문이다. 다시 말하면, 백성이 밥을 먹기 어려움이 금년과 같은 해가 없는데, 어찌 반드시 먼 지방의 물건을 기다린 후에야 자봉을 할 수 있겠느냐면서 비록 주방(廚房)에 없더라도 저자(市)에서 사서 먹을 수 있다고 하면서 받지를 않는다.

백성들에게서 무료로 가져다가 먹을 수 있는데 세종은 애써 그것을 사서 먹고 부담을 덜 주겠다는 말까지 한 것이다. 한 나라의 왕이 백성에게 부담을 주기 싫다며 시장에서 사먹겠다고 말하고 있으니 조선시대의 왕이라면 무소불위의 권력을 가지고 내 맘대로 했을 것이라고 보통 생각하기 쉬운데 세종은 이렇게 백성들의 입장에서 하나부터 열까지 생각했던 왕이었다는 것이다.

1445년(세종 27) 5월 7일, 예조에 전지해 여러 도의 진선을 문소전(文昭殿)을 제외하고는 우선 드리지 말게 하라고 하니, 의정부와 육조에서 이의를 제기했다.

"이 앞서 실농한 여러 도에 이미 진선을 없애게 하시고, 오직 경상 · 전라 · 함길도에만 토산물을 올리게 했습니다. 올리는 바는 포해(脯 , 말린 고기와 절인 고기) 뿐입니다. 포해는 이미 일찍이 준비되어 있는데 어찌 백성들에게 폐가 되겠습니까. 하물며, 근래에는 성상의 옥체가 편찮으시오니 면제함이 적절치 못하십니다. 또 지난해 가뭄에는 6월 말에 이르러서야 진선을 없앴는데, 이제 가뭄이 심하지 않은데 갑자기 정지하게 하십니다. 청하건대, 이 명을 거두시어 신 등의 소망을 받아주시옵소서."

지금 그나마 올리는 것도 양이 적고 단출하기 때문에 이것까지 줄일 필요는 없다고 본 것이다. 더구나 몸 상태가 별로 좋지 않기 때문에 진선을 받아야 한다는 주장을 하고 있는 것이다. 오히려 왕의 몸이 좋지 않다하여 그것을 명분으로 해서 진선을 하게 할 수도 있을 것이다. 하지만 허락하지 않은 세종이었다. 이에 세종이 다음과 말했다.

"금년의 가뭄은 작년보다 심하다. 하물며, 이때에 재난을 당하여 농민의 힘을 하루라도 폐할 수 없다. 올리는 물건이 모두 백성의 힘에서 나왔고, 운송하는 폐가 또한 농사일을 방해할 것이다. 나의 반찬을 어느 겨를에 헤아리는가. 다시 번거롭게 청하지 말라."[8]

올리는 음식도 백성의 손에서 만들어진 것이고 그것을 운송하는 것도 백성의 손이고 하니, 자신의 반찬 때문에 백성을 시달리게 하고 오히려 이 때문에 농사에 방해가 되지 않겠다는 세종이다. 세종의 백성에 대한 미안한 마음이 담겨 있는 것이다. 나아가 농사를 못 짓게 되는데 이에 대해서 국가가 보상을 해주는 것도 아니기 때문에 세종은 이를 거부하는 것이다.

임금이 먹는 음식은 스스로 마련하는 것이 아니라 백성이 기른 곡물과 채소에서 나온다. 왕이 스스로 만들어 먹는 것이 아니다. 그렇기 때문에 왕은 그 백성들에게 고마움을 가져야 한다. 하지만 오히려 높은 위치에 있기 때문에 더 맛나고 좋은 음식을 조달 받아야 한다고 생각하는 경향도 분명 있다. 오늘날에도 쉽지 않은 이런 마음을 이미 세종에게서 여실히 볼 수 있는 것이다. 어떤 군주를 백성들이 더 따를 것인가 이는 자명한 일이다. 세종은 대식가로 알려져 있다. 많은 음식을 먹어 비만이었다고 한다. 생각해보면 언제나 학문 연구를 하고 정책 방안을 모색하며 신하들과 토론을 하면서 엄청난 스트레스를 받았을 것으로 생각된다. 당연히 스트레스를 받으면 음식을 많이 먹게 된다. 그런 와중에 시시때때로 음식을 절제해야 하고 또 절제를 철저히 한 왕이었다.

조심하면 길하다

　　홍산 현감(鴻山縣監) 조담(趙聃)이 어전에 하례를 드리려 입조하니, 왕이 불러 보고 말했다.

　　"그대는 수령을 지낸 일이 있는가."

　　조담이 대답했다.

　　"없습니다. 이제 백성 다스리는 직임을 맡게 되오니 더욱 황공하옵니다."

　　왕이 말했다.

　　"모든 일을 두려워하고 조심하면 실수가 적을 것이다. 그러니 그대는 그 고을에 가서 더욱 삼가고 조심하여 굶주리는 백성이 없도록 하여라."[9]

　　함길도 관찰사 한확이 직임을 사양하자 왕은 조심하면 길하게 된다고 말했다.

　　함길도 관찰사 한확이 아뢰었다.

　　"본도는 야인과 이웃하여 응적(應敵)할 방법과 설진(設鎭)할 계책에 관계된 바가 가볍지 않습니다. 그에 비해 신은 그 직임을 이기지 못할까 염려되옵니다. 또 신은 배우지 못하여 재주가 없기 때문에, 만일에 내전(內傳)의 문서[書契]라도 있게 되면 응답하기에도 실로 어려울 것 같습니다."

이 말을 듣고 왕이 말했다.

"모든 일에 조심하면 마침내는 길(吉)한 법이다. 경이 직임을 이기지 못할까 두려워하는 뜻인즉 좋다, 하지만 외교 문서에 응답하기에도 어렵다고 해서 사양함은 옳지 않다."[10]

칠원(漆原) 현감 양봉래(梁鳳來)가 사조하니, 왕이 불러 보고 일렀다.

"너는 일찍이 사관(史官)을 지냈으니 백성을 근심하는 나의 뜻을 자세히 알 것이다. 지금 흉년이 들었으니 흉년 구제하는 정책에 힘쓰도록 하라."

봉래가 대답해 아뢰었다.

"신이 지방에서 생장하여 민간의 폐해를 아옵니다. 다만 성품이 워낙 용렬하고 어리석으므로 책임을 다하지 못할까 두렵습니다."

왕이 말했다.

"대개 일을 쉽게 여기고 하면 성공하지 못한다. 그 일을 어렵게 여겨서 하는 이는 반드시 성공하는 것이다. 너는 그것에 힘쓰라."[11]

초보자와 숙련자 가운데 누가 더 사고가 날까. 오랜 경험과 숙련이 없는 초보자가 숙련자보다 사고가 많이 일어날 것으로 생각이 된다. 초보자들은 오히려 사고가 나지 않는다. 예컨대 자동차 운전의 경우에는 실제 통계를 보면 수년간 운전을 한 이들이 1~2년 된 초보자들보다 사고가 더 난다. 이유는 실력이 문제가 아니라 그만큼 주의를 덜 하기 때문이다. 초보자들은 자신이 조심을 하지 않으면 자칫 일이 잘못 될 수 있다고 생각하기 때문에 조심하게 된다. 사람이 주의집중을 하지 않는 것은 오히려 그것이 능숙하게 여겨지기 시작하면서부터이다. 능숙하기 때문에 쉽게 대처를 하고 언행을 하게 된다. 자신이 잘할 수 있다고 생각하면서 오히려 잘 하지 못하는 일이 벌어질 수가 있다. 오만해지기 때문에 다른 이들에게도 폐를 끼치고 스스로도 신뢰를 잃어버리게 된다.

새로운 인물을 발탁하는 것도 이러한 맥락에서 이해할 필요가 있다. 새로운 인재를 발탁해서 기용하는 것은 반드시 그가 우월한 능력을 가졌기 때문만은 아닐 것이다. 그가 초심자라서 우월하지 않기 때문에 더욱 더 노력을 하고 각별하게 신경을 쓰게 될 것이다. 그러므로 미처 신경을 쓰지 않았거나 배제된 부분들을 찾아내고 그것에 따른 문제점들을 해결할 수도 있게 되는 것이다. 사실 경륜이 많을수록 대개 전문성이 있고 일을 잘 처리할 것이라는 인식이 있다. 하지만 자신이 업무나 조직에 대해서 모든 것을 다 알고 있다고 할수록 세밀하게 살피지 않을 가능성이 많아지기 때문에 방심과 자만의 태도를 낳을 수 있다. 더구나 새로운 상황이나 변수가 발생하여 대처할 때는 미처 적절한 조치를 못할 수도 있는 것이다.

홍산 현감 조담(趙聃)은 처음으로 현감직에 나가는 관리였고, 그렇기 때문인지 부담감을 말하고 사양의 뜻을 밝힌다. 세종은 이에 대해 모든 일에 두려워하고 조심하면 실수가 적어질 것이라고 말한다. 두려워하지 않고 조심하지 않으면 오히려 실수가 많아질 것이라는 말과 같다.

함길도 관찰사에 임명된 한확은 외교문서를 자신이 잘 다루지 못할 것이라는 우려를 했지만 그는 다양한 외교 경력을 가진 인물이었다. 말은 겸손하게 하지만 실제는 그렇지 않은 인물이었다. 넷째 누이 여비 한씨가 영락제의 후궁으로 결정되면서 명나라 파견 진헌부사(進獻副使)가 되어 노구산(盧龜山), 녹사(錄事) 김덕장(金德章) 등과 같이 누이를 호송하고 연경에 갔다. 그 뒤 1417년 누이가 여비로 책봉되어 명나라 봉의대부 광록시소경(光祿寺少卿)에 제수되었다. 조선과 명나라의 외교에서 중요한 역할을 하는 위치에 서게 된 것이다. 여비는 영락제의 황후인 인효문황후 서씨가 죽은 후 명나라 내명부를 총괄했다.

한확은 세종과도 인연이 있는데 1418년 태종의 양위로 세종이 즉위하게 되면서 책봉 고명을 위한 승습사(承襲使)로 명나라에 들어갔고, 1419년(세종 1) 1월 명나라 황제의 책봉 고명서를 받들고 온 외교관 경력이 있었다. 또한 세종 시기 외교적 성과에도 참여했다.

1420년 1월 조선의 흉년기에 공물면제를 위한 사절단의 대표로 예조참판 하연(河演)과 함께 명나라에 가서 태종 이래 추진했던 금과 은의 공물면제를 주청하여 황제의 허락을 받아낸다. 한확의 또 다른 다섯째 여동생인 공신부인 한씨(恭愼夫人 韓氏, 1410~1483)는 1427년 제5대 선덕제의 후궁이 된다. 이로써 여전히 조선과 명나라 외교의 가교 역할을 한다. 한편 명나라에 오갈 때마다 명나라에 공녀로 바쳐진 여성들이 쓴 편지를 조선의 가족들에게 전달해 주었다. 중국어와 한자에 능통했고 명나라 사신이 입국할 때마다 선위사(宣慰使)로 파견되어 응대하는 역할을 했다.

이러한 역량을 갖고 있으면서도 한확은 외교문서 등을 다루게 될

황보인 | 皇甫仁(1387~1453)

조선 전기의 문관 겸 정치가이며, 단종의 충신 3 상신(相臣) 중 한명이다. 본관은 영천(永川). 자는 사겸(四兼) · 춘경(春卿), 호는 지봉(芝峰)이다.

세종 때 북도 체찰사로서 절재 김종서와 아울러 6진을 개척하고 돌아와 병조판서를 지낸 뒤에 좌참찬과 우찬성, 좌찬성을 거쳐서 우의정이 되었다. 그 후 1451년 문종 때 좌의정을 거쳐서 영의정에 올랐다. 단종을 잘 보살피라는 문종의 유언을 받들어 어린 단종을 보호하다가, 1453년 수양대군에게 김종서와 함께 살해되었다. 향년 67세. [*]

상황에 대해서 두려움과 조심스러움을 말하고 있다. 물론 세종은 충분히 그러한 역량을 알고 있었다. 그럼에도 불구하고 조심하고 주의를 기울여야하는 것이 관리의 태도일 수밖에 없다. 그러한 태도 때문인지 한확은 세조 시기까지 중앙권력의 중심에 계속 있을 수 있었다.

또한 세종은 너무 조심하면 일이 잘못 될 수 있을. 수 있지만, 빨리 처결하여야 하는 일에는 주의가 필요하다고 말하기도 한다. 1431년(세종 13) 1월 21일, 감사 한혜가 급시에 함길도 기민 구제를 해낼 것인가를 의심하였는데 세종이, 감사(監司) 한혜(韓惠)는 성질이 본래 느려서 아마도 진휼(賑恤)을 제때에 해낼 것 같지 않다라고 하자, **황보인**이 한혜는 조심성 있고 착한 사람입니다라고 아뢰었다. 이 말을 듣고 세종이 말했다.

"조심하는 것이 비록 좋긴 하나, 일을 처리하는 데 혹 잘못이 있을 수 있다. 전심해서 기민을 구제하라는 뜻으로 유시하라."

백성들은 굶어죽는 상황에서 한시가 급한데 그런 때 무엇보다 기민한 행정행위가 필요함은 물론이라고 할 수 있겠다.

여기에서는 관리들의 태도만을 밀혔는데 물론 왕 스스로가 항상 초심자의 마음으로 국정 운영을 해야 하는 것은 물론이다. 연산군이나 정조는 자신이 스스로 학문은 물론 국정을 잘 알고 운영을 할 수 있다는 자신감에 차 있었다. 실제로 그들의 능력이 떨어진다고 할 수 없다. 정조는 똑똑하고 뛰어난 능력의 소유자였지만, 세종과는 달리 독단적인 태도를 많이 보였다. 그렇기 때문인지 그가 쌓은 업적은 세종과 비교할 때 달리 내세울 것이 그렇게 많지 않다. 현대 조직 운영에서도 제일 중요한 것은 조직 구성원들의 자발적 참여와 창조적 발현이다. 그러한 분위기를 만들어주는 것이 군주가 할 일이다. 이를 위해서는 자신이 모든 것을 다 해봐서 알고 숙달되었다는 태도를 자제해야 한다. 비록 잘 알아도 그들 스스로가 깨닫고 학습하고 터득하도록 만들어야 한다. 세종은 그것을 직접 잘 보여주었고 조선 역대 임금 중에 가장 훌륭하게 그런 모범을 실제로 보였고 결과도 타의 추종을 불허했다.

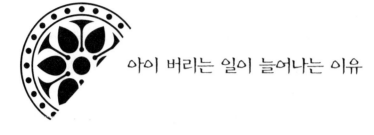

아이 버리는 일이 늘어나는 이유

왕이 어린애를 버린 사람을 잡아 엄히 처벌할 것을 형조에 전지했다. 내용은 이러했다.

"근년에 경중과 외방의 사람이 어린애를 길에 버리게 되니, 비록 자기의 낳은 자녀가 아니지만, 잔인함이 아주 막심한 일이다. 서울은 한성부에, 지방은 수령에게 이들을 끝까지 찾아 잡도록 하라. 아울러 고발해 잡도록 한 사람은 특별히 상전(賞典)을 베풀게하고, 서울과 지방에 널리 효유하여 모두 두루 알도록 하라."

왕이 이렇게 하기에 이보다 앞서 먼저 한성부에서 아뢰었던 바가 있었다.

"도성 안에서 길거리에 아이를 버리는 사람이 빈번히 있게 되니, 이는 죽이는 것과 다름이 없습니다. 원컨대, 한(漢)나라 제도에의거하여 금령(禁令)을 엄하게 만들어 그 죄를 명백히 다스리고, 만약 고발해 잡는 사람이 있으면 이내 범인의 가산을 충당해 주도록하소서."

이에 왕이 명하여 상정소(전례와 법 검토 기관)에 내려 이를 의논하게 하여 대신들이 논했다.

"마땅히 대명률(大明律)의 조부모와 부모가 고의로 자손을 죽인 조문에 의거하여 장형(杖刑) 70대와 도형(徒刑) 1년으로 정하고, 고발해 잡도록 한 사람은 관(官)에서 상으로 베 12필을 주도록 할 것입니다."

이에 명하여 형조에 내렸는데, 형조에서는 상정소에 의논한 바에 의거하여 시행하기를 청했다. 세종이 말했다.

"이것이 좋은 법이 아니니, 다만 전교(傳敎)를 형조에서 공문으로 보내는 것이 옳겠다."

이에 이 명령이 있게 되었다.[12]

한성부에서 왕에게 계했다.

"경성은 인구가 조밀하여, 어린아이가 집을 나와 몇 집만 지나쳐도 제집을 찾아가기 어려워 마침내는 집을 잃게 됩니다. 또한 집 잃은 아이임을 알게 된 사람도 그 아이의 사는 곳을 알지 못하여 찾아주지 못합니다. 혹 간악한 무리가 몰래 숨겨두고 밥 먹여 길러서 노비로 삼는 자가 있게 됩니다.

금후로는 모든 집 잃은 어린아이를 얻은 자는 모두 제생원(濟生院)에 보내도록 하고, 호조(戶曹)에서 양식을 대어 주어서 기르도록 해야 합니다. 어린아이 잃은 부모도 또한 제생원에 가서 찾도록 하고, 관에서는 그 부모에게서 저화(楮貨) 30장을 받아들여 어린아이를 제생원에 보낸 사람에게 주도록 하여야 합니다. 만일 숨겨두고 고하지 않는 자가 있으면, 이내(里內)의 관령(管領)과 오가(五家)를 아울러 논죄하도록 하는 것이 좋습니다."

왕이 그렇게 했다.[13]

동물도 그렇게 하지 않는 것인데 하물며 인간이 자신의 아이를 버리는 것은 금수만도 못한 일이 된다. 그렇게 버리는 것은 당장에 자신에게 이득이 되지 않기 때문이다. 이성이 발달한 인간이 그러한 무도(無道)한 짓을 하거나 문화를 지향하는 인간이 그러한 행동을 하는 것은 문치를 추구하는 세종에게 용납이 될 수 없는 점이다. 앞에서 약간 살폈듯이 세종은 아이를 함부로 대하는 일을 매우 엄하게 대했다. 그렇기 때문에 아이를 버리는 일은 좌시할 수 없었다. 이에 처벌책을 강력하게 마련한다. 국가 기관이 개입하니 생각하지 못한 부작용도 일어나서 더욱더 처벌을 강화해야 했다.

이 해 8월 28일의 기록을 보면 "앞서 길가에 아이를 버린 사람이 있으므로, 임금이 제생원에게 거두어 기르도록 했으나, 산 아이가 적었는데, 이때에 이르러 버리는 사람이 더욱 많아져서 수효가 10여 명이나 되었다. 그리하여, 임금이 매우 염려해 마침내 그들을 국문(鞫問)하도록 명했다"고 쓰여 있다. 길가에 아이를 버리는 것을 방치할 수 없어 제생원에서 보호 양육하도록 했는데 건강상태가 안 좋아 죽은 아이들이 많았다.

그렇다면 제생원이라는 곳은 어떤 곳인지 살펴보자.

제생원은 조선 초 서민들의 질병 치료를 위해 만들어진 의료 기관으로 1397년(태조 6), 조선 건국의 주역 가운데 한 명인 조준(趙浚, 1346~1405)의 건의로 세워졌는데, 의녀들을 육성하는 곳이기도 했다. 이때 제생원에서 아이를 데리고 가니 더욱 많은 이들이 아이를 버리는 일이 벌어진 셈이다. 그러니 이를 가만 둘 수 없게 된다. 처벌이 필요했다. 따라서 8월 28일 형조에 아이를 버린 사람을 추국할 것을 전지했다.

한성부·의금부는 교좌(交坐)하여 아이를 버린 사람을 추국(推鞫)하라는 지시와 함께 관령(管領)이 인보(隣保)를 끝까지 고시하되, 알면서도 고발하지 않는 사람은 중죄로 논단하고 고발하는 사람은 이를 상줄 것이다라고 했다. 아이를 버리는 사람만이 아니라 이를 알고도 묵인하는 이들까지 처벌하도록 한 것이다.

9월 2일 한성부에 전지한 내용을 보면 다음과 같았다.

> "아이를 버린 사람은 인자(仁慈)하지 않고 죄악이 더욱 심하다. 그러므로 이미 추국하도록 했다 하지만, 각부(各部)의 관령(管領)들이 사실대로 고발하기를 즐겨하지 않았고, 오히려 그른 짓을 숨겨주고 나쁜 짓을 도와주었다. 금후로는 일의 증거가 명백한데도 사실을 고발하지 않는 사람은 각각 죄상의 경하고 중한 것에 따라 본부에서 바로 형벌을 결정하도록 하라."

세종은 아이를 버리는 이들에게만 해당되는 것이 아니고 관리들 가운데 아이를 유기하는 일에 도움을 주거나 이 같은 사실을 숨겨주는 이들까지 처벌을 하게 했다. 아울러 아이 버리는 이들을 바로 고발하는 이들에게는 장려책을 마련하게도 했다. 어린아이를 버린 자를 고발하는 사람에게 상을 주게 했는데 이는 포상금에 해당했다. 상의 내용을 보면 이때 형조가 "어린아이를 버린 자를 현장에서 고발하는 사람에게는 면포 12필을 상 주게 하고, 이를 법으로 만드소서"라고 했고, 세종은 그렇게 하도록 했다.

이렇게까지 한 이유는 제도 시행의 역설적인 효과가 발생하기 때문이다. 세종은 아이를 버리는 일에 대해서는 분노하면서 제생원이 아이들을 데리고 가게 했는데 이를 알고 더 많은 이들이 아이를 버리는 일이 생긴다. 그렇기 때문에 더욱 강력한 처벌책을 세우고 이들을 고발하도록 동기를 부여하는 일도 벌어졌다. 여하간 제생원은 국가미아보호기관이었다. 제생원이 개입해야 할 이유는 또 있었는데 아이를 불법으로 데려가서 노비화하기 때문이었다. 1435년(세종 17) 9월 2일, 길 잃은 아이는 제생원으로 보내게 해야 한다고 호조에서 말했다.

> "도성에는 인가(人家)가 빽빽하므로 어린아이가 겨우 두서너 집 문을 지나자마자 집을 잃어버리게 됩니다. 그런데, 간사한 무리들이 길 잃은 아이를 숨겨 기르고 혹은 노비를 삼게 됩니다. 이는 그 풍속이 아름답지 못합니다. 지금부터는 만약 아이를 얻은 사람이 있으면 즉시 제생원으로 보내어 먹여 기르도록 하게 해야 합니다. 아이를 잃은 사람에게는 동전(銅錢) 3관을 징수하여 아이를 얻은 사람에게 상을 주도록 하소서."

이렇게 계한 내용을 보고 세종이 그대로 하게 했다. 길 잃은 아이를 불법으로 데려다가 노역을 시키고 그들의 임금을 착취하는 오늘날의 상황을 연상하게 만드는 대목이다. 노역이나 구걸을 시키고 그들의 노동력을 착취하고 이익을 갈취하는 일이 그 당시에도 있었고 이에 대한 국가 차원의 개입이 필요했던 것이다. 길 잃은 아이를 사사로이 하지 말고 공공기관인 제생원에 보내어 양육하게 했고 아이를 보호하여 인도하는 이들에게 금전적인 보상도 해주었다. 제생원은 국립보육원의 역할도 하게 되었다.

아이를 길에 버리고 싶지 않아도 돌볼 사람이 없으면 버려지는 경우도 있다. 부모의 형벌 때문일 수도 있다. 아이 있는 자가 감옥에 갇히면 아이들을 돌볼 사람이 없어지니 버려지는 것과 같다. 1432년(세종 13) 7월 28일 옥에 있는 홀아비·과부 등의 어린 자식들의 구휼책을 명했다.

> "죄를 범해 옥에 있는 홀아비와 과부 및 형벌을 받은 사람의 어
> 린 자식들을, 만약 돌보아 기르지 아니하면 혹 굶주리고 추워서 죽
> 음에 이를 것이다. 그러니 지금부터는 그 친족에게 주고, 젖먹이 아
> 이는 젖 있는 사람에게 주어야 한다. 친족이 없으면 관가에서 거두
> 어 보호하고 기르되 그 지방에 있는 관리로 항상 보살펴 기르게 한
> 다. 만일 잘 보살피지 아니해 굶주리고 추위에 떨게 한다면, 서울 안
> 에서는 헌사(憲司), 지방에서는 감사가 규찰해 다스리게 하라."

범죄자는 그에 맞게 벌을 받아야 한다고 생각하면 그들에게 무슨
일이 가해져도 상관이 없다고 생각할 수 있다. 그 죄인이 갇혔다고
해서 남은 아이들이 어떻게 되어도 그것은 죄인의 아이이기 때문에
상관없다고, 그 부모의 죄를 받아도 싸다고 할 수도 있다. 그러나
그렇게 하면 아이에게 연좌제가 성립되는 것이기도 하고 죄를 짓지
않은 아이의 생명을 빼앗는 일이기 때문에 매우 중요한 일이었다.
아이가 범죄를 저지른 것도 아니고 아이가 부모를 선택한 것도 아
니다. 그렇기 때문에 세종은 이에 대해서 친족이 우선 기르게 하고,
아이들을 맡아 기를 친족이 없으면 국가 기관이 적극적으로 개입하
는 것을 규정하고 있다. 또한 친족이 기르지 못하는 경우에도 규찰
을 하도록 제도적으로 확립하고 있는 것이다. 드라마나 영화에서는
조선시대에 버려진 아이들에 대해 전혀 아동복지나 국가 차원의 정
책은 하나도 없는 것처럼 그린다. 적어도 세종은 그렇게 하지 않았
고 이는 조선의 전범(典範)이 된다.

난언(亂言)을 한 사람을
무조건 참형할까

영평(永平) 사람 김호연(金浩然)이 스스로 돈화문 밖의 당직청(當直廳)에 나아가서 교의(交椅)에 걸어앉아 갑자기 관리를 불러 꾸짖어 말했다.

"천부(天父)께서 나에게 명하여 나라를 다스리게 한 까닭으로 이곳에 이르렀는데, 너희들이 어찌 나에게 무례하는가."

손에는 작은 봉서(封書)를 가지고 있었는데, 그 안에 쓰여 있는 내용은 임금에 관해 모두 도리에 어긋나고 남을 속이는 설이었다. 당직 관원이 이를 아뢰었는데 이를 듣고, 왕이 말했다.

"옛날에도 이 같은 광망(狂妄)한 사람이 있었다. 하지만, 다시 그 이유를 묻지도 않고 다만 먼 지방으로 귀양 보내기만 했다. 지금도 또한 신문하지 않는 것이 옳겠다."

승지 등이 모두 김호연을 가두어 신문하기를 청했다. 그래서 명하여 의금부에 가두어 추핵하게 했다. 그가 말한 바가 요망하고 허탄하며 혹은 인도(人道)에 벗어난 말을 하기도 했다.[14]

이때 의금부 등에서 김호연을 능지처사할 것을 건의했으나 왕이 윤허하지 않았다.

앞서 좌승지 정갑손(鄭甲孫)에게 명하여 의금부에 가서 삼성(三省)과 함께 참석해 김호연을 국문하게 했다. 김호연의 언동이 처음에는 미치고 요망한 듯했으나, 급히 신문하여 국문하니 조금도 미친 태도가 없었다. 이에 말했다.

"천신이 나에게 말하되, '너를 명하여 북쪽 오랑캐를 다스려 임금이 되게 한다' 하므로, 잘못 듣고 왔습니다."

의금부에서 이에 형률에 의거하여 능지처사(凌遲處死)하고 삼족(三族)까지 연장시켜 미치게 할 것이라 계문(啓聞)했다. 하지만 왕이 이를 용서하고자 하였다. 승지 등이 반대하며 아뢰었다.

"가령 이 사람을 세상에 살게 하더라도 장차 무슨 소용이 있겠습니까. 더군다나 난언은 마땅히 목 베어야 한다는 것은 형률에 명백한 법이 있습니다."

왕이 말했다.

"이 사람은 반역을 도모한 것은 아니고 다만 난언하였을 뿐인데, 어찌 능지처사시키고 죄가 삼족에까지 미치게 하겠는가."

모두 대답했다.

"간악하고 무도한 짓이 이보다 심한 것은 없으니, 마땅히 형률에 따라 그 죄를 다스려야 될 것입니다."

왕은 다만 참형으로 시행하게 하니, 승지 등이 두세 번 이를 청했으나 윤허하지 않았다. 사헌부에서 또 이를 청하니, 왕이 말했다.

"이 사람에게 능지처사하는 형벌을 가한다면 그 모반에 뜻을 둔 사람은 무엇으로 그 죄를 가하겠는가."

끝내 허락하지 않았다.[15]

왕권 중심 시대에 왕에 대해서 난언을 하게 되면 무거운 벌을 받게 되리라고 생각할 수 있다. 물론 어떤 것이 난언인지 그 기준도 명확하지 않고 주관적일 수 있다. 임금에게 함부로 말을 하는 것에 대해서 그냥 묵시할 수 없는 것도 왕조 체제였다. 여하간에 임금에 대한 말이 심하면 이는 형률에 따라서 처벌하도록 되어 있었다.

당(唐)의 형률(刑律)에는 여러 가지로 임금을 지척(指斥)해, 정리(情理, 인정과 도리)가 매우 해로운 자는 참형(斬刑)에 처하고, 아주 해로운 것이 아닌 것은 도(徒) 2년, 제사(制使)에게 대항하여 신하의 예(禮)가 없는 자는 교형(絞刑)에 처하고, 사삿일로 인하여 싸운 자는 그렇지 않다고 했다.[16]

지척은 웃어른의 언행을 지적하여 탓하는 것을 말한다. 여기에서는 임금의 언행을 지적하고 나쁜 결과의 원인이라고 하는 말하는 것을 이른다. 그것이 인정과 도리에 맞지 않고 매우 해롭다고 판단하면 이는 가장 무거운 벌로 참형 그러니까 목을 베는 처벌을 했다. 매우 해로운 것이 아닐 수도 있는데 이때는 도형에 처한다. 도형은 강제노역에 종사하는 형벌이다.

제사는 칙사로 황제의 서신을 가지고 오는 사신을 가리키는 말이다. 칙사에게 맞서고 예를 갖추지 않는 신하에게는 교형 즉 목 졸라 살해하는 형벌에 처했다. 칙사가 황제의 대리자이기 때문에 이들에게 맞서고 무례하게 하는 것은 황제의 뜻을 거스르는 자로 규정되기에 목숨을 빼앗지만 참형이 아니라 교형에 해당되었다. 『원사(元史)』「형법지(刑法志)」에는 '난언으로 윗사람에게 범한 자는 사형에 처하고, 인하여 그 가산(家産)을 몰수한다'고 했다.

1423년(세종 5) 1월 4일, 형조에서는 난언을 통한 처벌 규정을 마련한다.

"본조(本曹)에서 전부의 여러 관천과 이에 의거하여 의논한 결과, 지금부터 난언으로 윗사람에게 범하였을 때, 그 정리가 매우 해로운 자는 참형에 처하게 하고 가산을 몰수하며, 매우 해롭지 않은 자는 곤장 1백 대를 치고 3천 리 밖으로 귀양 보내며, 무릇 교서(教書)를 받든 사신을 대하여 항거하고 신하의 예가 없는 자는 교형에 처하고, 혹은 사삿일로 인하여 싸운 자는 비록 공사(公事)로 그러했어도 교서에 관계되지 않은 것이면 모두 투구(鬪毆)와 매리(罵詈)에 관한 형률로 시행할 것입니다."

투구는 서로 다투거나 싸우며 때리는 것, 매리는 꾸짖음과 욕함인데 이에 대해 형벌에 준하여 처벌하겠다는 것이다. 예컨대 〈대명률〉에 따르면 사람을 욕하거나 서로 욕하는 자들은 곤장을 치게 했다. 하지만 이렇게 규정이 되어 있음에도 세종은 난언에 대해서 꼭 형벌을 내리고자 하지 않았고 구체적인 상황을 살피고 이에 따라서 판단을 하고자 했다. 김호연의 사례에도 이 같은 세종의 태도가 나타나고 있다.

세종이 김호연에 대해서 형벌을 내리는 것을 반대함은 우선 너무 과중하다는 것이다. 능지처사는 능지처참이라고도 불리는데 죄수의 몸을 잘게 쪼개어 죽이는 아주 고통스러운 극형이다. 능지처참에다가 그 죄를 삼족에게 묻는다는 것은 타당하지 않다고 본 것이다. 왕에게 하지 말아야할 말을 한 것은 용서할 수 없지만 세종은 비록 자신에 대한 욕이나 비방을 했다고 해도 과중한 형벌이 가해지는 것을 반대했다.

다른 왕이었다면 어떻게 했을까 생각을 해본다면 충분히 세종의 차별점을 알 수 있다. 내적으로 충만하지 않은 임금이라면 자신에 대한 조그마한 삿된 발언이라도 용서하지 않고 극형에 처했을 가능성이 많다. 세종은 스스로 충만하였기 때문에 삿된 이런 난언에도 흔들리지 않았다. 마음이 스스로 안에서 충만할 때 외부의 어떤 욕과 비방에도 자신의 입지를 잃지 않는다. 난언에 대해서 세종이 관대하게 처분하는 경향이 있자 대신들도 가만히 있지 않았다. 1429년(세종 11) 7월 14일 김효손이 난언을 한 것으로 고발된 장자후 치죄에 대하여 세종의 처분이 가볍다고 상소하자 세종이 듣지 않은 일이 있었다. 대사헌 김효손 등이 상소했다.

"신 등이 장자후의 난언죄(亂言罪)를 청하였사오나, 전하께서는 특히 관대한 법을 좇아 가장 가벼운 죄로 다스리시니, 신 등이 그윽이 생각하건대, 형벌로서 죄악을 징계하는 것은 국가의 떳떳한 법이어서 사사로이 용서할 수는 없는 것이온데, 장자후가 자기의 죄를 추핵 당하였을 때에 망령되게 끌어들여 말이 성상께 미쳤으니, 정상과 사리에 절해(切害)한 것이 이보다 더 심할 수 없으며, 신 등은 놀라고 괴이하지 않을 수 없습니다. 이런 자를 석방하고 참형하지 않는다면 장차 뒷세상에 남의 신하가 되어 불충한 자가 징계함이 없을 것을 두려워합니다. 엎드려 바라옵건대, 율(律)에 따라 단죄하시고 나라의 법을 바로 세우사 신민들의 기대를 쾌하게 하소서."

앞서 7월 13일 사헌부에서 "장자후(張子厚)가 말하기를, '삼·사촌(三四寸)으로 시양자(侍養子)를 삼은 자는 나만이 아니요, 주상(主上)께서도 또한 청원군(靑原君)의 시양이라'고 하였다며 형벌을 주기를 청했다. 시양자는 조선시대 양자 가운데 하나인데 수양자(收養子)와 대비되는 것이다. 즉 양자 중 3세 전에 입상하여 입적한 경우를 수양자라 하는데, 이들을 제외한 양자가 시양자라고 했다.

사헌부에서 죄를 청한 근거는 이렇다. "영락(永樂) 20년의 왕지(王旨)에, '난언죄(亂言罪)가 임금에게 간범(干犯)되어 정상과 사리가 절해(切害)한 것은 참형에 처하고, 절해하지 아니한 것은 장(杖), 1백 도(徒) 3년에 처하라'고 하였습니다, 장자후의 죄를 청하건대, 절해한 것으로서 논죄하여 참형에 처하소서."

당시 부사정 장자후는 사촌매(四寸妹) 즉 사촌누이 강씨(姜氏)와 간통 혐의를 받고 있었는데 이때 시양자 관계 문제가 터지자 세종을 언급한 것이다. 시양자로 사촌간이라 같이 살았기 때문에 간통이 아니라는 것이다. 간범(干犯)은 남의 죄에 관련된 범죄자를 말한다. 정상과 사리는 상식과 보편 원칙을 말하는 것이다. 정리하자면 장자후가 임금에게 막말로 죄를 지은 범죄자가 되어 난언으로 군상을 범하여 그 정리(情理)에 절해, 즉 해친 자라고 본 것이다. 세종은 이에 대해서 다음과 같이 말한다.

임금이 말하기를, "만약 모반(謀叛)이나, 모대역(謀大逆)이나, 모위사직(謀危社稷)이나, 모해국가(謀害國家)의 죄를 범하였다면 정리 절해(情理切害)하다고 말할 수 있다. 장자후의 말한 바는 가리키는 바가 있어서 한 말은 아니고, 다만 아무개도 또한 사촌과 더불어 같이 살았다고 하였을 뿐이요, 아무개도 또한 나와 행위가 같았다고 말하지는 않은 것이다. 그렇다면 정리 절해한 언동이라고 논단하는 것은 옳지 못하니, 마땅히 다만 장(杖) 1백에, 도(徒) 3년의 형에 처하여야 할 것이다" 하였다.

정리는 인정(人情)과 도리를 말한다. 사람으로서 갖추어야 하는 기본 마음과 도리를 말하는 것이고 절해는 이를 해친 것인데 세종이 보기에 장자후는 그런 말을 하지 않았다는 것이다. 무엇보다 참형에 처하는 것은 역모와 국가 전복에 관한 발언을 했을 때 해당된다고 보았다. 그렇다고 해서 그에 대해서 처벌을 하지 않은 것은 아니다. 정확하게 분별히고 그에 맞게 적용을 하였다. 자신을 욕하였거나 무엄하다고 하여 쉽게 형벌을 적용하지는 않았던 것이다. 더구나 그는 간통죄를 저지른 죄인이 아니기 때문에 이런 점들을 종합적으로 판단하였던 것이다.

굶주려도 종자가 없어서야 되겠는가

평안도와 황해도의 환상을 징수하지 않을 것을 의논하도록 하는데 종자가 문제였다.

정사를 볼 때 관련하여 왕이 말했다.

"평안도와 황해도의 금년의 환상(還上)은 징수하지 않았으면 한다."

이에 예조 판서 신상(申商)이 대답했다.

"국가의 비용을 위한 것이 아니고 다만 백성을 구제하기 위한 것입니다. 모름지기 거두어 들여서 종자(種子)로 하는 것이 옳겠습니다."

이에 왕이 말했다.

"환상을 다 거두었는데도 돌려주는 것이 고르지 못해 백성이 굶어 죽게 된다면, 이것은 백성의 먹을 것을 빼앗아 그들을 죽게 하는 것이다. 내 마음에는 옳지 못하다고 생각되니 다시 의논하여 아뢰라."[17]

종자가 없어 파종을 못하는 경상도 백성에게 종자를 더 주도록 했다.

앞서 호조 판서 이견기(李堅基)가 아뢰었다.

"신이 근자에 휴가를 청하여 성주(星州)에 갔다가 돌아왔는데, 경상도의 백성들이 이미 모두 밭을 갈았다가 종자가 없어 파종을 못하고 있었습니다."

이에 즉시 왕이 의정부에 내려 의논하게 하였다. 이에 모두가 말했다.

"관가에서 종자를 주지 않더라도 족히 파종할 수가 있으니 더 줄 것이 없습니다."

우찬성 김종서는 말했다.

"신이 전 해에 충청도를 돌아보았는데 사람들이 모두 말하기를, '종자가 없어 파종을 못한다' 했지만, 마침내는 파종 못한 밭이 없었습니다. 백성들의 이 말은 의례 있는 일입니다."

왕이 승정원(承政院)에 일렀다.

"이 일은 어떠한가."

승지들이 대답했다.

"백성들이 가난하여 종자 없는 사람이 많습니다. 전 해에 풍년이 들기는 하였지마는 여러 해 밀린 공사간의 환상 장리와 이전(移轉)으로 납입해 이미 곡식이 다 없어졌습니다. 종자가 없을 것은 사세의 필연입니다. 어찌 반드시 그 넉넉한 것을 알아서 주지 않을 수 있습니까."

왕이 말했다.

"마땅히 종자를 더 주어야 한다."

그러면서 경상도 감사 민공(閔恭)에게 일렀다.

"전에 청한 곡종(穀種) 10만 3천 석은 이미 내어 주도록 했다. 지금 이견기가 아뢰기를, '그 도의 백성들이 종자가 없어 파종을 못한다'고 했다. 경상도는 농사가 다른 도에 비하여 이른데, 도내의 곡식의 종자가 부족했다면 왜 제때에 더 청하지 않았는가. 그 부족한 것에 따라 적당하게 더 주고 그 수를 계달하라."[18]

봄이 오면 파종을 해야 한다. 그런데 이때는 보릿고개라 하여 곡식이 떨어지기 쉬웠다. 가을에 거둔 식량이 다 떨어져갈 시점이다. 옛 속담에 농부는 죽어도 곡식을 베고 죽는다고 했다. 그만큼 농부가 종자를 중요하게 생각하는 것을 알 수 있는 속담이다. 그러나 굶주림 앞에 농부들도 흔들리는 것은 마찬가지다. 무조건 굶주림을 참는 정신력에만 의존할 수는 없다. 농부가 굶어죽으면 곤란하다. 씨를 뿌려도 그것이 싹을 틔워 농사를 짓는 사람의 손길이 가해져야 한다. 세종의 생각에는 종자가 중요해도 당장에 백성들이 우선 굶어죽게 된 것을 타개하는 것은 필요하다고 본다. 다른 곳에 종자로 주기 위해 이곳의 백성이 죽는다면 무엇이 더 중요한지 생각지 않는 것이 된다. 당연히 국가가 개입해야 할 것이 무엇인지 잊게 되는 것이다. 신하들은 종자가 없어서 파종을 못한다고 하는 것은 늘상 백성들이 하는 이야기라고 한다. 종자가 없어서 심지 못하는 일은 없다고 보는 것이다.

농부들의 말이 정말 다 옳지 않을 수도 있다. 그러나 그 종자라는 것은 결국 누군가의 굶주림을 대가로 해서 나온 것이고 또한 죽었을 수도 있다. 종자를 구하기는 했어도 아주 비싼 가격에 구했을 수도 있는 것이다. 종자가 뿌려졌다고 해도 굶주림에 백성이 시달리는 것은 좋지 않은 일이기 때문에 당연히 국가가 개입해서 풀어주어야 할 일이 된다. 결과가 모든 것을 옳다고 증명하는 것이 아니라는 사실을 세종은 말하고 있는 셈이다. 이런 정책적인 오류는 사실상 흔하게 발생하기도 한다. 물론 신하들이 모두 종자에 대해서 인식을 못하는 것은 아니다.

1447년(세종 29) 4월 15일, 감사 김세민(金世敏)에게 때를 놓치고 않고 파종하도록 유서(諭書)를 내리게 되었는데 이는 전에 의정부에서 아뢰었기 때문이다.

> "가만히 들으니, 경기도 각 고을에서 벼슬아치들의 집에게는 곡식 종자를 내어 주지 않고 있어 종자를 뿌리는 일이 때를 잃을까 심히 염려된다고 합니다. 종자를 내주도록 하시기를 청하옵나이다."

모든 일이 타이밍이 있듯이 농사는 더욱 더 타이밍이 중요하다. 아무리 노력을 해도 때를 놓치면 농사는 망치게 된다. 곡식종자를 제때 주는 것이 일년 농사에서 제일 중요하다. 세종이 곧 지인(知印)을 좌우도(左右道)에 나누어 보내서 벼슬아치들의 집에도 내주기를 명했다. 이어 세종은 씨를 뿌린 상황을 살피게 했다. 곧 유서를 감사 김세민에게 내려, 밥은 백성의 하늘이니 농사는 늦출 수 없는 것이고, 온갖 곡식의 심고 뿌리는 것이 각각 때가 있는 것이니, 때를 만일 한번 놓치면 일년 내내 되찾을 수 없는 것이다라고 한다. 구체적인 곡식의 이름을 언급하면서 지적하는 경우도 있었다.

1429년(세종 11) 2월 13일 농가의 파종시기에 대해서 논하며 "농가에서 파종하기를 만약 적중하게 하지 못하여, 너무 이르면 메밀[蕎麥]류는 그 결실이 많지 않은 법이다. 그러나 지난해는 늦게 파종하였기 때문에 곡식의 결실이 좋지 않았으니, 이는 대개 백성들이 절기의 이르고 늦음을 분별함에 어둡고 관리들도 또한 때맞춰 권장 독려하지 않아서 그렇게 된 것이다. 차라리 일찍 '심어' 실수할지언정 늦출 수는 없는 것이다"라고 했다. 이렇게 구체적으로 언급할 수 있는 것은 세종이 직접 작물을 심고 있었기 때문에 가능했을 것이다.

> 왕이 또 좌우 신하들에게 일렀다.
> "올 곡식이 한창 팰 때에 샛바람[東風]이 불어 결실이 잘되지 않더니 이제 늦곡식이 팰 때에 샛바람이 또 부니 혹시 곡식을 상하지나 않겠는가."
> 이에 지신사 허성(許誠)이 아뢰었다.
> "올곡식이 팰 때에 샛바람이 비록 불었으나, 결실이 안된 것이 적었고 다만 이삭이 약간 잘 뿐입니다. 늦곡식은 아직 이삭이 반도 패지 않았으나 비록 샛바람을 만나도 그다지 해로울 것이 없습니다."
> 이렇게 말하자 왕이 말했다.
> "내가 궁중에서 기르고 있는 기장이나 조가 패는 모습을 보니, 모두 경의 말과 같았다."[19]

세종은 궁 안에서 직접 이렇게 키워 보고 말한 것이다. 관념적으로 서적만 읽고 농사의 때에 대해서 논한 것이 아니기 때문에 실제와 같은 이야기를 할 수가 있는 것이다. 단지 수동적으로 보고만 받고 지시하고 채근을 내리던 군주들과는 차원이 달랐던 것이다.

때는 기다리는 자에게 기회를 준다. 세종은 역시 때가 중요하다는 점을 재차 강조하고 있다. 종자는 씨 뿌릴 때를 위해 준비하고 있어야 한다. 세상의 근본이치가 지나가면 되돌릴 수 없다. 한 번 지나면 1년 내내 농사는 망쳐지게 되는 점을 세종은 너무나 잘 알고 있었던 것이다. 그러면서 왜 농사를 늦추고 있는지는 정확하게 파악하고 이에 대한 대책을 언급하기도 해서 눈길을 끈다.

> "도내에 피종(播種)이 이제 절반도 지나지 못했는데 그 이유를 생각하기를 망종(芒種)이 아직 머니 그때까지는 괜찮으리라 하며 이같이 늦어지는 모양이다. 그러나 망종이라는 것은 사고가 난 사람이나 농사에 게으른 자가 비록 갈고 심지 못했어도 망종까지만 하면 그래도 추수할 가망이 있다는 것일 뿐이다. 반드시 망종을 기다려서 종자를 뿌리는 기한으로 삼는 것이 아니다. 지금같이 빗물이 넉넉할 때에 망종이 멀었다고 해서 농사를 빨리 권장하지 않는다면 안 된다. 경(卿)은 알아서 속히 농업을 권장하여 때를 잃지 않게 하라."

세종이 매우 구체적으로 농사에 관한 혜안을 가지고 있음을 알 수 있는 대목이다. 때에 대한 다른 생각을 또 전한다. 때를 맞춘다는 것이 꼭 특정 시간만을 의미하는 것은 아니라는 점을 말한다. 마지막 데드라인이 풍요로운 농사를 보장하지 않을 수 있음을 지적하고 있다. 망종은 24절기의 하나로 벼나 보리처럼 수염이 있는 곡식을 뿌리기에 좋은 절기를 말한다. 망종에 맞추어서 하면 자칫 그 기한을 넘기기 쉽다. 소출량이 줄어들 수도 있기 때문에 이런 점은 헤아려 씨를 뿌려야 하고, 또 씨를 적절하게 뿌리는 것이 매우 중요하다는 점을 세종은 매우 강조해왔다. 그만큼 농사에서는 적절한 시간, 즉 타이밍이 중요하다는 것을 알고 있기 때문이다.

농번기가 시작되면서 식량이 부족해지는데 그때 곡식을 나눠주는 것은 종자와 분리되어야 하는 것이 중요하기에 그 나눠주는 방식도 생각해야 한다. 농사를 짓지 못하게 되기 때문이다. 1430년(세종 12) 8월 28일 호조에 적정을 기하여 환상곡을 농촌 백성에게 분배하라고 했는데, 호조에 전지(傳旨)한 내용을 보면 다음과 같았다."

"각 고을의 수령들이 환상곡(還上穀)을 말곡(斗穀) 됫곡(升穀)으로 나누어 주기 때문에 농촌 백성들이 종자와 먹을 것이 넉넉하지 못하며, 또 더 받으려고 관문(官門)을 들락거리면서 여러 날을 지체하여 농사를 못하고 있다고 한다. 이제부터 농촌 백성들이 관에 이르거든 도착하는 즉시로 다소를 헤아려 분배하되 적정(適正)을 기하도록 하라."

농사는 준비가 전부일 수 있다. 농사에 필요한 씨앗은 더욱 갖추어 놓아야 한다. 더구나 기근이 들었을 경우에는 더욱 중요하다. 농번기에는 농사를 지을 수 있도록 환상곡을 받으러 왔다갔다 하지 못하도록 구휼이 이뤄져야 하고 종자를 우선 확보해주는 노력이 필요하다. 그것을 헤아려 분배하는 것이 백성을 대하는 관리가 해야 할 일이다. 농업은 산업이고 그 산업을 통해서 백성만이 아니라 국가가 쓸 곡식이 나온다. 국가 경제의 운영과 명운도 여기에 달려 있었다. 그렇기 때문에 백성만이 아니라 국가 전체 운영을 위해서 종자의 준비와 지원은 매우 중요한 문제이다. 다만 많은 연구서들이 종자의 중요성보다는 기근을 타개할 환상곡에만 집중이 그간 쏠려 있었다.

왜 그런 말을 했는지 보라

　의금부에서 난언을 한 이천 사람 전남기를 중형에 처하고 재산을 적몰할 것을 아뢰다.

　"이천(伊川) 사람 전남기(全南己)가 말하기를, '지금의 임금이 얼마나 오랠 것이냐. 서해도(西海道)에도 임금을 세울 수 있다'고 했습니다. 그 난언이 위를 범하여 정리(情理)에 해가 몹시 되는 난언입니다. 청컨대 중형에 처하고 재산을 적몰(籍沒)하소서."

　왕이 말하기를 다음과 같이 했다.

　"이 자의 그 난언한 죄를 논하면 극형에 처함이 마땅하다. 그러나 내가 생각해보니 예로부터 그 뜻을 얻지 못하면 원망하는 말이 있었다.

　『서경(書經)』에 이른바 '이 세상은 언제 망할까[時日曷喪]'가 그것이다. 예로부터 이와 같은 일이 많이 있었다. 지금 전남기가 관리들이 환상곡 바치기를 독촉하니 생활이 곤란하여 이런 원망하는 말을 하였으니, 무엇이 내게 손상되고 해로움이 있겠는가. 예전에도 이와 같은 난언을 한 사람이 있어서, 허성(許誠)에게 추핵하어 다만 실전을 밝히게 하고, ┓청에 치히지 아니히였으니, 지금 전남기도 특별히 관전(寬典)에 좇아 죽이지 않는 것이 어떨까."

이에 신상이 아뢰었다.

"고려의 말기에 난언이 분분하게 일어났는데, 이를 좇아서 쇠미(衰微)했습니다, 마땅히 거울로 삼아 밝게 법을 보여서 그 기미(幾微)를 막으시오면 심히 다행이겠습니다. 또 이 자의 난언은 가볍지 아니하오니 예사로 논할 수 없습니다."

왕이 그 말을 좇았으나, 왕의 뜻은 오히려 전남기를 살리고자 하였던 것이다.[20]

세종이 주목한 것은 난언을 하게 되는 원인이다. 세종은 백성이 무엇인가 얻지 못하면 그에 대한 원망하는 말을 하게 된다고 생각한다. 여기에 나온 '시일갈상(時日曷喪)'은 『서경』「탕서」(湯誓)에 나오는 구절이다. 포악한 군주의 학정에 시달리는 백성들이 태양이 무너져 세상이 망하기를 간절히 바라는 심정을 뜻한다.

하(夏)의 걸왕(桀王)이 포악한 정치를 하게 되어 고통이 심하자 그 나라 백성들이 '저 해는 언제 없어질고'라고 하면서 걸왕이 죽기만을 바랐다는 고사에서 비롯했다.

세종이 생각했을 때 전남기가 말하기를, '지금의 임금이 얼마나 오랠 것이냐. 서해도에도 임금을 세울 수 있다'고 말한 것은 진짜 임금을 세우겠다는 말이 아니고 무엇인가 자신에게 어려움이 있기 때문이라고 봤다. 그 원인을 보고 해결하는 것이 중요하다고 생각한 것이다. 그 원인을 세종은 환상곡 독촉이라고 보았던 것이다. 환상곡을 관리들이 하루빨리 갚으라고 하니 갚기 여의치 않은 전남기가 이에 대해서 원망을 하는 말을 하게 된 것이라 봤다.

따라서 이것은 세종이 잘못한 것이 아니라 관리들이 잘못한 일이 된다. 그러므로 관리들이 이러한 환상곡 독촉행위를 하지 않거나 아니면 적절하게 하는 것이 필요하다. 그 순간에도 많은 관리들이 무리하게 환상곡을 받아내고 그 때문에 백성들이 난언을 하는 일이 많다는 것을 세종이 파악하고 있다는 것을 알 수가 있다. 관리들은 이러한 전남기의 발언을 문제 삼을 뿐 환상곡 독촉 행위에 대한 자신들의 행동은 그냥 지나치려할 것이다. 이 점을 세종은 지적하고 있는 셈이다.

만약 난언을 한 자들만 극형에 처하게 되면 당장에는 그 죄에 대한 처벌로 난언이 없어질 수는 있을지 모르나 백성들을 괴롭히는 관리들의 무리한 독촉행위는 계속 이어질 수밖에 없다.

그것은 결국 세종에게도 좋지 않은 일이고 나라 전체에도 바람직한 일이 될 수가 없다. 그런데도 신하들은 난언 자체에만 문제를 삼고 그것이 고려 말의 혼란과 같은 상황을 야기할 수 있다고 말한다. 물론 고려 말의 혼란은 백성들의 난언 자체 때문에 발생한 것이 아니라는 점은 주지의 사실이다.

세종은 신하들의 말을 무시하지는 않고 그 말을 따르는 것이 일반적이지만(上從之), 세종은 전남기를 살리고자 했다(然上意猶欲活之). 비록 형률에 임금에 대한 난언을 한 자는 참형에 처할 수는 있다해도 난언 때문에 사람을 죽이려고 하지는 않았던 것이다. 무엇보다 그 배경과 맥락 속에서 근본 원인을 해결하고자 하였는데 이러한 점은 여러 발언에서 짐작할 수 있다. 특히 환상곡에 대해서 관리들이 잘못 행정 조치를 하면 여러 부작용이 생길 수 있음을 주지시켰다.

1439년(세종 21) 7월 17일, 지방관들이 임지에 갈 때 세종은 이렇게 말했다.

> "환상(還上)을 거두고 고루 나눠 주는 것은 나라를 유족하게 하자는 것인데, 각박하게 이를 징수하면 백성들이 원망이 많다. 백성을 편하게 하려 하여 받아들이는 것이 시기를 잃으면, 나라가 비고 고갈되니, 각기 마음을 다해 내 뜻에 맞게 하라."[21]

법과 달리 정책은 그 실정과 상황에 맞게 유동적으로 적용해야 한다. 법은 절대 기준만 가지고 적용하기 때문에 확실하고 결과도 단순하게 달성할 수 있는 것처럼 보인다. 하지만 법의 절대적인 권위와 기준만 우선할 때 백성들의 삶은 빈곤해질 수밖에 없으니 법에서 말하는 것처럼 쉬운 일은 아니다. 백성들의 다양한 상황은 고려하지 않고 오로지 법으로만 처리하고자 한다면 관리가 왜 필요하겠는가. 이는 요즘에도 마찬가지다. 인공지능을 만들어 컴퓨터 프로그램이 법리대로 판결을 내리면 되겠지만 그렇게 하면 오히려 맥락과 배경을 헤아릴 수 없기 때문에 더 억울한 이들이 만들어질 수밖에 없다. 인공지능 시대에는 사람 법관이 왜 있는지 더 자명하게 드러나게 될 것이다. 민주주의 국가의 법원과 법조인은 사람들의 문화를 반영하고 이에 맞는 판결을 내리는 것이며 국회도 이에 부합하는 법을 입법하거나 개정해야 하며 그것에 따라 행정부가 시행하도록 해야 한다.

모르는 백성이 무슨 죄인가
– 우물가의 아이와 같다

난언을 한 조원(曺元)을 의금부에 가두었다. 당초에 조원이 강음현(江陰縣)의 전지소송(田地訴訟)을 하였는데, 현관(縣官)이 오랫동안 미루면서 결단하지 않는 것을 분하게 여기게 되었다.

"지금 임금이 착하지 못하기 때문에 이런 수령(守令)을 부임시켰다."

이 같은 조원의 말을 마침 본궁(本宮) 노자(奴子)가 옆에 있다가 듣고는 알린 것이었다.[22]

하지만 왕은 난언을 한 조원을 놓아주게 했다. 앞서 의금부 제조 및 삼성(三省)에서 계했다.

"조원이 비방한 연유를 신문했는데, 답하기를, '내가 전지(田地) 송사를 내놓고 관(官)에서 송사에 관한 판결을 빨리 하기를 기다리는데, 수령이 손님과 술은 마시면서 속히 판결하지 않으므로, 분하고 성이 나서 이 말이 나왔다'고 합니다."

이 같은 상황을 듣고 왕이 말했다.

"다시 묻지 말라. 무지한 백성이 나를 착하지 못하다 하는 것은 바루 어리아이가 우물에 들어가려는 것과 같은 것이다. 차마 어찌 죄를 주겠느냐. 속히 놓아 보내라."

그러자 지신사 곽존중(郭存中)과 다섯 대언(代言)이 들어와서 아뢰었다.

"주상께서 조원의 무지한 망발을 어린아이가 우물에 들어가는 것에 비유해서 놓아 주고 논죄하지 말라 하십니다. 이것은 비록 성상(聖上)의 미덕이십니다. 그러나 이와 같은 죄를 논하지 아니하시면 무엇으로 뒷사람들을 징계하겠습니까."

이렇게 말했지만 왕이 허락하지 않았다.[23]

그 뒤에도 대신들이 청했지만 왕이 난언한 자들에 대한 처벌에 대해 끝내 허락하지 않았다. 이 날도 사정전(思政殿)에 나가 비로소 상참례(常參禮)를 받고 정사를 보았는데 왕이 대신들에게 일렀다.

"외방(外方)에서 혹 난언하는 사람이 있으면 증인까지 모두 서울에 모이게 하나, 그 옥사(獄事)가 성립되면 모두 치죄(治罪)할만한 것이 못된다. 요사이 외방에서 난언한 사람이 있으므로 내가 그 고을 수령에게 명하여 추국(推鞫)하게 한 것이 지금 벌써 오래 되었는데도 아직 그 죄의 경중을 평의(評議)하지 않는다. 이것은 반드시 수령이 임금에게 관계된 일이라 하여 감히 경솔히 의논하지 못하므로 오래 미루고 판결하지 못한 것이겠다. 지금부터는 무지한 백성이 만약 난언을 서로 고발하는 사람이 있더라도 두고 묻지 않는다면, 고소하는 사람이 저절로 없어질 것이다"

이에 여러 사람들이 말했다.

"임금에게 관계된 말을 신하로서 어찌 그대로 맡겨 둘 수 있겠습니까."

상참(常參)은 대신·중신 및 중요아문의 참상관 이상 관인 등이 편전(便殿)에서 국왕을 배알하던 약식(略式)의 조회(朝會)를 말한다. 아침에 열리는 상참에서 세종은 난언을 치죄하는 일이 가치가 없다는 점을 확실하게 말하였다. 무엇보다 정작 난언에 대해서 치죄를 하라고 하면 성 밖의 지역 수령들이 그 사안에 대해시 제대로 추국을 하지 않고 결과도 보고하지 않는다고 비판한다. 그러니 추국을 하라고 한들 소용이 없다.

그렇다면 왜 지방 관리들은 난언에 대해서 제대로 조사를 하지 않고 그 결과도 즉각 보고하지 않는 것일까. 세종은 이 점에 대해서 날카롭게 파고들고 있는 것이다. 조원의 경우, 송사를 제대로 처리해주지 않아서 난언을 한 것으로 진술하고 있다. 송사를 처결해야 할 지방관이 손님과 술을 먹고 있다는 것은 근무 태만에 해당하는 것이다. 이렇게 객관적으로 파고들면 지방관이 잘한 일이 아니라고 밝혀질 것이 분명하다.

난언을 하게 된 이유는 바로 지방관들이 제대로 일을 하지 않거나 원성을 불러일으킬만한 행정 조치를 했기 때문이다. 추국을 하게 되면 망언을 하게 된 이유가 밝혀지게 되고 그 이유가 대개 지방관들의 실정에 관련된 것이므로 오히려 관리들이 죄를 받을 수 있는 지경에 이르게 된다. 그렇기 때문에 오히려 관리들이 난언에 대해서 조사를 하지 않는 일이 벌어진다.

중앙의 관리들은 그것이 형률에 어긋나는 것이기 때문에 하루빨리 처결을 요구하지만 실제로 그 조사를 명령해도 결과는 만족스럽지 않다. 애초에 세종은 난언한 자에게 극형을 주는 것을 반대하는 입장이기 때문에 더욱 더 이러한 상황이 현실과 맞지 않다고 판단할 수밖에 없을 것이다. 오히려 난언을 유도할 수도 있을지 모른다. 임금을 비방하면 중앙에 알려져 지방관을 탄핵할 수도 있을 것이기 때문이다.

이런 맥락에서 세종은 난언을 한 이들을 고소하는데 그것을 묻지 않는다면 난언에 대한 고소가 없어질 것이라고 말한다. 오히려 난언을 문제 삼으면 삼을수록 난언은 더 많아질 것이라고 말한다.

여기에서 세종은 백성을 어린 아이에 비유하고 있다. 한글 창제 당시에 언급했던 어린 백성이라는 단어를 떠올릴 수 있는 맥락이다. 어린 아이는 우물가에 빠질 수도 있는 것이므로 임금 된 자가 어린 아이를 잘 돌보아야 한다는 관점을 드러내주고 있다. 달리 보면 어린 아이는 약자라고 할 수가 있다. 강자인 어른이 얼마든지 자신의 이익에 따라 취하고 버리고 이용할 수 있을 것이다. 부정적으로 보면 주체적인 대상으로 여기고 있지 않다고 할 수도 있다. 하지만 어린 아이를 해치지는 않는다. 책임을 져야할 대상이기 때문에 단순히 종속적인 대상으로 보는 것과는 다르다. 아이는 성장을 할 것이고 이때까지 임금을 비롯한 관리들은 보호와 지원을 해야 한다.

어쨌든 관리가 어떤 존재이어야 하는가를 봐야 한다고 세종은 말한다. 어린 아이가 어른에게 난언을 한다고 해서 그것에 중형을 내려야 하는가. 아니 어른이 어린 아이에게 무엇을 잘못했는지는 생각하지 않고 아이에게 혹독하게 대한다고 문제가 해결될까. 아이 중심의 관점과 통치 이념이 의미하는 바를 생각할 필요가 있다. 아이를 때리고 벌 주기 위해 그들을 관리하고 있는 것인가 아니면 그들이 우물에 빠지는 것처럼 위험한 상황에 이르지 않도록 조치를 취하는 것이 우선일까. 그 아이에 대해서 잘못을 하는 어른의 경우, 그 아이에게 가해진 상처 그로 인한 울음을 오히려 숨기거나 운다고 벌을 주려 하지 않겠는가. 관리와 임금이 해야 하는 것은 그 울음이 왜 나오는가, 아이는 왜 울게 되었는가를 살펴야 할 것이다. 그것이 또한 지방에 왕궁에서 관리를 파견하는 이유이다. 아이 위에 군림하리고 부임시키는 것은 당연히 아닌 것이다.

자손의 죄가 어버이에게
미치게 하랴

우정언(右正言) 정차공(鄭次恭)이 아뢰었다.

"유은지(柳殷之)는 일찍이 자손의 추행 때문에 외방(外方)에 내쫓긴 적이 있습니다. 그런데 이제 불러서 첨지중추(僉知中樞)를 제수하고 다시 재보(宰輔)의 반열에 참예하게 하였습니다. 유은지는 본래 재주나 덕행이 없고 더러운 행실을 앞장서 이끌었습니다. 원하옵건대 작명(爵命)을 거두시고 종신(終身)토록 '반열에' 들지 못하게 하셔야 합니다. 그래서 더럽고 악한 것을 씻고 사풍(士風, 선비의 기풍)을 장려하게 하옵소서."

이런 말을 듣고 왕이 정차공에게 말했다.

"유은지의 죄는 제가 지은 것이 아닌데, 자손의 죄가 오히려 거슬러 그 어버이에게 미치는 것이 옳겠는가."[24]

듣고 있던 대사헌(大司憲) 윤번(尹璠)이 아뢰었다.

"유은지는 그 누이가 일찍이 음행(淫行) 때문에 극형을 당하였습니다. 이에 마땅히 유은지는 이런 일에 대해서 두려워하고 삼가해 후손들을 훈계해야 할 것입니다. 그런데 지난해에 그 자손들이 음란하고 더러운 행실을 자행하여, 행실이 금수와 같았기 때문에, 온 집안을 밖으로 내쫓아 족히 사람들의 마음을 쾌하게 하였습니다. 그런데 얼마 되지 아니하여 소환(召還)하셨고, 조금 있다가 관직을 제수하셨습니다. 신은 두렵습니다. 사족(士族)이 혹시 이것을 본받고 기탄(忌憚, 어렵게 여겨 꺼림)하는 바가 없을까 염려되기 때문입니다."

또한 지사간(知司諫) 황수신(黃守身)이 아뢰었다.

"유은지는 세족(世族, 대대로 나라의 중요한 지위에 있거나 특권을 누리는 집안)으로서 음행을 창도(倡導, 어떤 일을 앞장서서 주장하고 부르짖어 사람들을 이끌어 나감)했습니다. 그랬기 때문에 그 인가(姻家, 사돈집)인 신강(申綱)의 딸이 역시 그를 본받아서, 추행이 있었습니다. 신강은 직질(職秩)이 비록 낮지만, 역시 세족이옵니다. 이 두 족속을 내쫓아서 종신토록 '사족에' 끼이지 못하게 해야 합니다. 그렇게 하면 무릇 사족의 집에서 누가 경계하고 두려워하지 않겠습니까."

이 말들을 듣고 왕이 말했다.

"내가 경 등의 말을 아름답게 여긴다. 그러나 자손의 죄는 마땅히 부모에게 소급되지 않고, 죄가 그 자신에게만 머무는 것이 또한 옳지 않겠는가."[25]

유은지(1369년~1441)는 고려 말 세종 시기의 대신이었다. 사간원 등은 유은지가 집안 단속을 못해 불미스런 간통사건이 연이어 발생하기 때문에 처벌해야 한다고 주장했지만 세종은 이에 대해 본인이 저지른 간통사건은 아니었기 때문에 반대했다.

1436년(세종 18) 4월 20일의 기록을 보면

"유은지의 누이동생이 중고 비밀히 긴통히고, 가노 세 사람이 이 간통 사실을 알고 있는 것을 꺼림칙하게 생각하여 이들을 다 죽였으니, 가노들이 비록 종이라 하더라도 사람 목숨이 지중(至重)함으로, 밝게 법으로 다스려서 참형에 처하였다"라고 했다.

매우 충격적인 내용이다. 대신인 유은지의 누이동생이 승려와 간통을 했고, 그 사실을 종들이 알게 되니 발설될까봐 모두 죽였다는 것이다. 참혹하고 죄질이 무거운 사례였다. 아무리 종이라지만 사사로이 사람의 목숨을 빼앗는 것은 법에 중형이 규정되어 있었다. 누이동생은 그렇다치고 유은지 집안에는 무슨 일이 일어났던 것일까.

1436년(세종 18) 4월 15일 기록에는 유은지의 누이가 지난 무인년에 음탕한 짓을 마음대로 하다가 참형을 당하였으며, 이제 또 소앙(김夬)과 중인(仲譚)이 서로 간통하였고, 차녀(次女)인 종비(終非)는 형부 이석철과 간통하여 더러운 소문이 나라 전체에 가득 찼으니, 전고에 듣지 못하던 일이 아니냐고 신하들이 간하는 내용이 실려 있다.

유은지의 사건이 일어난 무인년(戊寅年)은 1398년(태조 7)이라고 여겨진다. 두 가지 간통사건이 있었다. 우선 유소앙과 유중인, 유소앙(柳김夬)은 유중인(柳仲譚)의 고모이다. 고모와 조카가 통간을 했다니 이는 충격적인 내용이었다. 강상의 도리를 매우 중요하게 생각하는 조선 사회에서 사대부가에서 이런 일이 일어났다는 것은 망측한 일이기도 했다.

1436년(세종 18) 3월 13일, 사헌부에서 보고한 내용이다.
"별시위(別侍衛) 이석철(李錫哲)의 아내 유씨(柳氏)가 그의 조카인 유중인과 간통했습니다."

이어 유씨는 지중추원사 유은지의 딸이고, 유중인은 유은지의 손자라고 기록하고 있다.

세종은 이상하게 생각한다. 이런 일이 일어날 수 있다고는 상상할 수도 없었기 때문에 이 사건에 대해서 면밀한 조사를 지시한다. 밝혀진 내용은 세종이 생각한 것과는 달리 나온다. 1436년(세종 18) 6월 1일의 기록을 보면 나온다. 기록에 "유중인이 소앙(召央)과 서로 간통한 일을 이제 다시 추문하게 했더니, 바로 이석철이 여종(婢) 쌀이(米伊)의 말을 듣고 무고한 것이었다"라고 했다. 그리고 이석철은 처제 종비와 간통을 일으킨 게 맞았다. 처제와 간통을 일으키고, 오히려 아내가 조카와 간통했다고 무고죄를 저지른 셈이었다. 자신들의 잘못이 발각될 처지에 이르자 오히려 상대방에게 죄를 만들어 씌운 것이므로 무고죄가 맞았다. 이렇게 무고죄로 하면 상대방이 자신들의 간통 사실을 철회할 것을 노리는 것이다. 그러나 세종이 철저한 조사를 지시하면서 진실이 밝혀진 것이다.

1436년(세종 18) 4월 20일 이석철과 여종은 각각 장형 80도에 처해졌고, 여종은 그 부모와 함께 외방에 안치시켰는데, 이석철은 일반 병사로 충군(充軍)시켜 평생 벼슬길에 못 나가게 했다. 무엇보다 세종은 무고하게 처벌을 받는 일을 막으려고 노력했다. 이날 기록을 보면 세종은, "고려 말기에 풍문을 가지고 추핵하는 일이 성행해서, 사대부들의 아내가 무고한 사람에게까지 미쳐서, 원통하고 억울하게 된 자가 수없이 있었다"라고 했다.

세종은 풍문에 따라 처결을 하지 않았고 죄상을 분명하게 밝혔다. 설령 그러한 것이 사실이라고 해도 연좌제에 따라서 유은지에게까지 죄를 묻는 것은 타당하지 않다고 보았다. 죄를 저지른 당사자가 처벌을 받는다는 원칙을 끝까지 견지했던 것이다.

부패한 아버지라고
그 아들도 부패한가

상참을 받고, 정사를 보다가 장리의 자손을 서용하는 문제를 논의했는데 신하들과 이견이 있었다. 이때 왕이 좌우의 신하들에게 일렀다.

"장리(贓吏)의 자손을 어떤 이는 등용하여야 한다고 하고, 어떤 이는 등용하여서는 안 된다고 하니, 마땅히 일정한 법을 세워야 되겠는데, 만약 등용한다고 하면 어떤 벼슬을 주어야 하겠는가."

장리는 나라의 재물을 도둑질한 관리이다. 이에 안숭선이 아뢰었다.

"장리의 자손을 상례(常例)대로 다 서용한다면 탐오(貪汚)한 자들이 꺼려하는 것이 없을 것입니다. 비록 등용하지 않아도 좋을 것입니다."

김종서(金宗瑞)는 아뢰었다.

"마땅히 등용해야 합니다."

왕이 세 의정대신(議政大臣)에게 의논하도록 했다. 이에 황희·맹사성 등이 아뢰었다.

"옛 사람은 '덕을 따라 행실을 고친다'라고 했고, 또 '아비가 천하고 악한 짓을 했다'고 말한 것이 있습니다. 옛 사람들이 사람을 쓰는 것은 세계(世系)나 친속(親屬)의 일에는 구애하지 않는 것이 오래입니다. 비록 장리의 자손이라도 정말 현명하고도 능력이 있다면 써야 할 것입니다. 어찌 정부·육조·대간의 벼슬은 제한하고 빈드시 군관직(軍官職)에만 써야 하겠습니까. 또 제한을 두고 사람을 쓴다는 것은 사람 쓰는 도리에 어찌 도량이 좁다고 하지 않겠습니까. 대간이 그들의 고신을 서경(署經, 왕의 관리 임명 및 법령의 개폐(改廢)에 있어 신하의 동의 절차)하지 않는 것과 같은 일은 또한 국가가 악을 징계하는 길이기 때문에 없앨 수는 없습니다. 하지만 사람을 쓰는 도리에 어찌 조부나 아버지가 장죄(贓罪)를 범했다고 해서 그의 자손은 죽을 때까지 서용하지 않을 수 있겠습니까."

권진(權軫)이 아뢰었다.

"장리는 옛 사람도 용사(容赦)하지 않았습니다. 그러나 조부나 아버지의 탐오한 죄 때문에 그의 자손을 금고(禁錮)하는 것은 불가합니다. 대간이나 의정부·육조 같은 곳에 근무하는 인물을 논의하는 곳입니다. 흠이 있는 사람이 이 직임(職任)에 있게 하심은 옳지 않습니다. 장리의 자손은 정부·육조·대간에는 등용하지 말고 군관직에만 쓰게 할 것입니다. 이렇게 법을 세우는 것이 좋겠습니다."

이에 왕이 말했다. "쓰는 것이 옳겠다."[26]

마침내 장리의 자손이라도 재덕이 있는 자는 통례에 따라 서용하게 했다. 왕이 이조·병조에 전지했다.

"착한 자를 선대(善待)하는 것은 자손에게 미치게 하고, 악한 자를 미워하는 일은 그 자신에 그치는 것은 옛날의 후한 뜻이 있다. 지금 장리의 자손을 억제하고 등용하지 않는 일은 비록 악인을 징계하고자 한 처사이다. 그러나 옛날의 뜻에 어그러짐이 있다. 그렇기 때문에 지금부터는 재덕(才德)이 있는 자는 통례(通例)에 따라 서용하라."[27]

여기에서 다루고 있는 회의 주제는 탐관오리의 자손을 인재로 쓸 수 있는가에 대한 논의이다. 부패한 관리를 징계한다는 점에서 그 자손에게 영향을 미쳐야 할 것으로 보이기도 한다. 관리가 부패한 짓을 하면 그 자손도 벌을 받는다는 점을 알려서 나라의 재물을 절대 손대지 못하게 확실한 각인을 시켜야할 듯도 싶다. 하지만 그것이 너무 과중한 것이 아닌가. 나아가 나라 전체에 도움이 되겠는가를 따져보아야 한다. 물론 인재 등용의 전제 조건은 그 자손이 정말 능력이 있는 사람이냐 하는 것이겠다. 대신들은 자유롭게 자신들의 견해를 말한다. 이러한 방식이야말로 세종이 항상 견지해오던 형식이다.

우선 안숭선이 말하는 주장은 아무리 능력이 있어도 그 자제를 등용하게 되면 탐관과 부정부패를 더 많이 하게 만든다는 것이다. 거꾸로 탐관오리가 되면, 자녀들까지도 관직에 진출하지 못하는 일이 벌어지기 때문에 오히려 조심할 수 있다는 말이다. 물론 억울하게 탐관오리에 몰린 이들 같은 경우에는 그 자식에게까지 영향이 미치게 됨을 인식하지 않을 수가 없는 것이다.

권진은 제한적인 주장을 했다. 중요 직위에는 이 같은 자제가 근무할 수 없도록 하는 것이다. 대간이나 의정부·육조 같은 곳에 탐관오리의 자손들은 등용하지 않도록 하는 것이다. 그 외에 군관직에 그들을 채용하여 근무하게 하여야 한다는 것이다.

황희·맹사성 등은 다른 주장을 한다. 벼슬을 제한하는 것에 대해서 반대 시각을 갖고 있는 것이다. 그것은 인재를 쓰는 도리가 아니라고 봤다. 군관직이 아니라 다양한 직권에 인재로 사용해야 한다고 보았다. 세종은 이런 주장에 대해서 동의하였다. 아인을 징계하고 선인을 부각하는 조치들은 필요하지만 그것은 범죄를 저지른 당사자에게만 해당되어야 한다. 관건은 연좌죄 여부이다.

1425년(세종 7) 4월 15일에 들여온 명나라 황제가 포고한 조서에도 다음과 같은 내용이 있었다.

> "우순(虞舜)이 임금이 되었을 때는 형벌이 자식에까지 미치지 않았다. 문왕의 시대에는 죄인의 처자식까지 잡아들이지 않았다. 이제부터는 반역을 음모한 대역(大逆) 죄인이면 법률에 따라서 연좌하지만, 그 밖의 범죄한 자는 단지 본인만 처형할 것이다, 미루어 연좌(連坐)하는 법은 쓰지 말라."

비록 처자식을 잡아들이고 노비로 보내지 않는다 해도 사대부의 경우 자제들이 관직에 진출하여야 한다. 이들 가운데 만약 능력 있는 자들이 국가의 일에 나서는 것은 개인에게도 필요한 일이지만, 국가에도 도움이 되는 것이다. 국가의 일을 하는 것은 단지 군왕의 이익에만 합치하는 것이 아니라 결국 민생과 연결되어 있는 문제이기 때문에 전체적인 큰 틀에서 봐야 하는 것이라고 볼 수 있다.

부모가 죄를 저지르는 경우 외에도 조부나 조모가 해당되는 경우도 있다. 할머니가 음행으로 죄를 받았는데, 그 손자를 인재로 활용해야 하는 문제도 있었다.

1429년(세종 11) 6월 1일, 사간원에서 계했다.

"인순부 부승(仁順府副丞) 조유신(趙由信)의 조모 김씨(金氏)가 음욕을 마음대로 행해 두 번이나 유폄(流貶, 귀양)을 당했는데, 그의 손자 조유신의 고신(告身, 즉 조선시대에 1~9품 관원에게 품계와 관직을 수여할 때 발급하던 임명장)에 서경(署經)하여 동반(東班, 문관)에 나가게 한다면 뒤에 징계하기가 어려울 것입니다. 청컨대 동반에 서용(敍用)하지 말고 풍속을 면려(勉勵)하소서."

여기에서 서경은 관리 임용에 관한 대신들의 논의 절차이다. 세종이 이에 대해서 말했다.

> "이미 음란한 여자의 손자임을 알았다면 마땅히 과거에 나가지 못하게 했어야 할 것이다. 어찌 과거에 합격하고 관직에 나갔는데 도리어 벼슬길을 막고자 하는가. 하물며 재주 있는 사람은 쓸 것이지 어찌 기타의 것을 논하겠는가."

여기에서 이러한 세종의 말도 할머니 때문에 그 손자가 인재로 활동하지 못하는 것은 부당하다고 말하는 것이다. 일단 문제가 있다면 과거 합격을 시키지 말아야 했다는 것이고 이미 합격자에 들어 관직에 나간 것은 되돌릴 수 없다고 말한다. 그가 이미 인재였기 때문에 과거에 합격한 것이고 관리에 등용되었으니 이 점을 중요하게 봐야 한다고 세종은 말하고 있는 것이다. 무엇보다 자신이 하지 않은 죄로 단지 가족이라는 이유만으로 처벌을 받는 것을 세종은 일관되게 반대하고 있다. 철저하게 능력중심주의에 따라서 인재를 선발하고 나랏일에 이바지하도록 하였던 세종의 인재관을 알 수가 있는 대목이다.

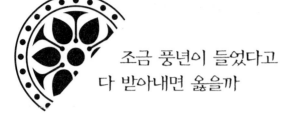

조금 풍년이 들었다고
다 받아내면 옳을까

의창을 충족하게 하는 방법을 논의했고 너무 환곡 갚기를 독촉하지 말기를 원했다. 그러나 신하들은 반대했다. 정사를 보는데 왕이 말했다.

"의창(義倉)을 설치한 것은 본디 백성의 기근을 구제하고자 함인데, 이제 그 이름만이 있고 그 실지는 없어서 매양 진대(賑貸)하는 날을 당하면 반드시 군량에 의존해 왔다. 때문에 군량이 거의 다 나가게 되므로, 장래가 염려스러우니 환자를 내고 들이는 데 삼가하지 않을 수 없다. 지난번에 정부의 대신들이 의창의 폐해를 갖춰 진술하였으나 폐해를 없이 하는 방법을 말하지는 않았다. 그래서 나도 깊이 생각하여 보았으나 그 좋은 방법을 얻지 못했다. 그 윽이 들으니, 수령들이 환자를 거두고 헤치는 때에 징수하는 방법이 지나치게 엄하여 인명을 살상하는 데까지 이르러 그 폐해가 적지 않다고 한다.

이것으로 살펴 보건대, 그 빈부를 따져서 준절하게 나누어 주는 것만 같지 못하다. 그러나 백성에게 군색하고 절박한 사정이 있다면 수령된 지기 치마 아니 줄 수 없을 것이다. 이것도 억시 사세로 보아 행하기 어려운 것이겠다. 의창을 충족하게 하는 방법을 경 등은 잘 의논하여 아뢰게 하라.”

좌의정 허조가 아뢰었다.

“환자 바치기를 독촉하는 것이 비록 각박하다고 말합니다. 그러나 만약에 먼 앞일을 생각한다면 독촉하여 받아들이는 것이 곧 옳은 방법입니다.”[28]

틈날 때마다 관리들에게 너무 독촉하지 말기를 명했다. 지희천 군사 홍환을 인견하고 진휼과 농사를 잘 보살피도록 당부했다.

“환자를 주고 거두는 것은 수령의 중요한 일이다. 줄 때에는 반드시 준절(撙節, 알맞게 절제하는 것)히 하고 거둘 때에는 각박하게 하지 않게 해야 한다. 그렇게 하여 백성이 곤란하게 하지 않는 것이 옳다. 또 농사지을 때에 한갓 제때를 맞추어서 갈고 심으라고 엄하게 독촉하는 것이 너무 심하면 도리어 해가 있는 것이니 가서 힘써 하라”[29]

백성들에게 환자를 거두는 것에 대해서 논의했다. 왕은 재촉이 문제가 있다고 보았다. 정사를 보는데 세종이 말했다.

“내가 듣건대, 수령들이 환자[還上]를 재촉해서 받아들여 백성들이 몹시 괴로워 한다는데, 금년에는 연사가 겨우 흉년을 면했을 뿐이므로 환자를 받아들이는 것을 중지하는 것이 어떻겠는가.”

이에 찬성(贊成) 권진·호조판서 안순(安純)·예조판서 신상(申商) 등이 대답했다.

“지금 사방에는 농사가 매우 잘 되어 백성들의 식량은 넉넉하오니 모두 받아들이게 하소서. 지난해에도 묵은 곡식 빚을 감해 주고서 이제 또 거두지 않는다면, 비록 부자라 하더라도 영구히 면제되기를 바라서 반드시 바치지 않을 것입니다."

다시 왕이 말했다.

"의창(義倉)을 설치한 것은 백성을 위한 것이다. 비가 제때에 오지 않아서 겨우 흉년을 면했는데, 만일 강제로 빌려 준 것을 거두어들이면, 가난한 백성들은 '있는 것을' 모두 관청에서 가져갔기 때문에 식량의 어려움이 흉년과 다름이 없을 것이다. 수령들에게 알려 백성들의 빈부를 살피고 나서 거두게 하는 것이 어떻겠는가."

안순과 신상이 아뢰었다.

"만일 빈부를 분별하게 한다면 어리석은 백성은 모두 바치고, 간사한 아전들은 모두 바치지 않을 것입니다. 마땅히 묵은 빚을 모두 받게 하소서."

이렇게 말하니, 왕이 말했다.

"금년에는 동풍(東風)이 여러 번 불어서 곡물(穀物)에 해로울까 걱정이라."

안순이 아뢰었다.

"지금은 곡식이 모두 여물었으니 조금도 동풍의 해는 없을까 싶습니다."

왕이 다시 말했다.

"또한 지금부터라도 알 수 없는 일이지."

계주하던 사람들이 모두 나가고 나서, 왕이 대언(代言) 등에게 말했다.

"내가 듣건대, 환자를 거두어들이는 것 때문에 백성들이 괴로워한 지가 오래다. 대신들은 이르기를, '군량(軍糧)은 허술히 할 수 없으니 마땅히 평상시에 미리 저축하여 뜻밖의 환란(患難)을 구(救)해야 한다'고 하는데, 나도 이 말을 진실로 옳게 여긴다.

그러나 근년에는 여러 해 동안 풍년이 들지 않아서 백성들의 먹을 것이 넉넉하지 못하다가, 다행히 금년이 조금 풍년이 들었을 뿐인데, 만일 1년의 풍년을 가지고서 전일의 묵은 빚을 모두 받아들이고 보면, 환과고독들은 반드시 곤궁한 지경에 이를 것이다. 이것이 어찌 옳은 일이겠는가. 이 뜻을 수령들에게 유시(諭示)하고 경들은 10월을 기다려 다시 아뢰도록 하라."[30]

환상(還上)은 굶주리는 가난한 백성에게 식량을 빌려 주었다가 가을에 받아들이는 것, 환자(還子)라고도 한다. 봄에 대개 식량이 부족하게 되므로 이때 백성들에게 식량을 빌려주고 가을에 추수할 때 걷어 들이는 제도이다. 옛부터 매우 이상적인 국가 정책이라고 할 수 있다.

그런데 문제가 있을 수 있다. 가을에 봄에 빌린 곡식을 다 갚을 수 있을 만큼 풍년이 들겠는가 하는 점이 문제가 된다. 흡족할 만큼 농사가 안될 수 있기 때문이다. 완전히 흉년이 아닐 경우에 어느 정도까지 다시 받아들여야 하는지도 문제가 된다. 당장에 수량을 채우려고 한다면 백성들에게 서둘러서 다시 갚으라고 할 수 있지만, 백성들의 굶주림을 가중시킬 수 있는 상황에 대해서 세종은 염려하고 있는 것이다. 세종은 이런 문제를 잘 처리하는 것이 지방 수령들이 잘 해야 할 일이라고 여겼다. 무엇보다 의창을 두는 것은 백성들의 굶주림을 해결하기 위한 것인데 오히려 의창의 곡식을 관리하기 위해서 백성들에게 환상곡을 요구하는 것은 본래의 취지에 맞지 않는다는 말은 분명한 진리다. 무엇이 본질인 것인지 명확하게 인지하고 있어야 한다.

숙천 도호부사 여성렬(余成烈)이 지역에 내려갈 때 세종이 그를 불러 말했다.

> "환자를 거두고 나눠주는 것이 고르지 못하고, 또 엄중하게 독촉하는 폐해가 있으므로 백성이 살 수가 없으니, 가서 너의 마음을 다하여 민생을 구휼하라."[31]

또한 태인 현감(泰仁縣監) 김시석(金視石)이 사조(辭朝, 조선시대 새로 임명된 관리가 부임하기 전 또는 외국의 사신이 떠나기 전에 임금께 하직인사를 드리던 일)하니, 세종이 불러보고

> "환상곡의 수렴(收斂)은 수령이 먼저 해야 할 일이나 독촉해서 징수하면 백성들이 매우 괴로워한다"라고 했다.[32]

또한 급히 무리하게 환자를 받아들이면 그 피해를 보는 이들은 약자들이라고 세종은 말하고 있다. 언급하고 있는 단어가 바로 환과고독이다. 이는 홀아비, 과부, 고아, 늙어서 자식 없는 사람을 말하는데 외롭고 의지할 곳 없는 사람을 이른다. 백성들이 많이 가지고 있음과 없음을 분별하여 받아내고 더 어려운 이들에게서는 그 양을 더 줄여 민생에 이바지하도록 했다. 물론 관리들도 할 말은 있다. 정책 목표달성을 강조하는 관리들은 백성들이 괴롭더라도 촉구해서 받아내야 한다고 흔히 주장했다.

단지 지방을 관장하는 수령만이 아니라 긴급한 때에는 관리를 파

견하여 문제를 해결하도록 했다. 1445년(세종 27) 2월 3일의 기록을 보면 군기부정(軍器副正, 1414년(태종 14)에 설치한 군기감(軍器監)의 종4품 관직. 군기감은 고려·조선시대에, 병조에 속하여 병기·기치·융장·집물 따위의 제조를 맡아보던 관아) 권준을 경기도 기민 진제의 경차관으로 그가 경기도에 가서 시행할 사목을 내려 주었는데, 그 가운데 환자에 관한 내용이 세개 있었다.

　　1) 기민 가운데 나이 많거나 병이 있어서 관청에 왕래하여 환자[還上]나 진제(賑濟, 흉년에 관에서 곤궁한 백성을 도와주던 일)를 받을 수 없는 자는 자세하게 조사하여 수령에게 몸소 직접 가서 구휼하도록 할 것.

　　2) 각 고을 수령들이 지난해의 환자에서 헛 수량을 문서에 기록하고 그 수량을 충당하려고 음모하여, 이제 진제를 지급해 줄 때에 조금씩이라도 감하려 하는 폐단이 없지 않을 것이라서, 백성들의 받는 수량을 자세하게 물어서 사실을 조사할 것,

　　3) 고을 경계가 개 이빨 같이 들쭉날쭉해 제 고을에서 멀리 귀빠지게 사는 백성으로 제때에 환자를 받아 가지 못하는 자는 우선 가까운 고을의 환자나 진제로 제급(題給)하여 구휼할 것.

경차관이 하는 일은 굶주림에 빠진 백성들 가운데 나이가 많거나 병이 있는 이들은 관청에 나갈 수 없기 때문에 이를 직접 조사하여 수령이 해결하도록 하고, 수령들이 거짓 수량을 문서에 기록하고 그것을 채우기 위해 쌀의 양을 조금씩 줄이는 일을 파악하는 것이

다. 당연히 백성들에게 자세하게 묻고 살펴서 실제로 받은 양을 조사해야 한다. 현지 조사도 중요할 수 밖에 없다.

그런데 오늘날도 그렇지만 행정구역 사이에 애매한 지역에 거주하고 있는 사람들은 정책 시행의 사각지대에 놓일 수 있다. 이런 지역의 백성들은 구휼 정책에서도 배제될 수 있었기 때문에 이 점에 세종은 주목했다. 이는 각 수령이 일부러 외면할 수 있고 신경을 덜 쓸 수도 있기 때문에 이에 대한 능동적인 개입과 조치를 하게 하는 일을 한다. 결국 어려움에 처한 백성들을 위한 기근 구제책을 모색한 세종이다.

요컨대 환상곡의 회수라는 목표만 중요시하게 되면 백성들 사이에 인명살상까지 벌어지기 때문에 원래 환상곡의 목적을 잃게 된다. 본래 그 취지와 목적은 민생안정이었는데 단지 목표달성을 위해서 민생을 위협하는 것은 주객이 전도된 일이라고 하지 않을 수 없다. 환곡을 제때 갚지 못한다면 그 원인을 백성의 처지에서 파악하고 대안을 마련해야 하는 것이 관리와 국가가 해야할 일이기 때문이다.

《미주》 ───────────────────────────

1) 세종실록 92권, 1441년(세종 23) 2월 20일.
2) 세종실록 92권, 1441년(세종 23) 4월 9일.
3) 세종실록 88권, 1440년(세종 22) 3월 1일.
4) 세종실록 99권, 1443년(세종 25) 1월 14일.
5) 1434년(세종 16)

6) 세종실록 76권, 1437년(세종 19) 1월 22일.

7) 세종실록 105권, 1444년(세종 26) 윤7월 21일.

8) 1440년(세종 22) 5월 19일.

9) 세종실록 38권, 1427년(세종 9) 11월 17일.

10) 세종실록 91권, 1440년(세종 22) 12월 4일.

11) 세종실록 38권, 1427년(세종 9) 12월 8일.

12) 세종실록 69권, 1435년(세종 17) 8월 14일.

13) 세종실록 1권, 1418년(세종 즉위년) 8월 19일.

14) 세종실록 75권, 1436년(세종 18) 12월 22일.

15) 세종실록 75권, 1436년(세종 18) 12월 23일.

16) 세종실록 19권, 1423년(세종 5) 1월 4일.

17) 세종실록 37권, 1427년(세종 9) 8월 17일.

18) 세종실록 120권, 1448년(세종 30) 4월 10일.

19) 세종실록 49권, 1430년(세종 12) 8월 2일.

20) 세종실록 59권, 1433년(세종 15) 3월 13일.

21) 세종실록 86권, 1439년(세종 21) 7월 17일. 성자량 · 김승 · 고덕수 · 유담 등을 불러 보다.

22) 세종실록 24권, 1424년(세종 6) 4월 4일.

23) 세종실록 24권, 1424년(세종 6) 4월 17일.

24) 세종실록 87권, 1439년(세종 21) 12월 2일.

25) 세종실록 87권, 1439년(세종 21) 12월 4일.

26) 세종실록 56권, 1432년(세종 14) 5월 14일.

27) 세종실록 56권, 1432년(세종 14) 5월 17일.

28) 세종실록 87권, 1439년(세종 21) 10월 5일.

29) 세종실록 87권, 1439년(세종 21) 10월 25일.

30) 세종실록 41권, 1428년(세종 10) 8월 5일.

31) 세종실록 84권, 1439년(세종 21) 1월 18일.

32) 세종실록 88권, 1440년(세종 22) 1월 24일.

제 3 부

약한 백성을
긍휼히 여기다

왕은 평소 나이든 이들을 각별히 생각했는
데 백세 이상 된 노인에게 해마다 쌀 10석을
지급하고 매월 술·고기를 보내주고 수효
를 파악케 했다.

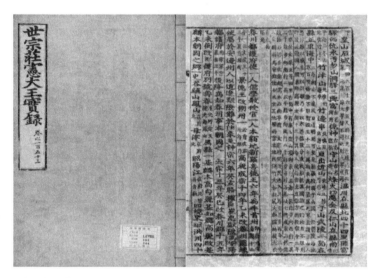

세종장헌대왕실록

아버지를 그렇게 밝혀 무엇 하는가

우정언 정차공이 김하에게 죄주기를 청했다. 그러나 왕이 이는 적절하지 않다고 말했다.

먼저 우정언(右正言) 정차공(鄭次恭)이 아뢰었다.

"충효는 신자(臣子)의 대절(大節, 큰 절개)이온데, 김하가 불효의 죄를 범했습니다. 인도(人道)에 있어서 어떠할 수 있습니까. 마땅히 율문에 따라 과죄(科罪)하여 상벌의 공정함을 보여야 합니다."

이에 왕이 말했다.

"관기첩(官妓妾)의 소생은 종천(從賤)하는 법이 영갑(令甲, 법률과 명령)에 나타나 있으니, 어찌 반드시 숭원(崇元)의 아비를 끝까지 따질 것이 있겠는가. 만일 숭원의 아비를 끝까지 따진다면, 이것은 법이 일정함이 없는 것이다."

장령 정지담(鄭之澹)이 아뢰었다

"강상(綱常)은 천하 만세의 대법(大法)이온데, 지금 김하가 상중(喪中)에 기생을 관계하여 자식까지 낳았으니, 이것은 왕법(王法)에 용서하지 못하는 것입니다. 그러니 전하께서 사사로이 할 수 없는 것입니다. 전하께서 어찌 한 소인을 아끼시어 만세의 큰 법을 폐하십니까.”

다시 왕이 말했다.

“관기첩의 소생이 종량(從良)할 수 없는 것은 정한 남편이 없어서 확실히 알 수 없는 때문이다. 어째서 일이 강상에 관계된다고 해서 님의 벼슬길을 막는가. 만일 억지로 추궁하면 털을 불고 흠을 찾을 것이니, 후일의 폐단이 반드시 작지 않을 것이다.”[1]

남녀의 불륜 문제에 이어 불효에 관해 신하와 세종 간에 처벌을 두고 논박을 벌이는 내용이다. 우선 김하(金何, ?~1462)가 무슨 일을 저질렀는지 봐야 한다. 1439년(세종 21) 9월 11일, 사헌부에서 대호군 김하에 관한 상소를 한다.

“대호군(大護軍) 김하(金何)가 글을 읽어 과거에 올라서 좋은 벼슬을 오랫동안 지냈으니, 인륜의 도리와 부자간의 은혜를 알지 못하는 것이 아닐 것입니다. 부상(父喪)을 당하여 슬픔을 잊고 욕심을 부리어 창기(娼妓) 옥루아(玉樓兒)를 사랑하여 뻔뻔스럽게 대좌(對坐)하여 자식을 낳기까지 이르렀사오니, 그 행실이 금수와 무엇이 다릅니까.”

사헌부에서 고한 내용은 인륜의 도리를 충분히 아는 김하가 불효를 저질렀다는 것인데, 그 내용은 아버지 상을 당한 기간에 창기와 잠자리를 하고 아이까지 낳았다는 점이다. 이는 어버이에 대한 효를 강조하는 조선에서 있을 수 없는 일이다. 상중에는 아내와도 성

관계를 금지해야 하는데 더구나 창기와 잠자리를 갖고 아이까지 임신시켰으니 강상죄에 해당된다고 보았다. 그렇다면 이런 주장의 근거는 있는 것일까. 9월 12일 장령(掌令) 정지담(鄭之澹)이 김하한테 죄를 내리기를 청하며 올린 글을 보면 이렇게 주장한다.

"요전에 한성부(漢城府)에서 김하의 정처(正妻)를 소박한 죄를 밝히는 과정에서 김하가 말하기를, '버린 첩에게서 자식 여섯 사람이 있다'고 했는데 그 중의 한 사람이 상중에 간음하여 낳은 것이 너무 분명합니다. 그렇다면, 이 일의 발단이 풍문의 유(類)가 아니옵고, 김하의 간음을 범한 것이 애매하여 밝히기 어려운 것이 아닙니다."

정지담에 따르면 여섯 명의 자식이 있다는 것은 그 중간에 아버지 상일 때도 성관계를 하고 임신을 시켰다는 말이 된다는 것. 9월 9일 그는 "옥루아의 막내아들 숭원(崇元)은 하(何)가 거상 중에 은밀히 간통하여 낳은 것"이라고 말한다.

9월 12일 정지담은 "무슨 까닭으로 유독 너그러운 법을 베푸시려 하십니까. 죄는 같은데 벌은 다르오니, 인군(人君)의 상벌(賞罰)의 공평함에 좋지 않습니다"라고 한다.

이에 세종은 몇 가지 이유를 들어 반대한다.

세종은 '모든 일은 마땅히 대체(大體, 큰원칙)를 좇아야 하고 자질구레하고 번잡하게 할 수 없는 것이다'라고 하면서 손가락을 꼽아 해산달을 세어 가지고 김하더러 부모에게 불효하였다 하는 것은, 내 뜻에 너무 자잘하다고 생각된다고 했다. 직접 상을 당한 기간에 임신을 시켜서 아이를 낳은 것인지에 대해서 정말 확실하지 않고 그것을 들어 불효하였다고 규정하는 것은 구차한 이유라는 것이다. 관청의 기생 경우에는 특정 남편이 있는 것이 아니라 여러 남자와 잠자리를 할 수 있기 때문에 김하의 아이라고 할 수가 있는지 의심스럽다는 말이다. 만약 본부인 사이에 소생이 있다면 다른 문제라고 볼 수도 있겠다는 것이다.

또한 세종은 풍문만을 듣고 죄를 주는 것은 적절하지 않다고 말한다. 세종은, "풍문(風聞)을 금하는 것은 조종(祖宗=태조)께서 이루어 놓으신 법이고, 내가 지켜 온 지가 오래다. 이 일이 풍문과 같은 것이 아니냐"라고 했다. 풍문으로 금하는 것은 이미 오래된 원칙이라는 점도 강조하고 있다.

더구나 세종은 어머니가 기생이면 그 소생은 천인이기 때문에 더이상 아버지가 누구인지 따져도 문제가 없다는 주장을 한다. 김하가 아무리 사대부라 해도 그 자녀는 어머니의 신분을 따라야 하는 노비종모법 때문에 신분질서를 무너뜨릴 염려도 없어 애써 아버지가 누군지 따지는 것이 쓸모가 없고, 사소한 것이라 말한다. 오히려 억측으로 죄를 주는 것은 뒤에 더 좋지 않은 선례가 될 수 있다고 하는 것이다.

그리하여 세종은 9월 12일에 다음과 같이 말한다.

> "관기첩(官妓妾)의 소생은 종천(從賤)하는 법이 『육전(六典)』에 실려 있다. 억지로 숭원(崇元)의 아비로 추정한다면, 이는 법이 일정한 것이 없고, 취모멱자(吹毛覓疵)하는 폐단이 한량이 없을 것이다. 내 뜻이 이미 정하여졌으니 다시는 아뢰지 말라."

취모멱자는 본래 털속을 입으로 불어가며 흠집을 찾는 행위를 이른다. 남의 약점을 악착같이 찾아내는 야박하고 가혹한 행동을 뜻한다. 세종은 이와 같이 아버지가 누구인지 밝히는 것은 억지로 흠집을 찾아내는 일이라고 말한 것이다. 그러나 대신들은 이에 동의하지 않는다. 16일에 장령 정지담(鄭之澹)과 우정언 정차공(鄭次恭) 등이, "윤상(倫常)을 어그러뜨린 죄악은 알지 못하면 할 수 없지만, 이미 알고서 죄 주지 않으면 후래(後來)를 어떻게 징계합니까. 뒤에 또 김하와 같은 죄를 범하는 자가 있으면 장차 어떻게 처치하시렵니까"라고 했는데 세종은 허락하지 않았다. 세종은 이때, "애매한 일을 끝까지 다스리면 취모구자(吹毛求疵)의 폐단이 또한 적지 아니하다. 내 뜻이 이미 정하여졌으니 다시는 아뢰지 말라"라고 한다. 취모구자도 역시 억지로 작은 것을 크게 만든다는 뜻이다. 억지로 죄를 만들면 그것이 오히려 폐단을 낳는다고 말하는 세종이다. 대신들은 여전히 동의하지 않는다.

19일에 정지담 등은 다시 "반드시 급히 법에 처하여 후래(後來)를 징계하소서. 한 사람을 벌주면 족히 천 사람을 권(勸)할 수 있다고 여깁니다"라고 했지만 세종은 끝내 죄를 주지 않았다.

요컨대, 대신들은 김하의 사례를 들어 이후에 같은 일이 반복되어 상중에 기생과 간통을 하고 아이까지 낳는 일이 또 일어날 수 있다는 점을 경계한다. 반면 세종은 풍문으로 들은 것을 증거도 없이 죄를 주면 그것이 오히려 없는 죄를 만드는 일이므로 적절하지 않다고 주장했다. 심증은 있는데 물증이 없는 상황에서 가해지는 방법은 고문일 것이다. 고문에 따른 자백이 능사는 아니라고 생각한 세종이었다. 심증을 가지고 억지로 만들어내는 죄를 주는 것은 결국 행형의 원칙만이 아니라 생명 중시 그리고 인권을 해치는 문제이다.

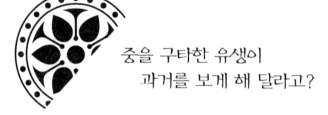

중을 구타한 유생이
과거를 보게 해 달라고?

우헌납 윤사윤(尹士昀)이 아뢰었다.

"유생들이 중의 무리를 구타한 것은 실로 미친 아이들이라 나라의 법을 알지 못하였기 때문입니다. 지금 옥에 구속되어 열흘을 지났으니, 비록 보석(保釋)하고 신문(訊問)하더라도 또한 실정을 알 수 있을 것입니다."

왕이 말했다.

"유생의 무리는 본래부터 당연히 공순한 태도로 자신을 길러야 할 것이다. 그런데 지금 유생들이 국법을 지키지 않고 떼를 지어 산에 놀러 다니면서 미치고 망령된 행동을 감히 제멋대로 했다. 유생은 성인(聖人)의 도(道)를 배우는 자들인데, 성인의 도가 어찌 이런 망령된 행동을 일삼는 것이겠느냐. 지난번에 유생들이, 내가 산에 놀러 다니는 것을 금지한 법을 기롱(譏弄)하며 말하기를, '전하께서는 선비를 사랑함인지 중들을 사랑함인지 알지 못하겠다' 고 했다. 이 비방(誹謗)하는 말로 보아 유생들의 광망(狂妄)한 행동은 시작된 지 오랜 것이다. 너희들은 무엇을 듣고서 이러한 말을 하는가. 나는 유생이나 승도(僧徒)나 간에 죄 있는 사들 옥에 내려 주어 추문(推問)하게 할 뿐이다. 그 사이에 내가 무슨 특별한 뜻이 있겠는가."

이에 윤사윤이 다시 아뢰었다.

"신 등은 일찍이 유생들의 비방하는 말은 듣지 못했습니다. 또 유생들에게 죄가 없다고 하는 것은 아닙니다. 다만 유생들이 광망하고 국가의 법을 알지 못하여 그렇게 한 것일 뿐입니다. 중의 무리가 떼를 지어 북을 치고 떠들면서 함부로 싸우고 구타를 감행하여 그 난폭함이 더할 수 없이 심했습니다. 그러므로 감히 유생의 보석을 청하는 것입니다."

홍사윤의 말을 듣고 왕이 말했다.

"나는 너희들이 비방하는 말을 알고 있으면서 이런 말을 한다고 하는 것은 아니다. 유생들이 산에 놀러 다니면서 폐단을 일으키는 것을 일찍이 금지했는데, 이제 유생들이 금령을 위반함이 이에 이르렀으니, 그들의 광망한 죄는 너희들이 마땅히 처벌하기를 청해야 할 것이다.

그런데 또 보석하라고 청하는 것이 옳겠는가. 옛날에 장횡거(張橫渠)가 거문고를 안고 돌아가는데 중 한 사람이 거문고를 만지니, 횡거가 말하기를, '거문고는 성인(聖人)이 만든 것인데 이단자(異端者)가 잡는 것은 상서롭지 않다'고 하고, 드디어 줄을 끊어 물에 던지었으나 조금도 함부로 성내지는 않았다고 한다.

성현이 이단을 배척하는 것은 본래부터 이 유생들과 같게 하지는 않았다. 옛날부터 이제까지 성현들도 갑자기 승도(僧徒)를 없애지 못하였는데, 어찌 유생의 필부가 능히 배척할 수 있겠는가. 형조에 수금(囚禁)된 것을 의금부에 옮겨 하옥한 것도 또한 특별한 은

혜인데, 너희들이 보석을 청하는 것은 과연 무슨 뜻인가. 인재를 배양하는 것은 장차 쓰기 위한 것이다. 너희들은 이 미치고 망령된 무리에게 제멋대로 스스로 방자하게 하여 장차 어디에 쓰려고 하는 것인가.”

윤사윤이 또 아뢰었다.[2]

“신 등이 유생늘의 광망한 행동을 옳다고 하는 것은 아닙니다. 다만 선비와 중이 서로 싸워서 오래 감옥에 있으니, 그것이 역사의 기록에 오점으로 남을까 염려가 되어 이럴 뿐입니다.”

조선이 유교국가이며 불교를 억제한 것은 주지의 사실이다. 유생과 승려간의 다툼은 세종 시기 내내 벌어진다. 유생들은 불교는 폐해야 한다고 주장을 하며 사찰에 난입을 하거나 승려들에게 폭력을 행사하기도 한다. 이때에 세종은 국가의 이념인 유교를 생각한다면 유생들을 옹호해야 할 듯싶지만 그렇게 하지 않았고, 객관적·합리적으로 판단 결정하려 했다. 유생이 중의 무리를 때린 사건의 발단은 유생들이 절에 들어가 놀다가 발생한 일이다.

7월 29일 기록에,

“유생이라면 공순(恭順)한 것을 도리로 하고 성인의 학문에 잠심(潛心)할 뿐이다. 학업을 폐하고 한가롭게 놀러 다니며 불경을 훔쳐내고 중의 기물을 파괴했다”라고 되어 있다.

유생들이 공부를 하러 간 것이 아니라 사찰에 놀러갔다가 오히려 불경을 훔치고 기물까지 파괴했다면 이들은 학업을 쌓는 이들이 아니라 범죄자에 불과하다. 그런데 그들은 자신들이 범죄자라고 생각하지 않았다. 오히려 떳떳한 태도를 보인다. 왜 이렇게 했을까. 세종이 본 것은 유생들이 불교를 없애야 한다는 의식 때문이었다고 봤다.

장횡거는 장재(張載, 1020~1077)로 송나라 시대의 사상가로 성리학의 기초를 마련했다. 장횡거가 거문고를 끊어버린 일은 있어도 거문고를 만진 이단을 때리거나 모욕하지는 않았다. 이에 비한다면 유생들이 한 짓은 성리학을 공부한다는 이들이 할 짓이 아닌 게 분명했다. 무엇보다 이단을 배척하는 것은 절이나 승려들을 파괴하거나 몰아내고 불경을 없앤다고 되는 것은 아님을 분명히 하고 있다. 오히려 성리학을 더 공부를 해서 발전시키는 것이 그들을 이기는 길이라고 보는 것이다. 그러려면 열심히 학업을 쌓아야 한다.

세종이 교육기관의 역할을 단지 글공부만 하는 곳이 아님을 명확히 했던 것은 세종의 다음 말을 통해 알 수 있다. 7월 29일 기사에,

> "어찌 도를 배우는 선비가 할 짓이겠는가. 국가가 교관(教官)을 설치한 것은 한갓 장구(章句)나 가르치기 위한 것은 아니다. 유생들의 광망함이 이와 같은 것을 교관이 살피지 아니하였으매, 교관도 또한 죄가 없다고 할 수는 없으니 그리 알라"고 했다.

유생들을 가르치는 교육기관이 그 역할을 제대로 못했기 때문에 사찰에 다니며 이러한 광패한 행동들을 했고, 그것이 근절되지 않아왔다는 점을 말하는 셈이다. 만약 폭력과 재물손괴를 한 유생들에게 죄를 준다면 교육기관 책임자도 그 죄를 면치 못하는 것이다. 여기에 유생들의 승려 구타 사건은 이에 그치지 않았다.

며칠 뒤 집현전에서 청한 내용은 한 발 더 나아간 것이었는데, 한

편으로 교육기관의 역할을 생각했을 때, 세종의 노여움을 더 돋우기에 충분했다. 우선 집현전에서 다음과 같이 아뢰었다.

"지금 유생들이 일 없이 절에 가서 놀다가 중의 무리와 서로 싸워서 다 옥에 갇히어 있습니다. 그 가운데에는 반드시 호걸(豪傑)스러운 선비도 있을 것입니다. 그러니 지금 선비를 시취(試取)하는 때에 이르렀는데 응시(應試)를 허락하지 않는다면, 귀중한 인재를 잃어버리는 한탄스러운 일이 있지나 않을까 염려됩니다. 비옵건대, 이들을 응시하게 한 뒤에 치죄(治罪)하옵소서."

집현전의 주장은 곧 과거 시험이 있기 때문에 구타 사건 연류로 옥에 갇혀 있는 유생들이 시험을 볼 수 있도록 해야 한다는 것이다. 이 사건 때문에 과거 응시 기회 자체를 주지 않는다면 우수한 인재들이 시험에 응하지 못해 기회를 박탈당하기 때문이라는 것. 일단 시험에 응시하게 한 다음에 그 죄를 묻는 것이 필요하다는 지적이다.

세종은 이 같은 주장에 대해서 어떻게 말했을까. 앞의 흐름을 본다면 찬성할 리 없었다. 세종의 생각은 다음과 같았다.

"너희들의 생각은 왜 이리 좁으냐. 호걸스러운 선비로서 응시하지 못하는 사람은 비단 이들만은 아니다. 선비 된 자는 그 마음가짐을 진실로 마땅히 공순하게 해야 마땅하다. 지금 이 무리들은 배우기를 게을리 하고 한가하게 놀러 다니면서 광망한 짓을 적지 않게 했다. 그러니 비록 호걸지사(豪傑之士)가 있더라도 이미 구속 중에 있는 것을 어찌 가볍게 놓아주어 응시하게 할 수 있겠는가. 전일에 간원(諫院)에서도 또한 이러한 뜻으로 와서 청했지만, 이것도 또한 옳지 않은 일이다.”

　나라의 인재를 선발하는 과정에는 시험 성적만이 아니라 품성과 인격도 중요하다. 이단이라 하여 때리고 부수고 훔치는 행동을 한 이들이 과연 인재라고 할 수 있을까. 그런 행동을 사찰에서 했다는 이유로 용서를 한다면 각자마다 범죄자는 이유를 대면서 자신들의 옳지 못한 행동들을 변명하고 정당화·합리화 할 것이다. 유교주의자들은 불교를 배척하고 상대를 부정하기 때문에 서로 없어졌으면 하는 생각이 있을 것이다. 그런데 불교는 없어지지 않는다. 없어지지 않는 이유는 사람들의 마음에 불교가 들어가 있기 때문이다. 불교를 이길 수 있는 것은 그 마음 안에 성리학이 들어가는 것이다. 단지 사찰에 들어가서 기물을 파괴하고 승려들을 때리고 내쫓는다고 해서 이길 수 있는 것이 아니다. 불교를 이기려면 유생들 스스로 공부를 열심히 하여 불교를 넘어서고 사람들에게 성리학의 내용을 스스로 공유시켜야 한다. 그것이 문화의 힘이고 문치를 하는 이들의 자질이라고 할 수 있고 과거 시험은 그런 이들을 선발하는 과정이어야 한다.

　1442년(세종 24) 11월 30일의 기록에 보면 이와 같은 뜻이 잘 담겨 있다. 세종은, 이 일에 대해 어찌 중을 구타하는 일로써 이단을 물리친다고 하겠는가라고 하면서, 또한 ‘유생들이 모두 나를 가리켜 불교를 숭상한다고 하나, 내가 어찌 불교를 숭상하여 유생들을 억울하게 죄를 주겠는가’ 라고 하면서 자신은 범죄에 대해서 죄과를 밝힐 뿐이라고 한다. 또한 다음과 같이 압축적으로 견해를 밝힌다.

　“나라의 임금은 사람의 범죄한 것을 들으면 마땅히 시비를 분변해야 되고, 유생의 도리는 마땅히 심성(心性)을 수양(修養)하여 사설(邪說)을 물리쳐야 한다"

사찰이나 승려에 대한 유생의 행위는 분명 범죄다. 이러한 태도에 대한 이야기를 우선 하지 않으니 세종에게 그들이 과거 응시를 먼저 이야기한다는 것은 유생의 도리에도 맞지 않는다. 결국 유교 나이가 성리학에 관심이 있는 것이 아니라 관직 진출을 하기 위해 과거시험을 보기 위한 수험생의 유생이라는 단계밖에 안 된다. 비록 과거를 본다 해도 이미 태도와 인성이 되지 않은 이들이 인재라고 할 수 있는지 되묻는 셈이다. 시험 성적만 좋다고 좋은 인재라고 볼 수는 없다는 세종의 생각이 뚜렷이 나타나 있다. 오늘날에도 적대적인 대상은 없애고 폐해야 한다고 강력하게 주장하는 경우가 있다. 그러나 그렇게 존재하는 데에는 사람들에게 이유가 있는 것이며 그것을 넘으려면 그만큼 사람들의 동의와 지지를 거꾸로 받아야 하고 꾸준히 학습하고 연구하고 사람들과 부단히 노력하는 과정이 필요하다. 그것이 무력과 독재가 아니라 대화와 소통으로 나라를 이끌어가는 근본 요체이기 때문이다.

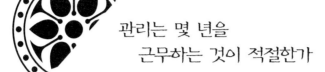

관리는 몇 년을
근무하는 것이 적절한가

    왕이 대신들에게 수령의 임기에 대해 논의할 것을 일렀다. 임금이 대신들에게 일렀다.

    "수령(守令)은 육기(六期)에, 서울 안의 전곡(錢穀)이 있는 각 관사(官司)는 30개월 만에 체임(遞任)하는 것은 이미 법의 제정이 있다. 선왕(先王)께옵서도 뜻을 두셨지만 겨를이 없던 까닭으로, 내가 드디어 선왕의 뜻을 이어 이를 행했다. 그러나, 만기 체임의 기한에만 구애된다면, 비는 자리가 없으니 좋은 사람을 쓰는 데 지장이 있다. 또 수령을 오랫동안 유임한다는 것은, 백성들이 원한다면 그 직임에 오래 있어도 좋지만, 백성이 원망 한탄하는데도 오히려 장기간 유임한다면 그 폐단이 많은 것이다. 수령의 현명 함을 분별하지 못하는 것은 감사(監司)의 전최(殿最, 공적 심사)가 밝지 못한 데서 비롯한다. 일찍이 들으니, 지역이 넓은 경상도 같은 곳은 감사가 한 번의 순시를 다 하기도 전에 포폄(褒貶. 평가) 기일이 이미 임박한다고 한다. 그렇기 때문에 사람의 현명함 여부와 우열을 비록 지혜 있는 자이어도 어찌 다 알 수 있겠는가. 이에 전최할 때에, 어진 자와 어리석은 자가 섞여서 고하(下考, 하급)에 가는 자가 드물게 있으니, 나는 온당하지 못한 일로 본다. 비록 공자(孔子) 문하(門下)의 여러 현인군자로서도 안(顏, 안회) · 증(曾, 증자) 이하로 오히려 그 고하(高下)가 있었는데, 하물며 후세의 인재야 말할 필요도 없지 않겠는가. 내 생각으로는 비록 육기가 차지 않아도 그 재능에 따라 갈아서 쓰는 것이 옳을 것 같다. 경들도 헤아려 생각해 보라. 또한 나도 다시 생각해 보겠노라."[3]

왕이 말했다.

"고려(高麗) 때의 안렴사(按廉使)와 지금의 관찰사(觀察使)가 그 임무가 같은 것인가."

이숙치는 대답했다.

"같습니다."

왕이 말했다.

"안렴사는 6개월 만에 체임되었으나, 지금 관찰사는 1주년이다. 그것도 나는 빠르다고 생각한다."

허조는 대답했다.

"1주년의 법을 세우지 못하고 혹 2주년에 이르렀는데, 1주년으로 법을 세운 이후로는 스스로 민간의 이해를 알게 되었는데, 미처 시행하지 못하고 체임시키는 것은 매우 옳지 못합니다."

왕이 말했다.

"임기가 오래 있어야 백성들의 이해를 살필 수 있을 것이다. 1주년 동안에 어찌 능히 교화(敎化)를 선포하여 풍속을 이룰 수 있겠는가. 2주년도 오히려 적으니, 나는 3주년으로 체임시키고자 한다."

이에 마침내 좌승지 정갑손(鄭甲孫)에게 명했다.

"옛날에 교화를 선포하는 임무가 있으니, 그 제대(遞代)하였던 기한을 집현전에게 상고케 하여 아뢰도록 하라."[4]

세종이 관리의 임기에 대해서 어떤 고민을 하고 있는지 잘 알 수 있는 대목이다. 지방 수령의 경우 육기법으로 하는데 이 중간에 수령이 무능하여 원성이 생길 수 있다. 나라의 법이 그렇게 규정되었기 때문에 중간에는 그 임기를 바꿀 수 없는 일이 벌어진다. 무엇보다 유능한 인재가 있을 경우 임명할 수 없다. 더구나 넓은 지역의 경우에는 책임관이 각 군현을 파악하기도 전에 평가를 해야 하기 때문에 제대로 된 객관적 평가가 어려운 경우도 있다. 그 피해는 고스란히 백성들에게 돌아가는 것은 물론이다. 그렇기 때문에 세종은 6년 동안 근무하는 제도에 대해서 좀 유연하게 바꿀 수 있는 제도적 모색을 대신들에게 주문하고 있고 본인도 연구하겠다고 말하는 것이다.

세종과 대신들이 공직자 임기의 짧고 긴 문제에 대해서 치열하게 토론을 벌이고 있다. 특히 지방관의 경우에는 더욱 이 문제가 중요하고도 미묘할 수 있다. 공직자의 임기를 짧게 하는 것은 장점이 있을 수 있다. 임기가 길면 부정부패가 발생하고 권력화 현상이 생길 수 있기 때문에 짧게 해서 이를 방지할 수 있다고 생각할 수 있다. 하지만 단점으로는 전문성이 떨어질 수도 있다.

위에 나오는 관찰사를 들어 보자. 그 개념을 우선 보면, 관찰사는 종이품(從二品) 외관직(外官職)으로 감사(監司)라고도 한다. 1413년(태종13)부터 시행된 13도에서 각도 또는 부(府)의 장관으로, 고려 말기에는 안렴사(按廉使)라고 했다. 조선 초기에는 안렴사·관찰사·관찰출척사 등으로 자주 바뀌었는데, 관찰사로 굳어진 것은 7대 세조 때부터 관찰사로 고정되었다. 관찰사는 중앙정부의 명령을 시행하였지만, 관하의 도에서 민정(民政)·군정(軍政)·재정(財政)·형정(刑政) 등을 통합하고, 관하의 수령(守令)을 지휘 감독했다. 고려 시대의 안찰사는 6개월 단위로 바뀌었다. 그렇기 때문에 재직기간이 너무 짧았다. 짧기 때문에 권력화와 부정부패가 벌어질 가능성은 상대적으로 적었다. 말 그대로 점검하는 관리자 입장이 강했다고 볼 수 있다. 하지만 단점은 지역의 실정을 제대로 알기 힘들고 백성들의 상황을 살피는데 한계가 있을 수밖에 없다.

사실 안찰사가 통제기관에만 머문다면 6개월은 문제가 되지 않을 수 있지만, 행정기관을 운영하는 관리라는 측면에서는 바람직하지 않았다. 그래서 관찰사의 임기는 1년으로 늘렸으나 이 조차도 짧다는 의견을 세종이 말하고 있는 것이다. 그렇기 때문에 1년은 실정을 파악하고 2년에는 시행을 좀 더 낮게 하지만 임기를 마무리 하는 단계에 이르러야 하니 2년으로 늘리자고 하는 것이다.

그러므로 실정을 익히는 1년, 실행하는 2년 그리고 마지막 마무리와 인수 인계를 하는 3년으로 체임 기간을 구성하기에 이른다.

그 뒤 감사를 3년 만에 체대시키는 법을 만들게 했다. 마침내 왕명으로 이조에 전지했다.

"대저 감사는 한 지방을 통솔하여 살피게 된다. 그러므로 수령의 어질고 어질지 못한 것과, 백성의 기뻐하고 근심하는 것과, 무릇 이익을 일으키고 해독을 제거해야 한다. 그리하여 민간의 사무를 모두 두루 알아야, 무능한 사람을 멀리하게 하고 유능한 사람을 나서게 하여 백성이 그 혜택을 받게 되는 것이다.

　근래에 각도의 감사들을 1주년 만에 체직(遞職)시켜서 마치 그들이 두루 돌아다니는 지방 기관이 객사(客舍)와 같게 되었다. 어찌 능히 수령의 어진 점과 어질지 못한 것 그리고 백성의 기뻐하고 근심하는 것을 깊이 살필 수 있겠는가. 예전의 전적(典籍)을 상고해 보면, 한나라 혜제(惠帝) 때에 어사(御史)를 보내어 삼보군(三輔郡)을 감찰하여 2년 만에 수령을 경질시켰으며, 당(唐)나라 중종의 신룡(神龍) 연간(年間)에는 십도(十道)의 관찰사를 2주년 만에 교대시켰다. 그러니 대개 또한 자주 체직(遞職)시키는 폐단을 깊이 생각해 이렇게 오래 임명하는 법을 만든 것이다.

　하물며 지금 본조(本朝)에서는 함길도·평안도 두 도의 감사는 2주년 만에 체직하는 것으로 이미 법을 만들었는데, 그 나머지 각 도의 감사들은 모두 1주년 만에 체직하게 된다. 이렇게 한 나라에서 두 가지 법이 있는 것은 또한 옛날의 제도에 어긋나므로 실로 불편한 일이다. 그러니, 감사를 3주년 만에 체대시키는 법을 만들도록 하라"[5]

이로써 3년으로 임기를 규정하는 법이 성립한다. 이렇게 한다고 해도 이방관들을 잘 관리할 수 있는 단계에 머물게 되는 수준이지 백성들의 삶을 속속들이 알 수는 없는 노릇이다. 또한 정책을 추진하고 집행하려면 좀 더 시간이 필요한 것도 사실이다. 3년도 사실상 그렇게 긴 기간이 아니라고 할 수가 있는 것이다.

　외관(外官)은 처음에 3기법(三期法)을 시행하여 그 임기가 3년이었으나, 세종 때 6기법(六期法)을 시행하여 6년으로 시행되었다. 중앙의 관원은 1년 반이다. 1425년(세종 7) 6월 22일의 기록에서 세종은 왜

육기법을 했는지 밝힌다.

> "이는 예전의 9년과 지금의 3년의 제도에서 그 중간으로 작정
> 한 것이요, 또 30개월 될 때에 임기가 차서 서울 벼슬로 제수되어
> 옮기게 된 자로서, 만약 전곡(錢穀) 같은 관사라면 전관(前官)이 창고
> 정리를 나지지 못하고 신관이 와서 교대하기에는 그 폐단이 적지
> 않을 것이다"

세종이 9년은 너무 길다고 본 것을 알 수 있다. 9년은 사실상 10
년에 가깝기 때문에 강산이 변할 수준이다. 3년의 경우에도 너무 짧
아 6년으로 늘려야 한다고 본 것이다. 세종은 그 근거로 인수인계가
제대로 안되는 경우가 많다는 점을 지적하고 있다. 6년으로 임기가
늘어난 상황에서 반대가 없었을 수 없다. 1440년(세종 22) 3월 18일
의 기록을 보면, '수령의 6년 임기는 범장(犯贓, 빼돌림)하는 자만 많게
된다'고 고약해가 반대한 부분이 있다.

이에 세종은 동의하지 않는다.

> "수령의 범장하는 자가 또 어찌 다 3년에 범하지 아니하고 반드
> 시 육기(六期)에만 범하겠는가. 어찌하여 지난날 3년일 때에도 역
> 시 범장한 자가 있었는가."

라고 전지를 통해 반박했다. 세종은 3년 임기제일때도 관가의 재산
과 공금을 횡령이나 전용한 자가 있었기 때문에 단순히 임기를 조
금 늘린다고 하여 늘어나는 것은 아니라고 보는 것이다. 이 제도가
되려면 관리가 백성의 편에서 책임지는 행정과 정책의 제공자이어

야 한다. 세종은 이를 요구하고 있는 것이다.

　이런 인사 문제는 오늘날에도 발생한다. 순환보직제라는 것은 공무원들이 다른 부서를 돌아가면서 맡는 것이다. 한 분야에 오래 있으면 부정부패의 권력화 현상이 일어나기 때문에 주기적으로 이동시키는 것이다. 이에 대해서는 누구나 동의를 할 수가 있다. 그런데 그 임기의 기한을 어떻게 할 것인가가 문제가 된다. 너무 짧아도 안되고 너무 길어도 안 된다. 4년마다 지자체 선거를 하는 것도 이러한 맥락이라고 할 수 있다. 세종은 실제적인 업무수행 효과를 가장 먼저 생각하여 이 제도를 고쳤던 것이다. 당시 많은 관리들은 지방관으로 오래 근무하기보다는 한양 도성 안에 있기를 원했다. 오랜 임기는 그들에게 괴로운 나날이었을지 모른다. 오늘날에도 중앙정치인들은 지방에 오래 있지 못한다. 그것이 임기를 짧게 해달라는 대신들의 속내였는지도 모른다.

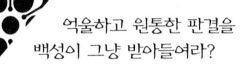

억울하고 원통한 판결을
백성이 그냥 받아들여라?

    아랫사람의 윗사람에 대한 고소 금지에 대해 논의했다. 이에 왕이 반대했다. 왕이 말했다.

    "아랫사람이 윗사람을 고소하는 것을 금하면 사람들이 억울하고 원통한 사정을 표현하고 알릴 곳이 없을 것이다. 개중에 그 자신의 박절한 사정 같은 것은 이를 받아들여 처리해 주고, 만일 관리를 고소하는 따위의 것은 듣지 않다면 어떻겠는가."

    신상(申商) · 하연(河演) 등은 대답했다.

    "성상의 하교가 진실로 옳습니다."

    그런데 허조는 달리 아뢰었다.

    "부민(部民)들의 고소를 금하는 것은 고소하는 것이 풍속을 파괴하는 까닭입니다. 만약 그 단서를 '조금이라도' 열어 놓으면 사람들이 앞을 다투어 고소하게 되고, 점차 풍속이 박하고 악하게 될 것입니다."

    이렇게 말하자 왕이 말했다.

    "억울하고 원통한 바를 풀어 주지 않는 것이 어찌 정치하는 도리가 되겠는가. 수령이 부민의 전답을 오판한 것을, 부민이 그 오판을 정소(呈訴)하고, 개정을 청구하는 것이야 어찌 고소라고만 하겠는가. 사실 자기에게 반드시 필요한 일이라 할 것이다. 만약 이를 받아들여 다스린다면 수령의 오판한 죄는 어찌 처리하겠는가. 죄의 명목이 이미 성립되었는데도 그 죄를 다스리지 않으면 사람을 징계할 수 없을 것이다. 또한 만일 그 죄를 다스린다면 이는 고소를 허용하는 것이 된다. 다시 신중히 논의하여 전날 수교(受教)의 조문을 보완하게 하라"[6]

이에 허조가 아뢰었다.

"부민(部民)의 원억(冤抑)을 호소하는 소장(訴狀)을 수리하여, 관리가 오판한 것을 처단하게 하면 존비(尊卑)의 구분을 상실할까 두렵습니다. 원컨대 전일에 소신이 헌책(獻策)한 것에 따르게 하소서."

이에 왕이 말했다.

"고금 천하(古今天下)에 어찌 약소한 백성은 원억함도 말하지 못하게 하는 일이 있을 수 있겠는가. 경의 뜻은 좋지만, 정사에서 실행하기에는 정당하지 않다."

허조가 물러가니, 왕이 안숭선에게 말했다.

"허조는 고집불통이야."

안숭선이 아뢰었다.

"정치하는 도리는 아래 백성의 심정이 위에 통하게 하는 것입니다. 『서경』에 말하기를, '필부필부(匹夫匹婦)가 그 뜻을 펴지 못하고 자진(自盡)하게 되면, 남의 임금 된 자는 함께 더불어 그 공을 이룰 사람이 없을 것이다' 고 했습니다. 천하에 어찌 원억함을 호소하는 소송을 수리하지 않는 정치가 있겠습니까."

왕이 웃으며 말했다.

"그대 말이 내 마음에 꼭 맞는다. 이제부터 수리하여 처리하게
하고, 그 소장(訴狀) 때문에 관리에게 죄주는 일이 없게 한다면 거의
두 가지가 다 원만할 것이다. 이것으로 전지(傳旨)를 내리게 하라"[7]

원억이란 원통한 누명을 써서 억울한 상태를 말한
다. 세종은 백성이 억울한 일을 당하면 이를 들어줘
야 한다고 보았다. 안숭선도 동의하여 말하고 있다. 이에 대해서 우
려스러운 주장이 있었던 것이 사실이다. 허조가 유독 백성들의 고
소에 대해서 부정적으로 말하고 있다. 이렇게 반대하는 이유는 그
가 입법했기 때문이다. 웃으면서 고집불통이라고 세종이 표현한 것
도 이 때문이다.

세종이 관할 구역의 백성이 고소함을 금한 것은 허조가 태종 때
에 건의하여 시행하여 지금까지 준용(遵用)하고 있다[8]라고 직접적으
로 말하고 있다.

허조가 반대하는 이유가 무엇일까. 허조는 이렇게 말했다.

"허조가 일찍이 아뢰기를, '상하의 구분은 엄중하게 하지 않을
수 없습니다. 만약 부민의 고소를 들어서 수령을 죄준다면, 높고
낮은 것이 질서를 잃어서 풍속이 이것으로부터 아름답지 못하게
될 것이니, 그 부민의 말을 청리(聽理)하지 말게 하소서'라고 했
다."[9]

일단 허조는 앞 다투어 고소를 하면 풍속이 박해진다고 말했다.
무엇보다 허조는 백성이 고소를 하게 되면 존비 상하가 무너진다는

말을 하고 있는 싶은 것이다. 그러나 세종이 말하는 깃은 수령이 오판을 할 수도 있기 때문에 이에 대해서 바로잡는 과정이 백성 스스로에게 필요하다는 점을 강조한다.

세종이 찬성 허조에게 말했다.

> "내가 일찍이 생각하건대, 경의 말이 매우 옳다. 그러나 자기의 억울한 바가 있는데 다 수리하지 못하게 한다면 되겠는가. 가령 수령이 백성의 노비를 빼앗아 다른 사람에게 주어도 다시 수리하지 않는 것이 가할까. 민생들이 하려는 바가 있는데 임금이 없으면 어지러워지므로 반드시 임금을 세워서 다스리게 했는데, 억울함을 호소하는 것을 받지 않으면 어찌 다스리는 체통에 해롭지 않을까."[10]

부당한 판결 혹은 착오의 판결은 언제든지 있을 수 있다. 고의든 실수든 말이다. 세종은 수령이 엉터리 판결을 해서 백성이 손해를 보는 상황이 벌어졌는데도 그것을 그냥 받아들이는 것은 맞지 않는다고 말한다. 임금의 역할도 밝히고 있다. 임금을 세우는 것은 억울함을 풀고 바로잡아야 한다고 본 것이다. 위에 있다고 하여 군림하는 존재가 아니라는 점을 말하고 있는 것이다.

허조는 세종의 이런 말에 대해 "부민의 수령에 대한 관계는 아들의 아버지에게와, 신하의 임금에 대한 것과 같아서 절대로 범할 수 없습니다. 만약 그 허물과 악함을 고소하면, 이는 신하와 아들이 임금과 아비의 허물을 들추는 것과 같습니다"라고까지 한다.

군신간의 관계가 아들과 아버지의 관계라고 하면서 백성이 관리의 판단에 대해서 재심을 요구하는 일을 반대하고 있는 것이다. 세종과는 많은 인식차이나 세계관 가치관의 차이가 있는 것이다.

그런데 이미 『속전(續典)』의 〈부민고소조(部民告訴條)〉에는, '자기의 억울한 일을 호소한 것은 소장(訴狀)을 수리하여 다시 판결한다'고 되어 있었다. 이미 있는 형률에 따르려 하는 세종이었다. 주관적으로 시행하려는 것이 아니라 근거가 다 있는 사항인 것이다. 마침내 세종이 형조에 전지한다. 그런데 여기에는 무조건 억울함을 호소하는 소장을 접수하게 했을 때 일어날 수 있는 부작용에 대한 고민도 있다.

"대체로 낮고 천한 백성이 존귀한 윗사람을 침범할 수 없는 것이라서, 부민(部民)이나 아전들이 자기 위의 관리에 대한 고소 금지는 진실로 좋은 법이며 아름다운 뜻이다. 다만 자기의 원억함을 호소하는 소장(訴狀)만은 수리해, 다시 옳고 그른 것을 가려 판결한다는 내용은 『육전(六典)』에 실려 있다.

때문에, 오판(誤判)에 관한 소장 제출은 그것을 다시 판결하기를 기다리고, 만약 오판이 있었다면 반드시 관리에게 오판한 죄를 엄중히 처벌하는 것이다. 생각하건대 만약 자기의 원억함을 호소하는 소장을 수리하지 않는다면 원억한 것을 풀 수 없어서 오히려 정치하는 도리에 방해될 것이다.

또 그 고소로 인하여 문득 오판의 죄를 처단한다면 낮은 사람이 높은 사람을 능범(陵犯)하는 듯한 악영향(惡影響)이 있어서 진실로 온당하지 않다. 지금부터는 다만 자기의 원억을 호소하는 소장은 수리하여 바른 대로 판결해 줄 뿐이다. 관리의 오판을 처벌하는 일은 없게 하여, 존비(尊卑)의 분수를 보전하게 하라. 그 밖의 아랫사람이 윗사람을 고소하는 것을 금지하는 일은 일체 『육전(六典)』

의 규정에 의거히여 시행하라."[11]

　　재심 소장을 접수하였을 때 만약 오판에 대해서 관리를 처벌해야
하지만 만약 그렇게 하면 관리들이 신청 자체를 받아들이지 않을
가능성이 많다. 자신의 오판이 드러날 것을 바라는 관리는 거의 없
을 것이기 때문이다. 그렇기 때문에 관리들의 오판이 드러나도 그
들을 처벌하지는 않도록 했다. 현대에서도 1심에서 다르게 판결을
했다고 처벌을 하지는 않는다. 　재심, 삼심을 통해서 다시 판단할
뿐이다. 이런 면에서 법을 통해서만 모든 것을 해결하려 하지 않던
세종의 가치관을 알게 된다. 또한 이것은 법령에 근거하기 때문에
주관적인 조치가 아니고 객관적이고 합리적인 문치인 것이다.

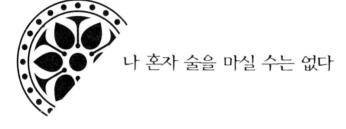

나 혼자 술을 마실 수는 없다

의정부 참찬 신개(申槪)와 예조 참의 황치신(黃致身) 등이 향온(香
醞)을 올리면서 아뢰었다.

"방금 비가 내리오니 술을 드시어 옥체를 조리(調理)하소서."

왕이 말했다.

"이제 비록 비가 내려도 흡족하지 못하니, 어찌 술을 마시겠는
가."

이에 신개 등이 다시 아뢰기를,

"오늘 내리는 비는 형세가 많이 내릴 것 같사옵니다. 전하께서
가뭄으로 인하여 감선(減膳, 예전에 나라가 어려울 때, 임금이 근신하는 뜻
에서 수라상의 음식 가짓수를 줄이다)하신 지가 여태까지 여러 날이 되
시오니, 신 등은 전하의 기력이 좋지 못하실까 걱정되옵니다."

하였다. 임금이 다시 말하기를,

"작년 가을부터 이제까지 비가 내리지 아니하여 대단히 가물었
으니, 민생이 염려로운데, 어찌 이번 비를 흡족하게 여기고 마음
놓고 술을 마시겠는가."

하고, 마침내 윤허하지 아니하였다.[12]

신개 등이 술을 마실 것을 청하나 윤허하지 않았다.

영의정 황희(黃喜)·참찬 신개(申槩) 등이 주정소(晝停所)에 나아가서 술을 드시기를 청하여 말했다.

"능소를 참배한 뒤에는 마땅히 음복(飮福)하셔야 하옵고, 또 오늘은 세속 명절이오니 술을 드시옵기 원하옵니다."

왕이 말했다.

"한재가 너무 심하고, 또 지금 지진(地震)이 있어서 재변(災變)이 거듭하는데 어찌 술을 마시고 스스로 즐거워하겠는가."

이에 황희 등이 또 아뢰었다.

"아침 일찍 일어나시고 멀리 오셔서 능소를 참배하시와, 성체(聖體)가 새벽 기운과 안개를 쏘이셨으므로, 지금 술을 드시지 않으시면 병이 나실까 염려되옵니다."

왕이 말했다.

"내가 술을 마시지 않는 것은 백성들에게 본받게 하고자 함이며, 또 재변을 두려워하는 뜻에 합당하다."

개(槩)가 울면서 굳이 청하였으나 윤허하지 아니하였다.[13]

흔히 왕이 술을 먹는다면 향락이나 여흥을 생각하기 쉽다. 그러나 많은 경우 약주로 먹었고, 세종도 이러한 용도로 술을 들었다. 여기에서 향온주는 멥쌀과 찹쌀로 빚는 약주의 일종으로 조선시대 문헌인 『고사촬요(攷事撮要)』·『음식디미방』 등에 있다. 조선시대 궁궐 내의원 양조장에서 어의들이 빚어 왕에게 올렸다는 향온주. 40도에 이르는 독주이고 해독작용이 뛰어난 것으로 알려져 있다. 의료용 술로도 많이 쓰인 이유이다.

신하들이 그러한 술을 세종에게 올렸지만 들지 않았다. 이른바 의료용 술임에도 세종은 마시지 않은 것이다. 평소에는 종종 이 술을 들었으나 재난이 들었을 때 예컨대 가뭄이 들었을 때 금주령이 내려지고 임금 스스로 술을 금했다. 술은 필요한 측면이 있다. 의학적인 관점에서 보면 이것은 복약이라고 할 수 있는데 그렇다면 재난이 들었을 때 치료용 술은 어떻게 해야 할까. 1440년(세종 22) 5월 8일의 기록을 보며 이렇게 말하고 있다.

> "을사년에 내가 가뭄을 근심하여 술을 내오지 못하게 하여 시기가 지나도록 먹지 않아서, 이 때문에 병을 얻었으므로 신하들이 나를 위하여 두려워한다."

세종이 언급한 을사년은 세종 7년, 그러니까 1425년을 말한다. 적절하게 술을 특히 향온주 등을 사용하지 않으면 몸이 병이 생긴다는 사실을 세종도 알고 있음에도 거절하고 있다. 세종의 병은 당뇨와 두통, 부종, 수전증, 이질, 안질 등이다. 허손병은 몸에 진기가 빠져 허약해지는 병인데 이 병이 아닐까 싶다. 이는 당뇨의 부작용 때문에 발생한다는 주장도 있다. 적어도 여러 질병이 있던 세종은 약으로 술을 먹어야 했고 그렇게 하지 않으면 몸 상태는 더 안좋아질 수밖에 없다.

영조의 경우에도 금주령을 재난 시기 특히 가뭄이 들 때에는 말할 것도 없이 예외를 두지 않고 금주령을 내렸다. 영조는 1756년(영조 32) 이후로 금주령을 내려 백성들이 아예 술을 빚지 못하게 했는데 탄원을 하는 유생과 신하들을 귀양을 보내기도 하고 마침내

1762년(영조 38) 9월 4일에는 위반한 사는 사형에 치히게 하는듯 극도에 달한다. 하지만 영조 스스로는 술 종류의 음료를 먹었던 것으로 알려지고 있다. 그렇기 때문에 가혹하게 금주령을 내려 백성들을 고통스럽게 하고서는 정작 본인은 술을 먹었으니 이율배반적이었다. 이런 행동은 세종에게 있을 수 없는 일이었다. 1436년(세종 18) 윤6월 7일의 기록을 보면 다음과 같이 말한다.

> "만약 내 기운이 좋지 않다면 마땅히 술을 올리게 하여 조화시켜 스스로 보양하면 되는데, 어찌 경들의 청을 기다리겠는가. 다만 지금 질병이 없는데 이 극한(極旱)을 당하여 어찌 감히 술을 올리게 하겠는가."

많은 기록에는 세종이 항상 질병에 걸려 있는 것으로 생각하지만 이 기록을 보면 항상 그런 것이 아니었음을 알 수가 있다. 어쨌든 세종은 기운을 보하고 질병 치료할 필요도 없기 때문에 술을 쓰지 않는다고 말한다.

1443년(세종 25) 7월 18일, 세종이 승정원에, 술이 곡식을 허비하는 것이 적지 아니하다라고 말한다. 가뭄이 든다는 것은 흉년이 들고 식량이 부족해질 수 있음을 말하는 것이기도 하다. 술을 빚는 것은 밥으로 들어가는 쌀 이외에 많은 양의 곡식이 필요하기 때문에 신분의 과시 수단으로 활용되기도 했다. 그렇기 때문에 식량이 나라안에 부족할 때는 이를 통제해야할 필요성을 느끼게 된다. 그 곡식으로 굶주림을 해결하는데 사용하는 것이 맞기도 한 것이다. 이렇게 식량을 아끼는 측면만이 아니라 임금에게는 또 다른 이유가 있었다.

1423년(세종 5) 5월 3일의 기록을 보면 세종은, 내가 덕이 부족한 사람으로 백성의 위에 임금이 되었으니, 가뭄의 재앙은 나를 꾸짖는 것이다. 어찌 한 몸만 위하여 술을 마실 것인가라고 하면서 자신의 덕이 부족하기 때문에 하늘이 가뭄으로 꾸짖는다고 여기고 몸을 삼가는 차원에서 술을 마시지 않는 것에 대해 다시는 말하지 말라고 한다.

1423년(세종 5) 5월 6일 술을 들기 청하는 신하에게 세종은, 술 한 잔이 비록 하늘의 뜻을 돌릴 힘은 없으나, 마음에는 실로 미안함이 있다라고도 한다. 하늘의 뜻에 임금이 오만하지 않고 겸손한 마음으로 조심하는 징표가 스스로에게 가하는 금주인 것이다.

1433년(세종 15) 10월 28일, 술에 대한 폐해와 훈계를 담은 내용의 글을 주자소에서 인쇄하여 반포했는데 여기에 술의 폐해에 대해서 지적하고 있다.

"술의 해독은 크다. 그러니 어찌 특히 곡식을 썩히고 재물을 허비하는 일뿐이겠는가. 술은 안으로 마음과 의지를 손상시키고 겉으로는 위의(威儀)를 잃게 한다. 혹은 술 때문에 부모의 봉양을 버리고, 혹은 남녀의 분별을 문란하게 한다. 그러니 해독이 크면 나라를 잃고 집을 패망하게 만든다. 해독이 적으면 성품(性稟)을 파괴시키고 생명을 상실하게 한다. 그것이 강상(綱常)을 더럽혀 문란하게 만들고 풍속을 퇴폐하게 하는 것이 이루 다 열거할 수 없다."

그렇다고 하여 세종이 술 자체를 완전히 폐하도록 말하지는 않았다. 금주령(禁酒令)을 시행하였더니 단지 탁주를 파는 자만 잡힐 뿐이다(세종 7, 1425년 4월 17일)라고 한 바도 있다. 그렇기 때문에 오히려 약한 백성들만 잡히고 재부가 있거나 권력 있는 자들 즉 청주를 먹는 자들은 잡히지 않으니 모순이 있다는 것을 인지했던 섯이나. 그리니 금주령을 실시하는 것이 백성들에게 원성을 사게 되는 것을 잘 알고 있었던 셈이다.

1433년(세종 15) 3월 23일, 이조판서 허조가 "예로부터 술로써 몸을 망치는 자가 진실로 많습니다. 술을 과하게 먹지 못하게 하는 영을 내리면 거의 목숨을 잃는 데 이르지 않을 것입니다"라고 하자 세종이 "비록 굳게 금할지라도 그치게 할 수 없을 것이다"라는 답을 한다. 금주령을 내린다고 해도 그것이 결코 성공하지 못한다는 것을 알고 있었다. 그럼에도 불구하고 금주령의 필요성을 말하는 것이다. 없애지 못한다고 해도 그것의 기준은 필요하다. 절도죄도 그렇지만 살인죄를 처벌한다고 해서 살인이 없어지지는 않는다. 이렇듯 범죄에 대한 처벌 기준이 있어야 하듯이 폐해에 대한 금지도 기준은 필요하다.

세종은 술에 대한 폐해와 훈계를 담은 내용의 글에서 술의 용도와 기능을 말하기도 했다.

> "대체로 들으니, 술을 마련하는 것은 술 마시는 것을 숭상하기 위한 것은 아니고, 신명(神明)을 받들고 빈객(賓客)을 대접하며, 나이 많은 이를 부양하기 위한 것이다."

아울러 의학적인 목적이 있고 제례와 같은 용도도 있을 것이다.

세종이 복약을 위해서는 술을 쓰라고 허용하는 대목이 보인다.

1424년(세종 6) 2월 4일 "복약할 때에는 술을 사용하라"라고 했다. 1443년(세종 25) 7월 18일에는 "만약 병으로 인하여 복약 할 때에는 이를 쓰게 하되, 이 밖에는 비록 겨울이라도 술을 올리는 것을 허락하지 않고, 궐내(闕內)에서 술을 쓰는 것은 다 정지하고 끊을 것이다"
라고 했다. 이른바 제한적 금주령을 내린 것인데 이 금주령을 어기
는 것은 당연히 처벌의 대상이 된다. 1433년(세종 15) 4월 15일, 사헌
부에 전지하며 알렸다.

> "금년 6월 20일부터 금주를 시작하되, 그 중에 취하도록 마시지
> 아니한 자와, 약을 먹기 때문에 부득이 술을 마시는 자에게는 정
> 상의 경중을 참작하여 벌을 감하고, 정상이 아주 가벼운 것과 사
> 정이 딱한 자는 죄주지 말라."

술을 한잔 먹었다고 해서 무조건 처벌을 강하게 하는 것은 아니
었고 특정 목적에 따라 예외를 주고 처벌을 달리하였다. 1449년(세종
31) 2월 13일에는 구체적으로 벌을 말하기도 하는데 태형(笞刑) 3,40
대나, 혹 1,20대에 처하고, 가장 가벼운 것은 논하지 말게 하였다라
고 명했다. 여기에서도 너무 엄하게 법을 적용하는 것에 대해서 경
계를 내리고 있어 세종답다고 할 수 있다.

그렇다면 세종은 술에 대해 나라 안에서 어떤 상황을 바란 것일
까. 술에 대한 폐해와 훈계를 담은 내용의 글에서 세종은 이렇게 말
했다.

> "그대들, 중앙과 지방의 대소신민(大小臣民)들은 나의 간절한 생
> 각을 본받고 과거 사람들의 실패를 봐서 오늘의 권면과 징계를 삼
> 으라. 술 마시기를 즐기느라고 일을 폐(廢)하는 일이 없을 것이며,
> 술을 과음하여 몸에 병이 들게 하지 말라. 각각 너의 의용(儀容)을
> 조심하며 술을 상음(常飮) 말라는 훈계를 준수해 굳게 술을 절제한

다면, 거의 풍습을 변경시키기에 이를 것이다."

　세종은 술 때문에 개인은 물론 많은 나라가 망했다는 점을 든다. 술을 과음하지 말고 항시 마심으로 인해 건강을 해치거나 일을 망치는 일도 없어야 한다고 말한다. 당시 술을 너무 많이 지나치게 마시는 풍습이 있었기 때문에 아예 풍습 자체를 바꾸어야 한다고 말할 정도인 것이다. 이를 위해서 필요한 때만 음용을 하는 등의 술을 절제하는 행동을 해야 한다고 생각한 세종은 스스로 그것을 실천하는 모범을 보였다. 술은 여유있는 자들만이 마실 수 있는 음식이었다. 그렇기 때문에 부자나 사대부들의 전유물이 되었다.

　더구나 단지 즐거움을 넘어 의례나 복약도 마찬가지였다. 어려운 식량 상황일 때는 더욱 사치 나아가 과시 품목이었다. 우리나라가 술에 대해서 관대한 것도 이 때문이다. 술 때문에 벌어지는 일을 해결하려 한다면 결국 위에서부터 모범을 보여야 한다. 세종은 이러한 점을 잘 알고 있었다. 술에 대해서 금지를 하고 어려운 이들만 징벌을 내린다면 문제는 해결이 안될 것이다. 또한 무조건 금지하는 것이나 극단적인 처벌만이 능사도 아니라는 것을 세종은 견지하고자 했다. 그렇기 때문에 술에 대해서 문치를 통해 교화하면서 현실에 적절하게 적용하여 그 음주풍습 나아가 음주문화를 바꾸려고 노력을 했다.

약한 백성만 죄를 얻게 될까 염려된다

밤 늦도록 술 마시는 폐풍을 규찰하게 했다. 정사를 보면서 **정연**(鄭淵)에게 일렀다.

"내가 어제 밤에 경회루(慶會樓)에 나가서 못 가를 오갔는데, 풍악소리와 노랫소리가 밤새도록 그치지 않았다. 요사이 밤에 술 마시기를 좋아하는 것을 알 수 있다. 어찌하여 사헌부에서는 금지하지 않는가. 내가 깊은 궁중에서도 오히려 이 소리를 들었는데, 그대들은 몰랐다고 말할까. 내가 연사가 흉년이기에 자주 연회를 하지 않았는데, 근일에 효령대군(孝寧大君)이 족친을 모아 연회를 열기에, 내가 술을 보내 주었다. 또한 공신들이 이원(李原)이 사행(使行)에서 돌아온 것을 위로하기 때문에 내 술을 보냈다. 비록 내가 이러한 일을 해도, 그대들은 직책이 규찰(糾察)하는 일이니 마땅히 내게 그 까닭을 물어야 했을 것이다. 전조(前朝)의 말기(末期)에 밤에 술 마시기를 좋아하여 그 폐풍이 극도에 이르렀다. 사헌부에서는 유의(留意)하라."

이에 정연이 대답했다.

"평민의 집은 쉽게 수색 체포할 수 있으나, 조관(朝官)들의 집은 집안이 깊숙하고 지키는 것이 강고(強固)해 법을 집행하는 관리도 들어갈 수 없습니다. 또 낮이면 법리(法吏)로 살피게 할 수 있으나, 밤은 순찰하는 관리의 직책이기에 사헌부에서 감찰할 수 없습니다."

이 말을 듣고 임금이 말했다.

"나도 본래부터 탁주(濁酒)를 마시는 자는 붙잡히고, 청주(淸酒)를 마시는 자는 잡히지 않는다는 것을 알고 있다. 그러나 밤에 술 마시는 폐해는 적지 않으니 사헌부에서는 유의하라."[14]

 똑같은 금주를 명령하고 시행해도 현실은 생각과 다르다는 점을 세종은 익히 알고 있었다. 탁주를 마시는 자는 잡히고 청주를 마시는 자는 잡히지 않는다는 말에서 단적으로 짐작할 수 있다. 세종은 음주에서도 사대부와 왕족 등 상류층들이 모범을 보여야 한다는 점을 강조하

정연 | 鄭淵(1389~1444)

조선의 문신. 1405년(태종 5) 생원시에 합격하고, 음보(蔭補)로 지평에 재직 중 당시 수상(首相)이던 하륜(河崙)을 탄핵한 일로 순금사(巡禁司)에 내려져 국문을 받았으나 속죄되어 풀려났다. 도관(都官)·정랑을 거쳐 종부시소윤(宗簿寺少尹)에 올랐다. 1420년(세종 2) 다시 장령이 되었을 때 상왕(上王)이 철원에 가려는 것을 간하다가 진산에 유배되었다. 1424년 다시 장령이 되고, 이어 선공감정·집의·동부대언, 형조·이조·병조의 참판을 지냈다. 1430년 천추사로 명나라에 다녀와 인순부윤(仁順府尹)·중추원사, 형조·병조의 판서를 지냈으며, 1442년 사은 겸 주문사(謝恩兼奏聞使)로 다시 명나라에 다녀왔다. 항상 사복시(司僕寺) 제조(提調)가 되어 오랫동안 마정(馬政)을 맡았는데, 조치(措置)하는 것이 세밀하고 충실하였다. 병이 위독하게 되니, 임금이 내의(內醫)를 보내어 치료하게 하고 의약과 문병이 끊이지 않았다. 이때에 이르러 졸하니 나이가 56세이다. 부음이 들리니 조회를 그치고 치조(致弔)와 치부(致賻)하였다. [*]

고 있다. 세종이 술을 보낸 것이 왕의 명령이라 하여 사헌부가 제할 일을 하지 않으면 안 된다고 말한다. 사헌부는 현실적인 어려움을 말하고 있다. 두 가지인데 하나는 사대부나 관리들 집은 들어가지 못하게 하고 버티면 달리 방법이 없다는 것이고 밤에 주로 술을 마시는 경우 통제 관할 업무가 다르다는 점을 말하고 있다. 물론 밤에 술을 마신다는 사실을 보고하고 상언할 수 있을 것이다. 세종은 형식적으로 예의와 정리의 관계 상 술을 지급하는 경우가 있다 해도 이에 대해서는 항상 견제가 필요하다는 관점인 것이다.

세종은 청주 마시는 자 즉 사대부와 권력층은 걸리지 않고 힘없는 백성이 규찰에 걸리는 현상에 대해서 자주 언급했다. 1420년(세종 2) 윤1월 23일 임지신사(知申事) 원숙(元肅)에게 술을 금지하는 경우에 대해 말하다가 명하여 말하는데 "술을 금지할 적마다 청주를 마신 자로는 죄에 걸린 적이 없고, 탁주를 마시거나, 혹은 사고 판 자는 도리어 죄에 걸리니, 사정이 딱하다"라고 했다. 세종은 술이 백성들에게 어떤 의미일까 생각하고 있었다. 백성들에게 휴식과 함께 술이 필요하다고 생각하고 있었다. 그것은 공자도 강조한 내용이기 때문에 근거에 부합했다. 그런데 현실은 좀 다르기 때문에 이에 분별하여 적용할 필요가 있다고 본 것이다. 이에 대한 구체적인 언급은 상정소에 전지한 내용에 들어 있다.

"백성이 오랫동안 노고하고 휴식하지 않으면 그 힘이 피곤하게 되고, 오랫동안 휴식하고 노고하지 않으면 그 뜻이 음탕하게 되니, 백성은 반드시 때로는 노고하다가 때로는 휴식해야 되는 것이다. 지금 이를 생각해 보면, 이때에는 곡식이 풍년이 들고 백성의 생활이 넉넉했기에 농민의 술 마시는 즐거움을 성인(공자)이 말하기를, '한번 늦추는 도리에 합한다'고 했던 것이나. 지금은 해마다 풍년이 들지 않아 백성의 생계가 고생이 되므로, 온갖 방법으로 진휼(賑恤)하여 겨우 능히 죽음을 면하게 되는 상황이다.

그런데 어리석은 백성이 추수기를 당하여 벼가 겨우 익자마자 뒷날은 생각하지 않고 곡식을 다 소모하여 술을 만들어 무리지어 마셔서 남는 양식이 떨어지고 다음해 봄에 이르러서는 굶주리게 되는 폐단이 또한 다시 전과 같다. 그래서 국가에 근심을 끼치게 되니, 그것이 공자의 때와 같지 않음이 명백하다. 그런 까닭에 경중과 외방에 술을 금하는 영을 만들어 상시로 고찰하도록 하였다. 그러나, 세력이 있고 교활한 무리들은 농사에 힘쓰지 아니하고 술과 안주를 많이 준비하여 보통으로 떼 지어 마시는 사람들은 교묘히 법망(法網)을 피하여 징계를 당하지 않는다. 그런데 시골 구석의 빈약한 백성들은 봄에 밭 갈고 여름에 김매어 몸에 땀이 배고 발에 흙이 묻어 한 해 동안 고생하다가, 다행히 한가한 날을 만나 겨우 맛없는 술과 푸성귀의 안주를 마련해서 그 노고를 풀려고 하는 사람은 도리어 죄고(罪辜)에 걸려서 잡혀 와 매를 맞게 된다. 이러니 내가 차마 보지 못할 일이다.

지금 사헌부에서 아뢴 것을 따른다면 세력이 강한 사람은 구차히 죄를 면하고 빈약한 사람은 죄를 얻게 될까 염려되니, 전에 말한 바와 같이 민간(民間)이 소요(騷擾)하여 이익이 없고 오히려 해됨이 많다. 이제 세력이 있는 사람이 술에 빠져 방종하지 못하도록 하고, 빈약한 사람이 죄고에 걸리지 않도록 해서, 이미 곡식을 허비해서 양식이 모자라는 괴로움이 없게 해야 하고, 또한 노고하고 안일함이 적당하게 되는 도리에 맞게 하고자 한다. 헤아려 결정하여 아뢰라."[15]

백성들이 노동을 하고 쉬어주지 않으면 잘못된 방향으로 일탈을 할 수도 있고 다음 노동을 할 수 없는 부분이 있다. 국가 경영을 하는 이들에게도 별로 좋지 않은 일이다. 여기에 술이 쓰이는 것은 합당하다고 생각한 세종은 한 여름 내내 더위와 싸우면서 힘들게 일한 농민이 노고를 좀 풀어 보는 것은 필요한 일이라고 보는 것이다. 다만, 풍년은 아니어도 곡식이 여유가 있을 때는 그 같은 술이 장려되어야 하고 그렇지 않을 때는 절제가 필요하다고 본다. 무조건 조선의 현실에서 술을 허용하게 되면 내년 양식을 생각하지 않고 술을 만들어 먹으니 식량난이 가중된다. 당연히 이는 국가 전체에 걸쳐 문제가 될 수 있기 때문에 금주령을 내리게 되는데 그렇게 되면 노동 뒤에 잠시 쉴 때 필요한 술에 규제가 가해진다. 더구나 농사에 힘쓰지 않고 술을 마음대로 먹는 이들은 규찰에 걸리지 않고 오히려 농사에 힘써 술이 필요한 이들은 죄를 받게 이른다. 곡식을 생산하는 이들은 오히려 그 혜택을 누리지 못하고 통제의 대상만 되고, 곡식을 생산하지 않으면서 술을 많이 먹는 이들은 규찰의 대상이 되지 못한다. 그렇게 된 이유는 그들이 강한 자이고 백성들이 약한 자이기 때문이다. 그렇기 때문에 세종은 강한 자들만이 피해가는 현실에서 금주령의 모순을 잘 파악하고 있었던 것이다.

세종은 술이 나쁘다는 것은 알지만 무조건 금지하지 않는데 세종 2년에 이렇게 말한다. "지금부터 술을 금하는 기간이라도 무릇 부모 형제에 대하여 환영이나 전송을 하든지, 혹 늙고 병든 사람이 약을 마신다든지, 이를 위하여 사고 파는 자는 금하지 말게 하자. 하지만 놀기 위해 술을 마시는 자와 다른 사람을 맞이하거나, 전송하느라고 마시거나, 사고 파는 자는 일체로 금지함이 어떠할까. 이에 대해 의정부와 육조와 대간이 의논하여 아뢰라." 이 같은 밀을 들온 대신들이 모두 "임금의 말씀이 매우 옳습니다"라고 했다. 가족 안에서 꼭 필요한 예례에 필요한 술이나 몸을 치료하기 위해서는 술을 사용하도록 하는 것이다. 그러나 불필요한 형식에는 사용하지 말도록 금지하자고 한다. 일종의 술을 사용하는데 예외적인 특례를 규정한 것이라 볼 수 있다. 그런데 이에 대해서도 문제가 생길 수 있기 때문에 문제제기가 답지했다. 대사헌 조치(曹治) 등이 다음과 같이 상소했다.

"술을 쓰는 길은 하나이니 법도 있게 마시면 복을 받고, 법도 없이 마시면 화(禍)를 받습니다. 이에 옛 제왕이 주고(酒誥, 『서경(書經)』 편명)를 지어 제후(諸侯)에게 고(誥)하여 훈계했습니다. 또한 정사를 다스리는 신하에 이르러도 술을 삼가고 경계하여, '오직 대사(大祀)에만 쓸 따름이요, 그 취하고 주정하게 하려는 것이 아니다'고 했습니다. 전하께옵서는 세민(細民)들이 조금만 마셔도 곧 죄책(罪責)을 받는 것을 가엾게 여기시어, 다만 그 영접하거나 전송할 때의 회음(會飮)하는 것만을 금지하도록 하셨습니다.

하지만 무식한 무리들이 성상의 가엾게 여기시는 뜻을 온전히 받지 않고 혹은 족친(族親)끼리 모여서 혹은 귀신에게 제사하느라 여러 세민 남녀들이 비밀히 서로 모여 마십니다. 그러니 그 술과 안주 등의 준비가 잔치로 마시는 때보다 갑절이나 더하고, 취한 뒤에는 서로 다투고 때리고 힐난하여 혹은 사람이 상하기까지 합니다. 다만 저 세민들만이 그럴 뿐 아니옵고, 사대부나 또는 정무를 다스리는 신하들까지도 역시 많이들 마십니다. 청컨대 3월 10일부터 비롯하여 대소 제향(祭享)과 각전(各殿)의 공상(供上)과 명나라의 사신·인국(隣國)의 객인(客人)을 위로하는 연회를 제외하고는 서울이나 지방의 공사간의 술 쓰는 것을 일절 금단하시와 헛된 소비를 덜게 하고, 예속(禮俗)을 이루게 하소서."[16]

대사헌 조치의 견해는 궁궐 내외의 큰 공식적 행사에서 쓰이는 예를 위한 술 외에는 일절 술을 금지하자는 제언이다. 가난하고 힘없는 백성들이 죄를 더 많이 받는 현실에서 그들의 사정을 좀 봐주는 것이 문제가 있으니 이를 파고들어 더 많은 문제가 발생하지 못하도록 더욱 강력한 금주정책이 필요하다는 점을 지적하고 있는 것이다. 무엇보다 족친들과 먹거나 귀신에게 제사를 지내고 술을 먹는 것을 말한다. 더구나 술을 단지 많이 마시는 것이 아니라 이 때문에 싸우게 되고 서로 상하고 심지어 목숨까지 위태롭게 된다고 보았다. 이에 대해서 세종은 이렇게 말했다.

"술을 금지하는 일은 그 규찰(糾察)을 상밀하게 하지 못하여 왕왕 빈궁한 자가 우연히 탁주를 마시다가 붙잡히는 수가 있고, 호강하고 부유한 자는 날마다 마셔도 감히 누가 뭐라 말하지 못한다. 그러므로 매우 고르지 못하므로 금하지 않는 것이 옳겠다."

세종의 태도는 확고했다. 금주령을 확실하게 할수록 힘 있는 자, 부유한 이들, 권세가 있는 이들은 마음대로 술을 마시는데도 규찰의 대상이 되지 못하고 힘없는 백성들만 죄를 받는 일이 불을 보듯 빤하기 때문에 금주령을 전면적으로 시행할 수 없다고 말한다. 물론 세종은 계속 술의 위험성을 경고하고 있다. 여전히 술 때문에 벌어지는 일은 규찰하지 못한 탓이지 금주령을 강하게 하지 못했기 때문이 아닌 셈이다. 무엇보다 세종이 중요하게 생각한 것은 그 준거점이라고 할 수 있다. 법규가 만들어지고 시행하게 될 때 우선시되는 것은 민생의 삶이다. 그런데 여기에서 생각해야할 것은 술 자체가 아니다. 세종이 왜 술을 백성들에게 필요하다고 봤는가 하는 점이다. 그것은 노동과 휴식의 관점이기 때문이다. 이는 공자와 자공의 고사에서 유래한 것이다. 앞서 상정소에 전지한 내용에는 이런 대목이 있었는데 이를 보면서 다시금 살펴 보자.

> "옛날에 자공(子貢)이 사제(蜡祭, 세말(歲末)에 뭇 신에게 올리는 제사)를 구경 갔다 왔는데 공자(孔子)가 말했다. '사(賜, 자공)야, 즐거우냐.' 이에 사가 대답했다. '온 나라 사람이 모두 미친 것 같은데, 저는 그 즐거움을 알지 못하겠습니다.' 이에 공자가 말했다. '백 날의 사제(蜡祭)가 하루의 은택(恩澤)이 아닌 것은 네가 아는 것이다. 당겼다가 늦추지 않는 것은 문왕과 무왕도 능히 할 수 없었으며, 늦추었다가 당기지 않은 것은 문왕과 무왕도 능히 하지 못했다. 그러니 한번 당겼다가 한번 늦추는 것이 문왕·무왕의 도(道)이다.' 이를 해석하는 사람이 말했다. '공자의 말씀은 백 일 동안 노고하여 이 사제가 있는데, 농민이 한 해 동안 부지런히 노동한 것을 지금 겨우 그들에게 하루 동안 술 마시는 즐거움을 갖도록 하는 것이 곧 임금의 은택이기에 너의 알 바가 아니다.'[17]

이는 본래 『공자가어(孔子家語)』에 있는 내용으로, 논어에 빠진 내용들이 들어 있는 책으로 위(魏, 220~265)나라 왕숙이 편집한 것이 오늘날 전하는 책이다. 사제는 연말에 올리는 제사라고 할 수 있는데 어떻게 보면 마지막 잔치 같은 행사라고 할 수 있다. 1년에 하루 정도 흥겨운 분위기를 만들어서 1년의 노고를 푸는 행사에 해당할 것이다. 자공은 이에 대해서 세상 사람들은 즐거워 미칠 지경이라 하는데 자신은 즐거운지 모른다고 한다. 공자는 의미를 잘 알지 못하는 사제에게 일깨워주는 것이다.

『공자가어』 본문에는 공자가 자공에게 "백일동안의 수고와 하루의 즐거움 그리고 하루의 혜택에 대해 너는 알지 못하는 구나"(百日之勞 一日之樂, 一日之澤 非爾所知也)라고 했다. 자공이 백일 동안 노동을 하고 하루는 즐거움 혹은 휴식을 갖는 것의 가치와 의미를 잘 알지 못한다는 것이다. 공자는 문왕과 무왕의 이야기를 하면서 한번 당기고 한번 풀어주는 것은 군자 그리고 제왕의 도(道)라고 말하고 있는 것이다. 무조건 긴장하고 일만 하게 하거나 무조건 풀어주고 느슨하게 하는 것이 아니라 그것을 적절하게 교차적으로 구사하는 것이 군주요 제왕의 역할이라고 말하고 있는 것이다. 그런 면에서 세종이 어떤 생각을 갖고 술에 대해서 완전한 금주령을 내리지 않았는지 어렵지 않게 이해할 수 있다.

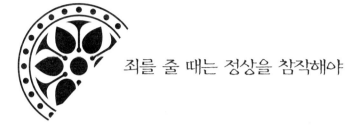

죄를 줄 때는 정상을 참작해야

상참을 받고 정사를 보았다. 형조에서 아뢰었다.

"망오적(亡吾赤)이 그의 아내가 간부(奸夫)와 더불어 서로 희롱하는 것을 보고 칼로 상해를 입혀 죽게 했습니다. 청컨대, 구타 살인의 죄로 논고하게 하소서."

임금이 말했다.

"부부의 은의(恩義)는 더할 수 없이 중한 것이다. 지금 망오적이 만약 이유 없이 쳐서 죽였다면 이런 죄명으로 처벌하는 것이 마땅하였다. 그러나 그의 아내가 이미 아내의 도리를 잃었으니 마땅히 죄를 주어야 할 것이다. 그렇다면, 망오적의 죄를 단순히 구타 살인죄로 처리하는 것은 과중하지 않은가."

형조 판서 정흠지(鄭欽之)가 대답했다.

"정상으로는 용서할 만합니다. 그러나 간음 현장에서 살해한 것이 아니기에 이렇게 결정한 것입니다."

임금이 말했다.

"법은 비록 이러하지만 정상을 참작하여 감형하는 것이 좋겠다. 마땅히 죄를 몇 등 감경(減輕)하는 것이 좋을지 장차 경 등의 의논을 들어서 정하겠다."

우승범·유맹문·박신생·허성(許誠)·이명덕(李明德)·허조 등은 아뢰었다

"자기의 아내가 행실이 나쁘면 마땅히 버려야 하는 것입니다. 그렇기에 망오적이 사형에까지 이를 수는 없습니다. 그러나, 정상을 참작하여 죄의 등수를 감경한다면 그것으로 족합니다."

정흠지·유사눌(柳思訥)·노한(盧閈) 등이 아뢰었다.

"그 아내의 행위가 몹시 나빠서 현장에서 붙잡아 가지고 죽였다면 본래부터 당연히 불문(不問)에 붙일 것이지만, 일이 벌어진 곳이 아닌 데서 붙잡아서 살해하였으니 죄를 2등 감해 주는 것이 좋겠습니다."

노한 등의 논의에 따랐다.

여기에서 망오적이 자신의 아내를 간통했다는 이유만으로 살해를 한 것은 죄가 없을 수 없다. 아무리 간통을 했어도 사람을 죽이면 살인죄이다. 다만 살인죄에 해당하면 참형을 당하게 되는데 참형에 처하게 하는 것은 과중하다는 지적들이다. 일단 아내가 간통을 했던 점을 참작해야 한다는 것이다. 참조해야 할 것은 현장이 아니라 다른 곳에서 해쳤기 때문에 죄를 감하는 정도를 덜하게 했다. 당연히 잘못이 있더라도 아내를 살해하면 곤란하다. 중요한 것은 죄를 저지를 수밖에 없는 당시의 상황과 이유이다. 죄를 줄 때 의도도 중요하게 헤아려야 한다는 것이 세종의 생각이기도 했다.

영암군 혈주에서 아뢰었다.

"영암군(靈巖郡)의 죄수 황막동(黃莫同)이 덕중(德重)을 구타해 죽였으니, 형률에 의거하면 교형(絞刑)에 해당됩니다."

임금이 말했다.

"막동이 처음부터 죽이는 데 마음이 있어 구타한 것이 아니고, 또 다만 막동이뿐만 아니라 다른 사람도 또한 다투어 구타했으니, 마땅히 가장 가벼운 죄에 처해야 될 것이다."[18]

사람을 때려죽이면 교형 즉 교수형에 해당한다. 그런데 처음에 그 의도가 때려죽이는 데 있지 않았다. 더구나 그 죽은 사람, 덕중도 같이 싸움을 벌였다. 당연히 점점 싸움은 격해질 수밖에 없는 것이다. 따라서 세종은 황막동에게 일반적인 죄의 적용은 곤란하다는 입장인 것이다. 고문하여 때리고 감금한 자에게는 모두 장(杖) 80을, 상처가 중해 몸 안에 손상하여 죽는 데에 이르게 한 자는 교형에 처한다고 했다. 〈대명률(大明律)〉의 투구(鬪毆) 및 고살인(故殺人) 조항에 이르기를, '무릇 투구 살인자(鬪毆殺人者)는 수족으로 때려 죽였거나, 타물(他物)인 금인(金刃)으로 죽였거나를 불문하고 함께 교형에 처하고, 고살자(故殺者)는 참형(斬刑)에 처한다'고 되어 있다.

이에 대해서 세종은 달리 판단한다. 세종은 "비록 싸움 때문이라 하더라도 칼을 써서 사람을 죽인 자는 곧 사람을 죽일 마음이 있었던 것이고, 수족으로서 때려죽인 자는 처음부터 사람을 죽일 뜻이 없었던 것인데, 함께 교형에 처함은 매우 합당하지 못한 것이다"[19] 라고 한다. 보통 중국의 법이 칼을 써서 사람을 해하거나 손이나 발로 사람을 해하거나 모두 똑같이 죄를 적용하는 것에 대해서 문제 제기를 하는 것이다. 그렇게 똑같이 하는 것은 결과에 대해서 더 집중하기 때문이다. 즉 사람이 죽은 것은 모두 같기 때문이다.

그런데 그 과정을 따진다면 같을 수가 없다. 최소한 손과 발로 때려서 사람을 죽인다는 것은 거의 생각할 수가 없기 때문이다. 하지만 칼과 같은 흉기를 사용하는 것은 이미 그 사람의 목숨을 앗을 의도를 가지고 있다고 보는 것이 상식에 부합할 것이다. 이는 세종이 보기에 관리들이 투살(鬪殺)과 고살(故殺)을 가리지 못하는 것이고 이에 분별없이 임의로 처단하니, 경중(輕重)이 맞지 않는다고 본 것이다. 여기에서 투살은 서로 다투다가 상황에 따라 살인으로 이뤄진 경우이고 고살은 처음부터 죽일 의도를 갖고 해한 것과 구분이 되지 않는 것이다. 이는 사면을 할 때도 구분을 할 수가 없게 되어 버리는 결과에 이르러 문제를 또 다르게 낳는다. 그렇다면 싸우다가 병기를 사용한 경우는 어떨까. 이를 거꾸로 적용을 하여 세종은 병기를 사용해 살인한 자는 본래는 싸움을 한 것이라도 사실은 병기를 사용해 살인한 것이어서, 고살과 같아 역시 참형죄라고 본다. 이렇게 살인 사건만이 아니라 다른 죄에도 생각해볼 점이 있을 것이다. 또 하나의 사례를 보면 다음과 같다.

임금이 김종서에게 김용길·김을부·매읍금 등의 죄상을 물었다.

임금이 좌대언 김종서에게 우선 일렀다.

의금부에서 국문하는 김용길(金龍吉)·김을부(金乙夫)·매읍금(每邑金) 등의 죄상이 어떠하냐."

김종서가 대답했다.

"용길·을부 등이 이르기를, '일찍이 밭을 갈러 가다가 문득 솥·가마 따위의 물건이 숲 속에 있는 것을 보고 기뻐서 가지고 왔다'고 했습니다. 그런데 그 뒤에 이정장(里正長)이 알고 관가에 고발했습니다. 이에 관가에서 그 물건들을 가지고 경내 사람들에 두루 돌려 보이게 했더니, 중 해옥(海玉)이 말하기를, '전일에 초막의 명화적(明火賊)이 가지고 가던 장물이라'했습니다. 관가에서 곧 용길·을부 등을 가두고 추국했는데 그 실정을 얻지 못했습니다. 이에 신이 의금부 제조와 같이 이 사람들을 국문했는데 아직도 그 실정을 얻지 못했습니다. 용길 등은 다만 '밭 갈 때에 우연히 이 물건을 얻었다'고 말했는데 이를 보면, 애초부터 도둑질한 것은 아니고, 그 이정(里正)이 진술한 말도 아직 명백하지 못합니다."

임금이 말했다.

"용길 등이 얻은 물건이 바로 초막의 도둑들이 가지고 가던 장물이라면 도둑과 비슷하다고 하겠지만 세상 이치에는 한이 없는 것이다. 도둑이 만일 이 물건을 가지고 가다가 숲 속에 버린 것을 용길이 우연히 얻었다면, 이를 명화적으로 인정하여 극형에 처하는 것은 불가하지 않겠는가. 내가 이와 같은 것을 염려해 이미 '죄가 의심되면 오직 가볍게 벌하라'라는 휼형(恤刑)의 교서(敎書)를 반포한 바가 있다. 만일 장(杖)으로 때려 심문하여 증거를 잡으려 하지만, 오히려 그 실정을 얻지 못하면 죄를 주지 않는 것이 오히려 나을 것이다."[20]

도둑 맞은 물건을 소유하고 있는 사람을 의심하는 것은 당연할 것이다. 하지만 그 물건을 가지고 있다고 하여 반드시 그 물건을 훔친 절도범이라고 할 수는 없다. 물론 본인이 부정을 한다고 해서 무조건 무죄라고 할 수도 없다. 그렇다면 정황을 잘 살펴야 한다. 그 주변 사람의 증언을 잘 살펴야 하는 것도 이 때문이다. 그런 상황과 증언들을 종합적으로 판단하여 죄가 있는지 없는지를 판단해야 하는 것이다.

하지만 당시 많은 경우에는 무조건 소유하고 있는 이들에게 죄를 씌우고 고문을 하여 자백을 받아내는 경우가 많았다는 점이다. 이렇게 되어도 되돌릴 수 있는 방법이 거의 없다는 것이 문제라고 할 수 있다. 더구나 이렇게 치도곤을 당하는 이들이 힘이 없는 백성들이리는 점이다. 권력 있는 자들이 한쪽으로 몰아가거나 덮어씌우게 되면 꼼짝없이 죄가 있는 것으로 당하게 되는 것이다. 당시에는 억울한 죄를 받아도 이를 다시 뒤집거나 심지어 그것을 재청할 수 있는 수단도 마땅하지 않은 상태이다. 글자를 모르는 백성이라면 더욱 그러하다. 그렇기 때문에 조사를 할 때부터 신중하게 접근해야 한다고 세종은 보고 있는 것이다. 도둑질을 평소에 하지도 않은 자가 갑자기 도둑질을 하는 것도 맞지 않을 수 있다.

죄를 객관적 · 합리적 체계에 맞게 주는 것은 필요하다. 그러려면 법조문에만 따라 판결을 내리는 것을 넘어서서 그 같은 죄를 저지르게 된 과정에 집중하는 것이 중요하다. 애초에 마음부터 죄를 얼마나 중하게 마음먹고 있는지도 중요하다고 세종은 판단한 것이다. 이른 바 정상참작이다. 피해를 당한 사람의 행실이나 죄 여부 그리고 피의자가 의도와 비(非)의도에 따른 죄를 지었는지를 판단하는 것이 중요하다. 여기에 정황을 통해서 범죄를 과연 저질렀는지를 종합적으로 조사 판단하는 접근도 매우 필요한 원칙에 해당하는 것이다. 세종 시기에도 이런 것을 법 적용에서 중요하게 고려하자고 했는데 인권을 중시하는 오늘날에는 더 말할 것이 없겠다.

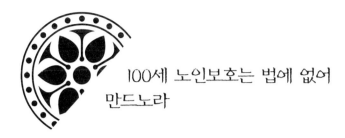

100세 노인보호는 법에 없어 만드노라

승정원에서 아뢰기를,

"노인으로서 천한 자는 양로연(養老宴)에 나오지 말게 하소서."

이 말을 듣고 왕이 반대했다.

"양로하는 까닭은 그 늙은이를 귀하게 여기는 것이고, 그 높고 낮음을 헤아리는 것이 아니다. 그러므로 비록 지천(至賤)한 사람이라도 모두 들어와서 참예하게 하라. 다만, 그 장죄(贓罪)를 범하여 죄를 입어 자자(刺字)한 자는 참예하지 못하게 하라."

왕은 평소 나이든 이들을 각별히 생각했는데 백세 이상 된 노인에게 해마다 쌀 10석을 지급하고 매월 술·고기를 보내주고 수효를 파악케 했다. 이에 관한 교지는 다음과 같이 적었다.

"백세가 된 노인은 세상에 드물게 있는 바로서, 의당 먼저 불쌍히 여겨 보호해야 할 것이다. 그 완전 보호할 조건을 일찍이 교지한 바 있으나, 인애(仁愛)로 기르는 도리를 다하지 못하였으니, 이

제부터 해마다 쌀 10석을 지급하고, 매월 술과 고기를 보내 주고
는 월말마다 그 수효를 기록하여 보고하라."

이에 앞서 판중추원사 허조가 아뢰었다.

"현 악학 별좌(樂學別坐) 정양(鄭穰)의 할머니가 나이 1백 3세이오
니, 위로와 안정의 길을 가하여 늙은이를 존경하는 뜻을 보이시기
를 청하옵니다."

왕이 말하였다.

"7, 80노인을 위로 구제하라는 것이 이미 법령에 명시되어 있
다. 다만, 다만 백세를 지난 자가 있으리라고는 사료되지 않아서
따로 법을 세우지 않았노라."

드디어 의정부와 의논하고 이와 같은 교지가 있게 된 것이다.[21]

백성 최가물에게 핫옷을 주어 집으로 돌려보내고, 수령을 시켜
보호·구휼하게 했다. 황해도 재령군(載寧郡)에 사는 백성 최가물
(崔加勿)이 나이 85세인데, 아내는 이미 죽고 또 아들이나 딸도 서
울에 와서 길에서 걸식하고 지냈다. 그러므로 임금이 듣고 핫옷을
주고 역말 관청의 업무에 쓰는 말로써 그 집으로 돌려보내고, 그
고을 수령을 시켜서 항상 보호하고 구휼하여 그 여생을 편히 하여
주게 했다.[22]

세종은 나이든 이들에 대해서 평소에 관심이 많았
는데 그 신분 차에 구분을 두지 않았다. 우선 세종이
노인들을 대상으로 한 양로회를 연 것은 1432년이었다. 1433년에
도 열었는데 2품 이상 원로대신부터 천인에 이르기까지 65인으로

모두 합세 1백 55인이었다. 애초에 천춘 노인은 배계하자는 신히들의 제언이 있었지만 세종은 이를 거부했다. 노인을 대하며 천하고 높고의 차이를 없앴다. 세종에게 노인의 계층은 의미가 없었다.

세종 15년 윤8월 3일의 일이었는데 이날의 기록을 보면 '임금이 근정전에 나아가 양로연을 베푸는데 여러 노인에게 명하여 절하지 말라' 했다고 한다. 88세의 이귀령(李龜齡)은 이렇게 말했다.

> "신의 나이 88세이옵니다. 역대의 임금으로 오늘같이 늙은이를 공경한 분이 없습니다. 전하께서 성대한 예를 갖추어 지난해에 늙은 신을 옥뜰에 나오게 해 잔치로 먹여 주시고, 이제 또 성대한 잔치를 베풀어 주셔서 늙은이들의 오르고 내리는 데에 전하께서 일어서시어 맞아 주셨습니다. 신 등은 어찌 갚을지 길이 없습니다. 오직 성수의 무강하시기만 몇 갑절 빌 뿐이옵니다."

왕이라면 오히려 앉아서 대신이나 백성들의 절을 받아야 하지만 노인이기 때문에 오히려 일어서서 맞아준 것이다. 이는 상당한 파격이라고 할 수 있고 신하들이 반대했음에도 불구하고 세종은 그렇게 했다.

1434년(세종 16) 8월 22일에는 사정전에서 의식과 함께 양로연을 베풀었다. 89세의 이귀령이 "양로의 예를 일으켜서 노인을 우대하시니 심히 거룩한 일이옵니다"라고 했다. 이때 실록의 사관은 '모두 취하고 배불러서, 혹은 지팡이를 짚고 혹은 자제들이 부축하여 조용히 파하고 돌아가니, 태평시대의 거룩한 일이었다'라고 기록했다. 객관적인 기록을 중시하는 사관이 기록한 '태평시대의 거룩한 일'이라는 말이 인상적이다. 관리 출신인 경우에는 이미 일할 나이가 지났다고 외면하지 않고 원로로 인정한 것이고 천인이라고 해도 그 연장자의 입지를 존중하는 행동을 왕이 하기 때문에 나라 전체가 따라가야 했다.

세종이 이렇게 노인 공경의 정책을 다하는데도 일선 지방관들이나 관리는 세종의 마음에 들지 않게 한 것 같다. 세종 8년, 세종은 각 도의 감사에게 노인 공경에 마음을 쓰지 않으면 책임을 면하지 못할 것을 명했다. 각 도의 감사에게 알린 내용을 보면 다음과 같았다.

> "늙은이를 공경하는 것은 국가의 아름다운 일이라. 그러므로 지난 임자년(1432년)에 처음으로 양로하는 연회를 베풀고 대소의 늙은 신하들에게 몸소 나아가 손수 대접했다. 그런데 각 고을 수령들은 나의 뜻을 몸 받지 않고 비록 모이어 대접해도 혹은 친히 대하지 않는다. 또 친히 대접할지라도 찬수가 매우 간소해서 늙은 이를 공경하는 뜻에 어긋남이 있다. 이제부터는 마음을 쓰지 않는 자가 있을 때 수령이면 중죄로 논할 것이고, 감사도 그 책임을 면하지 못하리라."[23]

관리들이 정말 노인을 공경하고자 하는 마음이 아니라 왕이 시켰기 때문에 억지로 하였다는 인상을 지울 수가 없는 것이다.

세종은 노인의 기본적인 생계에 대해서도 정책적 조치를 취하기를 마다하지 않았다. 1428년(세종 10) 9월 12일, 친척 없이 기식하는 90세 이상의 노인에게 의복과 삭료를 주도록 했다. 세종은 이때 호조에 다음과 같이 일렀다.

> "지금부터 경외(京外)에 일가와 친척이 없이 남의 집에 기식(寄食)하고 있는 90세 이상 된 노인에게는 1년 사계절에 맞게 의복과 삭료(朔料)를 주도록 하라."

세종은 이른바 노인 복지 정책을 중시했고, 그 기운데 100세 노인의 기본 생활 지원에 관심을 가졌다. 지중추원사 이선 등이 북경에 가면서 가지고 간 세종부고의 내용을 보면 세종은, 노인으로 1백 살 이상 된 사람에게는 정월에는 쌀을 주고, 달마다 술과 고기를 주며, 80세 이상인 사람에게는 작위(爵位)를 차등 있게 주었다고 했다.

무엇보다 법규정에 없는 100세 이상의 노인들에 대한 정책이 남달랐다. 경제적이나 효율 관점에서 보면 100세 노인은 생산 가능인구가 아니다. 그러므로 함부로 대할 수 있는데 오히려 공경의 예로 다하고 있다.

세종이 스스로 노인을 공경하는 행사와 정책을 하는 이유는 무엇일까.

세종은, 인(仁)은 어버이를 살피는 것보다 큰 것이 없고, 사(事)는 노인을 공경하는 일을 먼저 해야 한다[24]라고 했다. 또한 현인(賢人)을 높이고 노인을 공경하는 것은 제왕의 큰 규범[25]이라고도 했다. 이를 통해 세종이 노인 공경을 얼마나 중요하게 생각했는지 알 수가 있다. 정치의 요체가 노인 공경이고 제왕이 지켜야 할 규범이 바로 노인 공경이라고 말한다. 단순히 노인을 동정과 배려로 대하는 것이 아님을 말해주고 있다.

노인들이 물론 무기력한 존재들은 아니고 그냥 부양만을 받는 존재도 아니었다. 오늘날에도 그렇지만 그것은 편견일 수 있다. 예컨대 아산현의 노인들에게 음식을 대접하고 물건을 차등 있게 했는데 그들이 무엇인가 자신들이 만든 것을 주었기 때문이다. 관련 실록의 내용을 보면 이렇다.

　　　"아산현에 사는 94세의 늙은 할머니가 마떡[薯] 한 동이를 올렸는데, 내정에서 음식을 대접하고 면포 두 필, 술 열 병 및 잡물을 내렸다. 이 뒤에도 근방에 있는 노인들이 와서 채소를 올리자, 모두 음식을 먹이고 물건을 차등 있게 하사 했다."[26]

노인들은 각자 그 자리에 맞게 생산적인 일을 하면서 기여를 하고 있기 때문에 그 자체로 존중되어야 한다. 오늘날에도 그 처지에 맞게 일을 연결해주는 것이 국가의 일이다. 노인 특히 100세 이상의 노인에게 복지정책을 시행하는 것은 사람을 수단이나 물량으로 보지 않으니 문화의 정치라고 할 수 있다. 이는 단지 100세에 해당하는 이들에게만 영향을 미치는 것이 아니다. 젊은 세대라 해도 늙어서도 존중받는 정책이 있다는 것은 미래에 대한 불안감을 해소할 수 있게 한다. 이미 세종은 수백 년 전에 노인복지 정책에 대해서 제도화했던 점은 정치·경제·사회적인 측면에서 여러 함의를 준다고 하겠다.

고봉현(高峯縣) 덕수원(德水院)에 나이 백일곱 살 된 노인이 있어, 임금이 사람을 보내어 옷과 양식을 하사했는데, 노인이 때마침 병으로 누웠다가 은명에 감격하여 손을 마주 잡고 옷을 몸 위에 덮더니, 조금 있다가 이내 죽었다.[27]

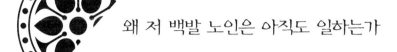

왜 저 백발 노인은 아직도 일하는가

세종 11년 조종생이 수전패 안에서 82세 노인의 군기 점고 면제
를 건의하니 그대로 따랐다. 병조 참판 조종생(趙從生)이 아뢰었다.

"신이 어제 수전패(受田牌)의 군기(軍器)를 점고(點考)하였는데, 경
기 양성(陽城)에 거주하는 검참의(檢參議)로서 나이 82세 된 자도 또
한 참가한 일이 있습니다. 늙은이를 편안하게 하는 도리를 잃었는
가 합니다. 원컨대, 점고하지 말게 하소서."

임금이 칭찬하고 그의 의견을 받아들여 말했다.

"과전(科田)이 있는 것은 충신인 선비를 대접하려는 것이다. 늙
은 사람이 비록 점고에 참여하지 않고 그 전지를 경작하여 먹은들
무엇이 도리에 해로움이 있겠는가."

드디어 병조에 전지(傳旨)했다.

"지금부터는 수전패 안에 70세 이상 된 자는 춘추(春秋)로 군기
점고(軍器點考)를 면제하여 주어 노인을 우대하는 뜻을 보이라."[28]

세종 17년, 임금이 연(輦)을 타고 영선(營繕, 건축물을 짓거나 수리하

다)하는 곳을 지나다가, 한 백발의 목공을 발견하고 불쌍히 여겨, '네 나이 몇이냐' 고 물으니, 대답하기를, '60이 넘었습니다' 고 하매, 임금이 승정원에 일렀다.

"일찍이 60이면 취역을 면제해 주는 법을 세웠다. 그런데 이 늙은이는 어찌하여 면제되지 않았느냐."

좌승지 신인손(辛引孫)·우승지 정갑손·좌부승지 윤형(尹炯)·동부승지 유수강(柳守剛) 등이 아뢰었다.

"목공의 임무는 사람마다 다 능한 것이 아닙니다. 그래서 다른 공장들같이 쉽사리 얻는 데 비할 바 아닙니다. 그래서 비록 60이 지났다 하더라도 상례에 따라 면제하지는 못하옵니다."

대체로 근시자(近侍者)가 되었으면 마땅히 임금의 물음을 계기 삼아 아름다운 뜻을 받들어 좇아야 할 것인데, 도리어 치우치고 불완전한 말로써 은근히 성법(成法, 세운 법)을 힘담하고 있으니 애석한 일이었다.[29]

노인은 양면을 다 고려해야 한다. 근력의 쇠잔함이 증가하여 보호를 받아야 하지만 또한 나름의 활동을 보장도 해주어야 한다. 무조건 나이가 많다고 해서 집에만 있게 할 수는 없고 통상적으로 젊은 때의 역할을 요구할 수도 없다. 그 활동의 보장도 그에 맞는 선에서 적절하게 이뤄져야 한다.

수전패는 고려 말 조선 초에 일정한 의무 복무에 따라 군전을 지급받은 병종을 말한다. 이미 갖고 있는 토지에 따라 5결 또는 10결의 군전을 지급했다. 그들은 일정한 소출을 나라에 내고 말(馬)을 갖추고 마병으로서 삼군도총부(三軍都摠府)에 유숙하며 서울의 시위에 종사해야 했다. 체계적인 관리를 위해 이유 없이 100일 이상 숙위하지 않는 자는 처벌하고, 그 군전은 죄인을 고발하는 자에게 대신주게 했다. 군기점고는 불시에 지역에 내려가서 제대로 위치하고 있는지 점검하는 것을 말한다. 경기 양성에 있는 82세의 노인은 나이가 너무 많은 상황에서 봄과 가을에 군기점고를 받아야 하는 상황이므로 이에서 면제를 해주고 있는 것이다. 82세의 노인이 군기점고에 참여하는 것은 원칙이 현실에 유연하게 적용되지 못한 사례이기 때문에 개선할 필요성이 있었다. 또한 노인을 대하는 기본적인 원칙에 어긋나는 것이었으니 82세 노인이 국가의 점고에 오가는 것 자체가 매우 힘든 일이었기 때문이다.

노인이 되어서 나랏일에 불려 다니는 것은 노비도 마찬가지였다. 개인 즉 사인(私人)에게 속한 사노비(私婢)는 국가가 필요한 역(國役)의 의무대상에서 제외되는 것이 원칙이었다. 하지만 국가 공공기관에 속한 공노비(公婢)는 16세부터 59세까지 일정 기간 소속 관서에서 노역(勞役)하는 입역노비(立役奴婢)가 있었다. 천역이라 함은 이들의 공역(公役)을 뜻한다. 여기에서 보듯이 목공일을 하는 공노비 노인은 60세가 되었는데도 공역에서 벗어나지 못하고 있다. 본래는 벗어나야 하지만 목공일이라는 특수 전문직 때문에 그대로 두고 있는 것이다.

신분에 관계없이 오랫동안 기술을 갈고 닦아 장인이 된 공노비 노인이 제대로 존중을 받고 있지 못하는 사례임에 분명하다. 무엇보다 사관이 지적하고 있듯이 세종의 마음을 헤아려 조치를 취했어야 하는데 이를 하지 않으니 신하된 자의 역할을 하지 못한 사례이기도 하다. 솜씨가 좋은 노비는 죽을 때까지 공역에 차출되어 자신의 생업에 관계없이 노동을 해야 하는 것은 기존의 규정에도 어긋나는 것인데 말이다. 자신의 일을 하도록 해주어야 하고 그 일은 살아온 인생과 맞물려야 한다. 한편 노인들에게는 일정한 지위 즉 벼슬도 주었다. 1435년(세종 17) 6월 21일의 하교에 이런 결정이 있다.

나이 90세 이상인 백신(白身, 평민)에게는 8품을 주고, 원직(元職)이 9품 이상인 사람에게는 각각 1급을 올려 주고, 백 세 이상은 백신으로부터 원직이 8품인 사람에게까지는 6품을 주고, 원직이 7품인 사람에게는 각각 1급씩을 올려 주되 모두 3품을 한계에 그치고, 부인의 봉작은 여기에 준한다. 천구(賤口)는 90세 이상의 남녀는 각각 쌀 2석을 내려 주고, 백 세 이상인 남녀는 모두 천인을 면하여 주고, 인하여 남자에게는 7품을 주고, 여자에게는 봉작(封爵)하여 늙은이를 늙은이로 여기는 어짐을 베푸는도다. 슬프다. 고년(高年)을 존경하고 나이를 높이어 효제(孝悌)의 풍속을 두터이 하고, 업(業)을 즐기고 생을 편안히 하여 함께 인수(仁壽)의 지경에 오르는도다.

노인직(老人職)은 조선시대 양인이나 천인을 막론하고 80세 이상 된 노인에게 제수하던 산직(散職)이었다. 산직은 직사(職事)가 없었던 관직을 말한다. 직사는 정해놓은 일이 없는 벼슬을 말한다. 노인직은 세종대 이후부터 여러 차례 제수되었다. 노인직은 매년 초에 각 도 관찰사가 여러 읍의 호적에서 80세 이상 된 노인을 뽑아 이미 노인직을 받은 게 있는지 그 유무를 조사한 다음 이조에 보고해 제수토록 했다. 산직에는 앞서 직사가 없는 검교직(문반 5품, 무반 4품 이상)이 대표적이었다. 1443년(세종 25) 7월 12일, 120여 명에게 노인직을 제수했다라는 기록이 있다.

시간이 지나면서 연령에 변화는 있었다. 1444년(세종 26) 6월 16일의정부에서 "노인직은 90세 이상에게 제수한 것 외에, 공로가 있어서 당연히 산관을 제수할 자는 의정부와 육조(六曹)의 당상(堂上)이 의논해서, 여럿이 서명하여 계문(啓聞)한 후에야 제수하게 해야 한다"라고 건의하고, 세종은 이를 시행하게 했다. 이런 벼슬이 정말 실제적인 일을 하도록 하는 것은 아닐지라도 그것에서 사회적인 예우를 받기 때문에 심리적 만족감을 줄 수 있다. 늙어서 쓸모가 없는 것이 아니라 오히려 가치를 인정받을 때 몸과 마음은 편안해질 수 있다. 더구나 나라에 위기가 닥쳤을 때 흔히 노인은 배제되는 것이 당연하고 그렇게만 생각한다. 아무도 이에 대해서 뭐라고 하지 않는다. 그렇다면 60세 노인이 전쟁에 참여한다면 이는 어떻게 대해야할까.

임금이 말했다.

"60세 이상의 사람이 자원해서 출정한 자는 비록 공은 이룩하지 못했을지라도 그 뜻은 가히 상줄 만하다, 공이 있는 사람의 예에 따라 상을 주는 것이 어떤가."

권진 등이 말했다.

"공이 있는 사람에게 비할 수는 없으나, 물건을 주고 복호하는 것이 좋겠습니다."

안순이 아뢰었다.

"노인으로서 자원하여 출정한 것은 그 정(情)이 상줄 만하니, 공이 있는 사람에게 비해 차등을 두어 벼슬로 상을 주게 하소서."

황희 등은, "비록 벼슬로 상을 줄 만하나, 그 스스로 원하는 바를 듣는 것이 좋겠습니다" 했다.

임금이, "그 도의 감사에게 스스로 원하는 바를 들어서 보고하게 하라"[30]고 했다.

전쟁터에서 60세 노인이 무엇을 할 수 있을까. 그것은 계량할 수 있는 문제가 아닐 것이다. 전투에 참여하고자 하는 마음이 중요한 것이며 그도 병사이자 군인이다. 존재하는 것 자체가 활동의 의미가 있는 것이다. 반드시 노동을 많이 해야 쓸모가 있는 것은 아니다. 그것은 지나친 경제적 효율성 관점이며 나이에 따른 그 역할에 대한 잘못된 인식과 진단이다. 노인이라 생활이 안되어 노동을 억지로 할 수밖에 없는 상황은 공역에 나가야 하는 목공 노비와 같다. 모든 노인은 그 지위 고하를 막론하고 편안하게 자신의 존재를 보장받을 수 있어야 한다. 이를 위해 경제적 복지 보장은 갖춰져야 한다.

이렇게 노인을 우대한 것은 노인을 존중하고 공경하지 않으면 세상의 화평한 기운이 상해 재앙이 될 수 있음을 고려했기 때문이다. 이러한 마음이 전근대적일 수 있지만 그 마음이 있는 사회가 좀 더 바람직한 국가가 될 것은 분명하다. 그러므로 근대적 사고가 반드시 진보적인 것이라고 할 수는 없을 것이다.

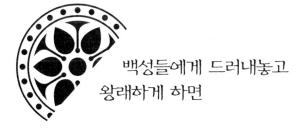

백성들에게 드러내놓고 왕래하게 하면

상참을 받고 정사를 보았다. 임금이 말했다.

"우리나라의 국경 지방에 사는 사람들이 야인과 몰래 서로 교통하여, 혹은 서로, 혼인을 맺기도 하고, 혹은 서로 모여 음식을 먹기도 한다. 원래 그들과 사사로운 교제는 나라에서 금지하는 일이지만, 금령을 어긴 백성을 누가 수령에게 고발하며, 수령이 비록 혹은 그것을 알아도 오히려 금방(禁防)하지 못한 것을 두려워한다. 그러니, 누가 국가에 주달(임금에게 아뢰다)하겠는가.

내가 가만히 생각하니, 지금부터는 국가에서 그들이 서로 교통하여 우호(友好)하는 일을 금지하지 말고, 백성들에게 드러내 놓고 왕래하게 한다면, 곧 그 왕래하는 사람이 누구누구라는 것을 알수 있게 될 것이다. 그렇게 되면, 비록 왕래하는 사람이 있어도 스스로 '국가에서 내가 저들에게 왕래하는 것을 알고 있다' 고 생각할 것이다. 그래서 왕래하는 동안에 비록 범람(汎濫)한 일을 하려해도, 국가가 핵문(覈問, 일의 실상을 따져 물음)할 것이 두려워서 스스로 감히 방자하게 하지 못할 것이다. 또한 저들도 또한 서로 사귀기는 하나 침략(侵掠)의 계획을 감히 자행(恣行)할 수는 없다고 생각할 것이다. 더군다나, 지금 중국 조정에서 일찍이 칙서(勅書)를 내려 야인과 서로 친목하라고 하지 않았는가. 이 계책(計策)이 어떠한가."

신상(申商)이 대답했다.

"좋습니다." [31]

조선은 여진족과 국경을 마주하고 있었기 때문에 조선 초기부터 전투는 물론 갖가지 갈등 문제를 겪어야 했다. 세종도 여진족 문제를 매우 중요하게 여겼고 내내 여러 가지 정책 문제로 고민을 하고 이에 대한 해법을 찾기도 했다. 애초에 갈등관계이기 때문에 무력을 많이 사용하였으나 세종은 이런 물리적인 강경책만이 능사는 아니라고 생각했다. 더구나 여진족과 내왕을 하는 것 자체를 금하는 것이 여러 가지 문제를 일으키고 특히 변경의 백성들에게 불편함을 주었는데, 이런 불편함에도 불구하고 오히려 나아지는 것이 없었다.

그래서 여진족과 오가는 것을 금지하는 것이 아니라 공개적으로 허용하는 파격적인 정책을 추진한 세종이었던 것이다. 공개성과 투명성을 통해서 일어날 수 있는 일탈과 비행을 미연에 방지할 수 있는 점에 착안하려 한 것이다. 여진족이 보내오는 물건들에 대해서도 무시하는 것이 아니라 그에 상응하는 적절한 태도를 보이기로 결정한다. 국경에서 야인이 변장에게 바치는 물건들에 관한 보상·회답 등에 관해 전지를 내린 것이다. 평안도·함길도 감사와 도절제사에게 전지한 내용은 다음과 같다.

"신하에게 사사로이 외국과 교제하지 못하게 하는 것은 고금(古今)의 통의(通義)이다. 그러나, 우리나라는 땅이 야인과 연접하여 아침저녁으로 왕래하게 되어, 이를 사교(私交)라고 논할 수는 없기 때문에, 저 사람들이 오면, 변장(邊將)이 예사로 여겨 대접하고 의심하지 아니함은 물론이다. 저 사람들이 호의로 피물(皮物) 같은 물건을 변장에게 주면, 변장이 의(義)를 들어 받아들이지 않으면 무지한 저들이 마음에 불쾌하게 여길 것이다. 금후로는 혹 보내오는 물건이 있거든, 대답하기를, '감사하다' 하고, 혹은 면포(綿布)나, 혹은 염장(鹽醬)과 미곡(米穀)으로써 그들이 가져온 물건 값의 많고 적음에 따라 임시로 마련하여 '자의로 회봉(回奉)함이라'고 칭하고, 그때에 곧 아뢰도록 아울러 변장에게 유시하라."[32]

여기에서 알 수 있듯이 여진족과 외교적으로 오가는 것을 일반적으로는 막지는 않았다. 그들이 뭔가 물건을 주는 경우가 있는데 이를 의심하여 받지 않은 경향이 있었다. 일부 대신들은 이를 거부하는 것이 맞다고 주장한다. 이유는 여러 가지다. 조선에게 필요 없는 물건이거나 그 질이 낮은 경우도 있다. 무엇보다 그런 물건을 주고서 다른 물건을 더 바라는 의도가 있다고 말하기도 한다. 하지만 세종은 여러 면에서 마음에 흡족하지 않아도 여기에 대해서 인사라도 좋게 하거나 그에 부합하게 임시라도 물건을 마련해서 다시 돌려주는 것이 필요하다고 말했다. 이것은 문화정치라고 할 수 있다. 예의와 도를 통해서 순화하고 외교 관계를 맺는 것이다. 이렇게 존중하는 느낌을 줄 때 불순하거나 나쁜 의도를 갖지 않도록 만드는 것이다. 그러나 적어도 조선은 잘못한 것이 없기 때문에 명분에서 더 앞서는 것이라고 할 수 있다. 이러한 점은 북방에만 해당하는 것은 아니다. 비슷한 시기에 왜국에 대해서도 세종은 문화외교책을 시행했다.

　　왜인이 바치는 물건이 혹 품질이 나쁜 것이 있으면 예조에서 물
리치고 바치지 못하게 하니, 임금이 말했다.
　　"남의 나라 사람이 바치는 물건을 그 품질이 나쁘다고 해서 물리
치고 받아들이지 않는 것은 정말 불가한 일이다. 금후로는 물품의
좋거나 나쁜 것을 논하지 말고 모두 바치게 하고, 그 물품의 고하에
따라서 그 회답하는 물건의 많고 적음을 정함이 옳지 않을까."
　　도승지 안숭선이 아뢰었다.
　　"하교하신 내용이 지당합니다."
　　임금이 말했다.
　　"왜인과 야인이 바치는 토산물을, 예조 낭청이 객관(客館)에 나아
가서 객인들과 같이 앉아서 장인(匠人)에게 간품(看品)하여 좋고 나쁜
것을 분간해 물리치는 것은, 값을 계산하고 이익을 다투는 것과 같
다. 그러니 먼 나라 사람을 대접하는 뜻에 어긋남이 있으니, 이제부
터는 객인이 대궐 안에 들어와서 올리면, 예조 낭청이 승정원에 나
아가서 장인에게 간품하여 좋고 나쁜 것을 구분하여서 아뢰게 하
고, 주장관(主掌官)에게 그 물품에 따라 회사(回賜)하게 하라."[33]

　　당시에 예조에서는 왜인들이 바치는 물건에 대해서 거부하고 있
었다. 이유는 질이 좋지 않아서 필요 없는 물품이라고 보는 것이다.
만약 거꾸로 조선에서 보낸 물건이 중국에서 그런 취급을 받는다면
매우 불쾌한 일이다. 중요한 것은 그 물건의 좋고 나쁨이 아니라 마
음일 것이다. 만약 선진국이라면 후진국의 물건이 대부분 마음에
차지 않을 것이다. 중요한 것은 그들을 모두 경영하는 방식이다. 왜

이이나 여진인들은 조선부다는 뒤처지기 때문에 결핍으로 문제를 일으킬 수 있었지만, 세종은 그들을 문치로 교화하려 갈등과 분란을 해결하려 했다. 적어도 이러한 노력은 조선의 품격을 높이며 나중에 문제가 악화되었을 때 우위의 입지를 갖게 한다.

1434년(세종 16) 9월 25일 세종은 "야인들이 강가에 와서 빌어먹으니, 변경에 있는 곡식이 비록 적으나 주는 것이 어떨까"라고 묻는다. 이에 우의정 **최윤덕**이 "주는 것이 마땅합니다"고 대답한다. 구걸을 하는 그들에게 곡식을 오히려 주는 정책을 추진한 것이다. 물론 조선지역에 곡식이 많기 때문이 아니지만, 곡식을 주는 것은 그들이 약탈자로 변할 수 있는 상황을 미연에 방지하기 위한 것이라고 볼 수 있다. 그런데 이러한 생각은 꼭 좋은 결과만을 낳는 것은 아니다. 1435년(세종 17) 7월 17일 평안도에 공문을 보내어, 여연에서 의주(義州)에 이르는 연변(沿邊)의 각 고을에는 여름철을 당하여 어리고 약한 사람은 산막(山幕)에 감추어 숨기고, 건장(健壯)한 남자를 뽑아서 낮에는 망을 보고 밤에는 깊

최윤덕 | 崔閏德(1376~1445)

조선 초기 무신. 본관은 통천(通川)이며, 자는 여화(汝和)·백수(伯修), 호는 임곡(霖谷)이다. 시호는 정렬(貞烈). 1418년(세종즉위년) 중군도총제가 되었고, 이어 1419년(세종 1)에는 의정부 우참찬이 되었다. 이어 대마도 출정에는 3군도절제사로 대마도를 정벌하였다.

1433년(세종 15) 평안도 도절제사 겸 3군도통사로 파저강유역의 여진족 이만주를 정벌하였다. 이 공으로 의정부 우의정에 특진되어 무신으로 드물게 재상의 자리에 올랐다. 여러 번 무인으로 재상의 자리에 오르는 것이 부당하다는 소를 올렸으나 세종께서 윤허하지 않았고, 평안도 도안무찰리사를 겸하였다. 1434년(세종 16)에는 우의정을 사임하는 상소를 올렸으나 다시 윤허하지 않았다.

1445년(세종 27) 국조기로소에 들에 궤장을 하사받았는데 얼마 지나지 않아 1445년(세종 27) 12월 5일에 70세에 별세하다. 시호를 정렬(貞烈)이라 내렸다. [청백하게 절조를 지킴이 정(貞)이요, 공이 있어 백성을 편안케 함이 열(烈)이다.] 세종이 예관을 명하여 창원부 북면 백월산하 사로곡에 국가에서 장사를 지냈다. 1446년(세종 28)에는 세종께서 친히 정렬공의 제문을 하사하였다. [*]

이 들어가게 하며, 만약 적의 변고가 있으면 뒤따라 곧 산골짜기 깊은 곳에 숨어서 방어를 신중히 하라고 말한다. 왜 이런 조치를 취하는 것일까. 여진인과 교류를 활성화하고 그들의 반응에 예의 태도를 보이는 정책을 취하던 것과는 달라 보인다. 1436년(세종 18) 11월 9일의 회의 기록을 보면 알 수 있다. 세종은 "매양 야인이 우리나라에 올 때마다 그들을 전과 같이 대우하고 혹은 쌀 양식을 내려 주어서 굶주림을 도와주었는데, 저들은 무휼(撫恤)하는 은혜를 돌아보지도 않고 지난봄에 군사를 거느리고 와서 노략하고 지금 또 이와 같다"라고 말하고, 이 같은 상황을 명황제에게 보고하기로 결정한다.

이렇게 보면 세종의 정책이 실패한 것으로 볼 수 있다. 그러나 여진은 오히려 명분을 잃었다. 조선이 문화(文化)의 태도를 보여주었음에도 무력의 태도를 보였기 때문이다. 객관적인 우위를 가지고 있는 조선에게는 여진에 대한 공격 명분을 갖게 한다. 더구나 명나라도 조선의 이러한 입지를 인정하지 않을 수 없다. 세종은 반드시 부드러운 태도만을 갖고 대한 것이 아니라 문화와 물리적인 방법을 같이 추구했다. 무조건 부드러운 태도를 갖는다고 해서 상대방이 교화되는 것은 아니다. 유화의 조치에 응하면 그에 맞는 예를 갖추고 그렇지 않으면 무력을 사용한다. 그렇기 때문에 세종이 4군 6진을 확보할 수 있었던 것이다. 만약 무력의 방법만 취했다면 불가능했을 것이다. 무력만 사용하면 공포감을 갖기 때문에 영토를 확보해도 극력한 적대감으로 더욱 큰 문제를 야기할 것이다.

《미주》 ─────────

1) 세종실록 86권, 1439년(세종 21) 9월 13일.

2) 세종실록 97권 1442년(세종 24) 7월 28일.

3) 세종실록 27권, 1425년(세종 7) 2월 20일.

4) 세종실록 69권, 1435년(세종 17) 9월 16일.

5) 세종실록 69권, 1435년(세종 17) 9월 19일.

6) 세종실록 51권, 1431년(세종 13) 1월 19일.

7) 1433년(세종 15) 10월 23일.

8) 1447년(세종 29) 2월 1일 .

9) 1433년(세종 15) 10월 20일.

10) 1431년(세종 13) 6월 20일.

11) 1433년(세종 15) 10월 24일.

12) 세종실록 72권, 1436년(세종 18) 4월 27일.

13) 세종실록 72권, 1436년(세종 18) 5월 5일.

14) 세종실록 30권, 1425년(세종 7) 12월 14일.

15) 세종실록 69권, 1435년(세종 17) 8월 11일.

16) 세종실록 43권, 1429년(세종 11) 2월 25일.

17) 세종실록 69권, 1435년(세종 17) 8월 11일.

18) 세종실록 54권, 1431년(세종 13) 10월 28일.

19) 1432년(세종 14) 10월 20일.

20) 세종실록 58권, 1432년(세종 14) 11월 2일.

21) 세종실록 67권, 1435년(세종 17) 1월 22일.

22) 세종실록 61권, 1433년(세종 15) 윤8월 18일.

23) 세종실록 61권, 1433년(세종 15) 8월 28일.

24) 1436년(세종 18) 1월 15일.

25) 1436년(세종 18) 3월 26일.

26) 세종실록 60권, 1433년(세종 15) 4월 14일.

27) 세종실록 8권, 1420년(세종 2) 4월 26일.

28) 세종실록 45권, 1429년(세종 11) 9월 18일.

29) 세종실록 67권, 1435년(세종 17) 3월 3일.

30) 1433년(세종 15) 5월 28일.

31) 세종실록 62권, 1433년(세종 15) 12월 17일.

32) 세종실록 64권, 1434년(세종 16) 5월 8일.

33) 세종실록 65권, 1434년(세종 16) 7월 11일.

제 4 부

허례와
가식을 버리다

이렇게 검소하게 하여 솔선 인도하게 되면,
신하들이 혼인에 사치를 금하여 국가의 법
을 범하는 자들이 앞으로는 스스로 부끄러
워하여 검약한 풍속으로 변하게 될 것이라.

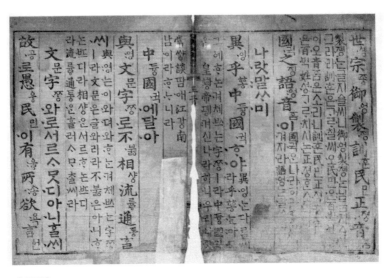

世·솅宗종御·엉製·졩訓·훈民민正·졍音흠

나·랏말ᄊᆞ·미
中듕國·귁·에달·아
文문字·ᄍᆞ·와·로서르ᄉᆞᄆᆞᆺ·디아·니ᄒᆞᆯ·ᄊᆡ
·이런젼·ᄎᆞ·로어·린百·ᄇᆡᆨ姓·셩·이니르·고·져·홇·배이·셔·도

國·귁之징語:엉音흠·이

異·잉乎뽕中듕國·귁·ᄒᆞ·야

與:영文문字·ᄍᆞ·로不·붏相샹流륳通통·ᄒᆞᆯ·ᄊᆡ

故·공·로愚웅民민·이有:ᐆ所:송欲·욕言언

훈민정음

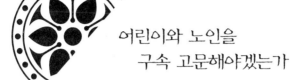

어린이와 노인을
구속 고문해야겠는가

15세 미만인 자의 절도죄 처리 문제를 고하자 관대하게 처분하고자 했다. 이 문제에 신하들과 함께 그에 대해 의논하는데, 형조판서 김자지(金自知)가 아뢰었다.

"15세 미만인 사람이 남의 서속을 한 말(斗)쯤 훔쳤습니다. 장형(杖刑)에 처하자니 미성년이고, 자자(刺字, 이마에 도적이라 글자를 새김)에 처하자니 이미 장형도 하지 않는 사람입니다. 또한 율에 해당한 조문이 없습니다. 어떻게 처리하면 좋겠습니까."

이 말을 듣고 왕이 말했다.

"나이가 어려서 사리를 알지 못하는 사람이 어쩌다가 훔친 것을 따진다면 무엇 하겠는가. 또 율에도 이러한 조문이 없으니, 이것이 바로 의심나는 일[疑事]이라는 것이다. 불문에 붙이는 것이 좋겠다."

하지만 이에 반대하여 판부사 허조가 아뢰었다.

"죄가 의심스러우면 오직 가볍게 처리하라고 했습니다. 불문에 붙이면 아니 되옵니다."

신상(申商)도 허조에 찬동해 아뢰었다.

"옳지 않습니다. 죄가 의심스러우면 오직 가볍게 처리하라고 한 것은 이런 것을 말한 것이 아닙니다. 이미 남의 물건을 훔치고 붙잡혔다면 의죄(疑罪)라 말할 수는 없습니다. 또한 지금 자자하지 않는다면 뒤에도 징계함이 없어서 또 다시 할 것입니다."

하지만 이에 다시 반대하여 왕이 말했다.

"나도 경의 뜻을 알고 있다. 그러해도 율에 해당한 조문이 없다. 이것은 의죄인 것이다. 의정부와 여러 조(曹)가 함께 다시 의논하여 아뢰어라."[1]

노인과 어린이에 대한 자자를 금하는 조치를 취했다.

상참을 받고, 정사를 보았는데 우대언 정연이 아뢰었다.

"늙은이와 어린이가 절도를 범하였을 때에도 모두 자자하오리까."

왕이 말했다.

"어린 자는 뒤에 허물을 고칠 수 있고, 늙은이는 여생을 얼마 남지 아니한 자이니, 다 자자하는 것은 마땅하지 않다."

형조 참판 유계문(柳季聞)이 아뢰었다.

"자자하는 것은 그의 죄를 표기하는 것이니, 늙은이나 어린이라고 하여 유독 면제될 수는 없습니다."

판부사 허조가 아뢰었다.

"늙은이와 어린이는 장형도 하지 않고 속전(贖錢)을 받는 것입니다. 하물며 자자의 고통은 태형(笞刑)이나 장형보다도 더한데 어찌 자자를 할 수 있겠습니까."

왕이 말했다.

"그렇다."[2]

이에 드디어 형조에 전지(傳旨)했다.

"나이가 70세 이상인 자와 15세 이하인 자에게는 자자하지 말라."[3]

어린이에게 자자형을 하는 것에 대해서 신하들은 여러 이유를 들어 대체로 찬성하지만 세종은 이에 대해서 반대를 한다. 우선 자자형이 무엇인지 살펴야겠다. 자자형은 '경을 칠 놈'이라는 욕을 유래하게 한 것이다. '경을 칠 놈'은 죄를 지어 평생 얼굴에 문신을 새긴 채 살아갈 놈이라는 저주를 퍼붓는 말이다. 자자형은 경면형(黥面刑)·삽면형(鈒面刑) 또는 묵형(墨刑)이라고도 한다. 즉, 죄인의 몸에 상처를 내고 먹물로 글자를 새겨 전과를 표시하는 표징형(表徵刑)이다. 이는 조선시대만이 아니라 고려시대에도 있었다.

『고려사(高麗史)』의 기록에 절도죄를 짓고 귀양 간 죄수가 도망쳤을 때 얼굴에 글자를 새기는 가중처벌을 한 후 육지에서 멀리 떨어진 고을에 쫓아낸다고 했다. 『대명률』에는 관물(官物)을 훔친 자에게 '도관전(盜官錢)' 또는 '절도(竊盜)', 백주 대낮에 남의 물건을 탈취한 강도는 '창탈(搶奪)', 일반 절도범에게는 '절도' 두 글자를 새겨 넣었는데, 이때 새겨 넣는 글자의 크기는 사방 3cm 내외로 했고, 새겨 넣는 글자의 매 획의 넓이까지도 법전에 정해두었다. 사방 1치5푼, 한 획(劃) 너비 1푼5리로 팔뚝에 새기도록 했다. 조선시대에는 강도 및 절도범에게 『대명률』의 규정에 따라 자자형을 가했다. 1443년(세종 25)에 도둑질한 자의 양쪽 뺨에 글자를 새겨 가족과 주변사람에서

격리시키는 조치를 내렸다. 이런 얼굴의 자자를 특별히 '경면(黥面)'이라고 한다.

『경국대전』에는 강도범에게 '강도' 두 글자를 얼굴에 새기고 그 자리를 봉하여 날인해 먹물이 깊이 스며들기를 기다려 시일이 지난 뒤에 풀어 주도록 규정했다. 구체적으로 이렇게 시행하는지 보면, 대개 바늘 10여 개를 묶어서 살갗을 찔러 상처를 낸 후 먹물을 칠한 후 베로 그 부위를 싸매고 봉한 후에 죄수를 3일 동안 옥에 가두어 두었다. 이렇게 한 것은 자자한 글자를 물로 씻거나 빨아내 흔적을 지울 수 있기 때문에 피부 깊숙하게 먹물이 스며들어 지워지지 않게 하려한 것이다.

조선에서는 명나라와 달리 여러 글자를 새겼다. 일반 절도범에게는 '절도' 두 글자를 자자했는데, 특별히 훔친 물건이 소나 말일 경우 '도우(盜牛)'나 '도마(盜馬)', 소나 말을 훔쳐서 죽인 자에게는 '도살우(盜殺牛)'와 '도살마(盜殺馬)'를 새겼다.

또한 장물아비에게는 '절와(竊窩)'와 '강와(强窩)', 훔친 물건이 관용품일 때 '도관물(盜官物)'을 새겼다. 노인과 어린이는 자자 대상에서 제외했다. 노인과 어린이의 경우 원래부터 매를 맞아야 할 때는 한 대에 얼마씩 속전을 낸다. 매는 어린이나 노인에게 더 가혹했기 때문이다.

자자가 고통스러운 것은 그 형벌 자체에서 오는 육체적 고통 때문이 아니다. 얼굴의 새겨진 글자는 전과자 표시였다. 사람들의 멸시와 경멸의 대상이 되었다. 조상 제사는 물론 마을 애경사에 오갈 수도 없었다. 가리고 다닐 수는 있으나 가린 것이 드러나면 더욱 주변에서 차가운 시선을 받거나 모욕을 당하기도 한다. 개인만이 아니라 '경친 놈의 집'이라고 모욕하고 심지어는 그 자식까지도 따돌

림에 차별과 무시를 당했다.

결혼은 하기 힘들고 사회생활이 어려우니 멀리 떨어져 움집을 짓고 살아서 땅꾼이라고 했는데 이는 거지생활과 다름이 없었다. 삶 자체가 고통스럽고 가족들에게 고통과 피해가 막심했던 것이다. 이런 생활이 어린이 때부터 이뤄진다고 하면 삶 자체가 흉망스러워지므로 너무 가혹하다는 것이다. 특히, 어린이는 무지해서 올바른 판단을 할 수 없기 때문에 성인과 같은 처결 기준을 적용하는 것은 타당하지 않고, 한순간의 잘못으로 이런 가혹한 벌을 주는 것은 지나치다는 것이다.

이런 맥락에서 실수로 화재를 일으킨 사람 가운데 아이는 죄를 다스리지 않게 한 것도 이 때문이다. 1428년(세종 10) 10월 28일, 세종이 15세 이하와 70세 이상 된 자에 대한 구속 고문을 금할 것을 명했다. 형조에 "옥에 갇혀 있는 것과 고문을 실시하는 것은 누구나 고통스러운 것이다. 그 중에도 늙은이와 어린이는 더욱 불쌍하다"라면서 다음과 같이 언급했다.

"관리들이 간혹 경중을 구별하지 못하고 걸핏하면 형틀에 올려 놓는다. 또한 늙은이나 어린이에게 속(贖)을 바치게 하는 것은 그 몸에 상해를 입히지 않게 하려는 것이다. 그런데 가벼운 범죄자에게도 곧 고문을 실시한다고 한다. 지금부터는 15세 이하와 70세 이상 된 자에게는 살인·강도 이외는 구속을 하지 않도록 한다. 아무리 죽을죄라도 구속하거나 고문하지 말고 모두 여러 사람의 증언에 의거해 죄를 결정하라. 만일 어기는 자에게는 죄를 줄 것이다. 이를 두루 중앙과 지방에 알리라."[4]

말하자면 이러한 전지 내용은 '고문금지특례법'에 관한 것이라고 할 수 있다. 일정한 보석금을 내게 하는 것과 형벌을 받아서 몸을 상할까를 염려하는 것이다. 그런데 관리들이 자신들의 편리함을 위해 고문을 가하는데 그 대상이 어린이에게도 미치는 참담한 사례들이 발생하고 있었다. 살인과 강도 이외에는 구속하지 말도록 했고, 설령 죽을 죄라고 해도 구속 나아가 고문하지 말도록 하고 있다. 오히려 이를 어기는 사를 형벌에 처하겠다고 말하고 있으니 형벌에서 최대한 어린이를 보호하고자 하는 노력과 의지를 엿볼 수 있다.

사람의 죄는 그에 맞게 형벌이 가해져야 한다. 오히려 벌이 과중할 경우에 더 올바르게 살 수 있고 기여할 수 있는 사람이 더 잘못된 삶을 살고 더 해악을 끼치는 존재가 될 수도 있다. 특히 자라나는 어린이들에게는 더욱 그렇다. 이는 형벌만이 아니라 다른 분야에서도 마찬가지일 것이다.

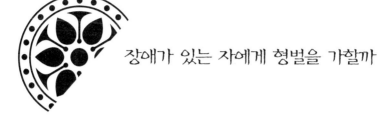

장애가 있는 자에게 형벌을 가할까

요사한 말로 백성을 미혹시킨 맹인 김고음룡과 그 처자를 남해에 내쳐 보냈는데 형벌을 가하지는 않았다. 경상도 관찰사가 보고했다.

"영천군(永川郡)에 사는 맹인(盲人) 김고음룡(金古音龍)이 '임자년에 신(神)이 내려와 사람의 운명을 추산(推算)해 공중에서 사람의 화복(禍福)을 불러냈다고 했습니다. 또 그 신 스스로가 말하기를, 내 성(姓)은 주씨(朱氏)요, 을사년에 벼락 맞아 죽었다라고 했다고 합니다. 대개 주씨는 중국 황제를 가리킴입니다. 요사한 말로 뭇사람을 미혹하게 한 것[妖言惑衆]입니다. 청하옵건대, 법에 따라 처치하게 하소서."

왕이 정부에 일렀다.

"예전에도 경성에 공징이 무녀들이 있었는데, 모두 다 성 밖으로 내쳤다. 이제 이 맹인도 그와 같은 무리다. 그런데 황제를 가리켜 말하니, 이 말은 정말 큰일이다. 어떻게 처리할까."

이에 대해서 하연이 말했다.

"이 맹인은 감히 큰소리를 쳤으니, 중형(重刑)을 가함이 마땅합
니다"

황보인 등이 말했다.

"죄는 진실로 크지만, 그러나, 병이 위독한 사람에게 형벌을 주
는 일은 불가합니다. 마땅히 형조에 내려 조율(照律)해, 다만 빈방
의 먼 곳으로 옮겨 요망(妖妄)함을 끊게 해야 합니다"

이 말을 듣고 임금이 황보인 등의 의논을 따랐다. 그래서 고음
룡과 그의 처자를 남해(南海)에 방치(放置)하게 했다.[5]

맹인은 시각 장애인을 말한다. 시각장애인 가운데
는 점을 치는 경우가 종종 있었다. 특수한 능력이
발현되는 것이다. 이때 시각 장애인 김고음룡이 신이 한 말을 사람
들에게 말했는데 그 신이 명나라 황제라고 하였으니 왕조차도 함부
로 입에 올리는 것을 금지한 전제국가 시대에 이는 죄를 묻는 사안
에 올라갈 수밖에 없었다.

여기에서 독특한 단어가 하나 나오는데 '공징이'는 공창(空唱)으로
읽는데 허공 소리를 전하는 사람이다. 입을 벌리지 않아도 마치 공
중에서 사람이 있는 것처럼 신령의 말을 전하기에 붙여진 명칭인
듯 보인다. 공징이는 일종의 복화술(複話術)로 말을 하는 것처럼 하기
때문에 태자무(太子巫)와 유사하다.

그런데 이들을 조선에서는 별로 좋아하지 않았는데, 전통적인 귀신
사상과 연결이 되기 때문이다. 즉 미신을 강화시키는 존재들이라고 보
았다. 이들 공창은 '귀신이 존재한다'는 전통적 귀신관을 더욱 고착화
시키고 무속을 지속적으로 신앙하도록 조장한다고 보았기 때문이다.

이런 점에서 단순히 일반적인 무당보다 문제시 되었다.

따라서 이러한 행위가 사상적으로나 국가 체제 운영상에서 바람직하다고 생각하지 않는 조선 관리와 유자들이 공창 무당을 도성 밖으로 내쫓았다. 또한 『경국대전』에 이를 금지하는 법률을 제정했다. 그들의 활동에 대해서 집중적인 단속도 했다. 공징이와 같이 하늘에서 나오는 소리를 전한 김고음룡은 처벌의 대상이 될 수밖에 없는데 이에 대한 처벌이 불가능하다는 주장이 제기되는 것은 그가 장애인이기 때문이다. 그래서 중형을 내리지 않고 그냥 멀리 쫓아버리는 결정을 한다. 이 또한 세종의 평소 세계관 가치관에 부합하는 일이다.

1446년(세종 28) 11월 5일에도 함길도 홍원의 맹인 김성길에게 사형을 면하게 해 주었다.

처음에 형조에서, '함길도 홍원(洪原)의 맹인 김성길(金成吉)이 사람을 찔러 죽였습니다. 그 죄가 참형(斬刑)에 해당합니다' 라고 했으나 세종은 이 맹인이 불치의 병이 있다며 사형을 감해 주었다. 장애인은 따로 항상 보호의 대상이기도 하지만 그들의 능력을 쓰임에 맞게 인재 등용을 하였다. 시각 장애인이 활동한 영역은 음악연주가 대표적이다.

1424년(세종 6) 7월 22일, 맹인 26인이 국상 때문에 음악을 금지하여 생계가 어려워지자 그들의 소청에 따라 배려하기도 했다. 맹인 **박연**(朴連) 등 26인이, 병인들이 각기 거문고와 비파를 타는 것으로 직업을 삼아 생계를 이어 왔었는데, 근래 국상(國喪)으로 인하여 음악을 정지하여, 살아가기가 어렵습니다라고 하자, 이 말을 듣고 각기 쌀 한 섬씩을 주라고 세종이 명하였다. 국상 기간에는 음악을 연주하지 못하도록 하기 때문이다. 음악을 연주하지 못하여 생계가 어

박연 | 朴堧(1378~1458)

조선 초기의 문신, 도학자, 경세가, 문장가, 천문학자, 음악가이다. 초명은 연(然), 자는 탄보(坦父), 아호는 난계(蘭溪), 당호는 송설당(松雪堂)이다. 시호는 문헌(文獻)이며, 밀양 박씨 좌복야공파후 난계파조이다.

그는 아주 총명하고 학문이 탁월하였으며, 효심이 지극하여 여(시)묘를 6년 하여 1402년(태종 2)에 조정에서 효자 정려(旌閭)가 내려졌다. 1405년(태종 5)에 생원시에 급제하고 1411년 문과에 제1위(장원)로 등과하였다. 세종이 대군 시절 세자시강원 문학으로 세종을 가르쳤다. 집현전 교리를 거쳐 지평(持平)·문학대제학을 역임하였다. 세종이 즉위한 뒤 악학별좌(樂學別坐)에 임명되어 음악에 관한 일을 맡아 보았다. 세종실록 1428년 2월 20일 세종으로부터 세상일에 통달한 학자라는 평을 얻었다. 1431년 남급(南汲)·정양(鄭穰)과 회례(會禮)에도 아악을 채택케 하고, 조회와 회례에서 종전까지 기생이 추던 춤을 무동(舞童)으로 대치하여 문무이무(文武二舞)의 작변지절(作變之節)과 속부남악지기(俗部男樂之伎)를 추게 하여 궁정 음악과 예법을 전반적으로 개혁했다. 1453년(단종 1) 계유정난 때 집현전 한림학사이었던 셋째 아들 박계우가 교형되었으나 악학도제조인 수양대군이 악학제조인 박연이 4조(三朝)에 걸친 원로임을 인정하여 3족을 멸하는 죽음을 면하였으나 자손들의 안위를 위하여 1458년 2월 2일까지 고산에 자원안치되었다가 풀려나 49일 만인 1458년 3월 23일 죽었다. 가훈 17장을 지으니 도암(陶庵) 이재(李縡, 1680~1746)가 서문을 찬(撰)하였다.[*]

러운 것은 국가의 잘못은 아닐 수도 있지만 그들의 청을 들어준 것이다.

1431년(세종 13) 5월 27일에는 관현악을 연주하는 맹인들에게 각각 콩 한 섬을 더 주게 한다. 처음에 호조에서 관현악(管絃樂)을 연주하는 맹인들에게도 악공(樂工)의 예에 따라 춘추로 쌀을 주게 하시기를 청하자, 세종이 각각 콩 한 섬을 더 주게 했던 것이다. 장애인 관현악도 악공 그러니까 전문연주가로 인정하고, 그에 맞는 대우를 하였던 셈이다.

이들을 관현맹인(管絃盲人)이라고 했다. 이들은 어떤 활동을 했던 것일까. 단지 장애인에 대한 배려 때문에 그들이 이런 음악활동을 궁중에서 할 수 있었던 것일까. 여러 궁중 잔치들 가운데 여성이 주빈인 내연에서 음악 연주 및 정재(대궐 안의 잔치 때 하는 춤과 노래를 이르던 말)의 반주 음악을 맡았던 맹인 남성 악기 연주자늘이나. 넘녀가 유별하기 때문에 남성들이 궁의 여성들 앞을 자유자재로 오가는 것은 허용될 수 없는 점이 있었기 때문이다. 이는 마치 궁에 내시가 있는 것과 같은 이치다. 주로 관습도감이나 장악원에 소속되어 음악 활동을 맡았던 시각장애인들이다. 이들에 대해서 본격적으로 처우를 해주어야 한다는 목소리가 나오기 시작한다. 이른바 장애예술인에 대한 복지 정책이다.

세종실록 54권에 보면 1431년(세종 13) 12월 25일, 박연이 무동의 충원과 방향의 제조, 맹인 악공 처우 등의 일을 보고했다.

"관현의 음악을 맡은 장님은 모두 외롭고 가난하여 말할 데가 없는 사람들로서, 지난해에 뽑아서 관습도감에 들어온 사람이 겨우 18인 정도입니다. 그 가운데 재주를 취할 만한 사람은 4, 5인입니다. 그 나머지는 모두 처음 배워서 익숙하지 못하고 나이가 이미 반이 넘어서 잔폐(殘廢)함이 이미 심해졌습니다.

대개 관현의 음악을 익히는 일은 고생을 면치 못합니다. 복서(卜筮)의 직업은 처자를 봉양할 만합니다. 그래서 총명하고 나이 젊은 사람들은 모두 음양학으로 나가고 음률을 일삼지 않습니다. 만약 격려시키는 법이 없다면 고악(瞽樂, 맹인연주)은 끊어지고 앞으로 힘쓰지 않을 것입니다.

옛날의 제왕은 모두 안 보이는 자를 활용해 악사를 삼아서 현송(絃誦)의 임무를 맡겼습니다. 그들은 눈이 없어도 소리를 살피기 때문이며, 또 세상에 버릴 사람이 없기 때문입니다. 이미 시대에 쓰임이 된다면 또한 그들을 돌보아 주는 은전이 있어야 될 것 같습니다."

관현맹인은 궁중의 여러 작고 큰 행사들을 생각했을 때 반드시 필요한 이들이라고 할 수가 있다. 마치 환관이 궁중에 반드시 필요하듯이 눈이 보이지 않는 시각장애인들이 궁중 여성들을 위해서 음악을 연주할 수 있기 때문이다. 하지만 그들에 대한 처우가 그렇게 높지 않기 때문에 음악을 열심히 하지 않는다는 점을 말한다. 더구나 앞이 안보이기 때문에 더욱 더 음악 연습은 힘든 외롭고 고통스러운 과정인데 말이다. 좀 더 좋은 음악을 기대하려면 동기 부여가 필요한 것도 사실이다. 인상적인 말은 세상에 버릴 사람이 없다는 것으로 이러한 점은 미미한 어떤 사람이라도 각자 쓰임이 있는 인재관, 사람중심의 가치관을 드러내는 것이며 그것을 실현하는 것이 관현맹인이라고 볼 수가 있다. 구체적인 처우는 다음과 같이 제안된다.

"신의 어리석은 의견으로는 이미 도감에 소속된 18인 안에서, 그들이 연회에 모신 지 시일이 오래 된 사람은 동반 5품 이상의 검직(檢職, 임시 벼슬)을 제수하고, 그 나머지도 모두 배참을 허용해야 합니다. 만약 총명하고 나이 젊어서 여러 음악을 통해 알면서 자원해 입속하는 사람은 처음에 7품 검직을 제수했다가, 그들이 익힘을 기다려 예에 의거하여 참직을 주어야 합니다.

이렇게 자손들의 후일의 길을 열어 준다면, 우리들이 따로 비용을 들이지 않고 베풀어 주는 은혜가 될 것이며, 강권하지 않아도 자발적으로 참여할 것입니다. 도리에 해롭지 않을 듯합니다.

더군다나 점 치는 장님에게 검직을 주는 것은 이미 그 전례가 있지 않습니까. 또 그들에게 쌀을 내리는 것도 봄·가을 두 계절에만 한정하지 말고 사사로 나누어 줘 권려(勸勵)하고 흥기시키도록 하소서.

　사대부의 자손들에 폐질이 있는 사람이 하나뿐이 아닌데, 이 무리들이 이미 벼슬할 도리도 없습니다. 또한 음직(蔭職)을 물려받은 예도 없으니, 이것은 이른바 세상에서 버린 사람입니다. 만약 승중(承重, 대를 이음)해 이런 변고를 만난 사람이 있다면, 비록 공경의 아들과 훈벌의 자손이어도 자신이 이미 관작이 없으므로 조종에 봉사할 수 없게 됩니다. 이것은 성주께서 피아(彼我)의 차별이 없이 덕화(德化, 옳지 못한 사람을 어질고 선한 행동으로 바람직하게 변하게 함)가 그 늘진 골짜기 깊은 곳에는 미치지 못하는 유감이 없지 않을 것입니다. 원컨대, 4, 5품의 검직을 주어 겸해 구제하고, 이어서 전책에 써서 영구히 일정한 규정으로 삼으소서."

　핵심은 관현맹인에게 벼슬을 주자는 것이다. 그들에게 주자는 검직은 검교직이라고 했다. 정원 외에 또는 임시로 맡기는 관직이나 실직이 아닌 훈직을 말한다. 이미 점 치는 시각장애인에게는 검직을 주게 되어 있었기 때문에 법을 어기는 일은 아니라고 말하고 있다.

　그런데 이는 사대부들에게도 중요한 문제였다. 장애인은 사대부들 중에도 많이 있었다. 선천적으로 장애인인 경우도 있지만 중도장애인인 경우도 많았기 때문이다. 중도장애는 남자의 경우 특히 말을 타다가 떨어져서 생기는 경우가 많았다. 이들이 비록 능력이 있음에도 불구하고 관직을 통해서 정부의 일을 할 기회가 아예 없어지는 경우도 생겼다. 지적인 능력은 몸의 장애와 관련이 없는 경우도 많을 뿐 단지 거동이 불편할 뿐이다. 또한 이미 공신의 자제로 관직에 나갈 수 있는데 장애가 생겨서 나가지 못하는 예도 있었다. 이에 따라 그들에게 쌀을 주는 것도 일년에 두 번이 아니라 시시때

때로 주어야 한다는 청원이었다.

여기에서 다루는 문제는 주로 사대부 출신의 장애인을 말했지만, 천인 출신의 장애인은 어떻게 할 것인가 하는 점이었다. 제색 장인 가운데 천인인 사람도 재주에 따라 관직을 제수해 줄 것을 예조에서 청했다. 세종이 그대로 따랐다. 청원한 내용은 이랬다.

"관습 도감(慣習都監)의 관현(管絃)을 다루는 맹인은 재주를 시험해 직책을 받도록 이미 일찍이 입법되어 있습니다. 그런데 그 중에 천구(賤口)에 관계된 자는 재주를 시험하여 직책을 받지 못합니다. 제색(諸色) 장인(匠人)의 천구 수직(賤口受職)의 예에 따라 유품(流品) 이외의 잡직(雜職)에 재주를 시험해 서용(敍用)하게 하소서."[6]

천인 외에도 노비 및 노비를 가리키는 천구·천례(賤隷) 등의 용어가 사용되고 있다. 그들은 유외잡직이라는 하급 기술관직을 가질 수 있었다. 따라서 이에 준하여 유관잡직에 관현맹인이 종사할 수 있게 되었다. 본래 60세 이상과 15세 이하 노비와 장애인 노비는 역을 면제 받기도 했다.

시각장애인들이 참여한 일이 또 하나 있는데 기우제이다. 그런데 다른 임금도 기우제에 시각 장애인을 참여시켰는데 세종만이 그들에게 쌀을 주었다.

1426년(세종 8) 5월 25일, 명통사에서 기우하는 맹인에게 쌀 30석을 내렸고, 1427년(세종 9) 6월 26일에도 명통사에서 기우하던 맹인들에게 쌀 30석씩을 내렸다는 기록이 있다.

명통사(明通寺)는 조선 초기에 서울에 있었던 맹인들의 점복 교육기관 겸 집회소로 사용되었던 절이었다. 1436년(세종 18) 6월 2일에는 기우제를 드린 이진, 김청 등에게 상을 내렸는데, 도마뱀으로 기우한 동남(童男)과 명통사에서 기우한 맹인에게도 모두 쌀을 차등있게 내려 주었다.

한편 조선시대에는 매우 위독한 병에 걸린 사람(독질인, 篤疾人), 몸에 병이 남아있는 사람(잔질인, 殘疾人), 고칠 수 없는 병에 걸린 사람(폐질인, 廢疾人)을 배려했다. 이들은 오늘날로 보면 넓게는 장애인이기도 했다.

1423년(세종 5) 2월 4일, 농망기(農忙期)인데도 농사를 지을 수 없는 잔질, 폐질과 빌어먹는 자에게만은 진제(賑濟)를 주도록 지시했다. 그래서 그들은 흉년기에 들면 우선 구제대상이 되었다.

1418년(세종 즉위년) 11월 3일의 실록에도, 피륭(疲癃, 노쇠병)·잔질(殘疾)은 왕자(王者)의 정치에서 마땅히 불쌍히 여겨야 될 바이니, 안으로는 한성부(漢城府)의 5부(部)와 밖으로는 감사(監司)와 수령이 상세히 심문(審問)하여, 환상(還上)과 진제를 우선 나누어 주어 그들의 처소를 잃지 말게 할 것이다라는 기록이 있다. 1428년(세종 10) 10월 28일, 실화한 사람들의 처벌을 할 때 장애인에 대해서는 유보적이었다. 수성금화도감(修城禁火都監)의 제안에 따라 각방(各坊)의 실화(失火)한 사람 가운데 폐질(廢疾)은 죄를 다스리지 말고, 한성부에게 속(贖, 보석금)을 거두게 했다. 어린아이와 노인, 임산부가 실화를 할 수 있는 여지가 많기 때문에 아예 이런 조치를 마련한 것이다.

전반적으로 장애인에 대해서 그들에게 일을 할 수 있도록 하고 그에 대한 대가와 보상을 보장했다. 또한 일을 못하고 고생하는 그들에게는 편의와 복지 제도를 고민한 세종이었다.

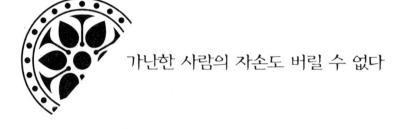

가난한 사람의 자손도 버릴 수 없다

　세자의 배필에 대한 기준을 말했다. 왕이 지신사(知申事) 정흠지
(鄭欽之)에게 일렀다.

　"이제 동궁(東宮)을 위하여 배필을 간택할 때에는 마땅히 처녀를
잘 뽑아야 하겠다. 세계(世系)와 부덕(婦德)은 본래부터 중요하다. 혹
시 용모가 아름답지 않다면 또한 불가(不可)할 것이다. 나는 부모 마
음에서 친히 간택하고자 한다. 그러나 옛 예법에 없어서 실행할 수
가 없다. 그러므로 창덕궁(昌德宮)에 모이게 하고 내관(內官)에게 시
녀(侍女)와 효령대군(孝寧大君)과 함께 뽑게 해야겠는데 어떻겠는가."

　황희·맹사성·변계량·신상·윤회 등은 모두 "좋습니다" 했
다.

　그러나 허조만 유독 반대했다.

　"불가(不可)하옵니다. 만약에 한 곳에 모이게 하고 그 가운데 가
려 뽑는다면 오로지 얼굴 모양만을 보고, 덕(德)을 보고 뽑지 않게
될 것입니다."

　이 말을 듣고 왕이 말했다.

"잠깐 보고 어찌 곧 그 덕을 알 수 있겠는가. 이미 덕으로서 뽑을 수 없다면 또한 용모로서 뽑지 않을 수 있겠는가. 마땅히 처녀의 집을 찾아 돌아다니면서 좋다고 생각되는 자를 예선(豫選)해서, 다시 창덕궁에 모아 놓고 뽑는 것이 좋겠다."

모두가 "좋습니다"[7]했다.

영응대군의 배우자 선택 문제를 대신들과 의논했는데, 물적 조건을 보지 않았다.

왕이 도승지 이사철(李思哲)에게 이르기를,

"지금 처녀를 고르되 어떻게 선택할까."

이에 이사철이 아뢰었다.

"대대로 악질(惡疾)이 있는 자와 음란함이 있는 자와 불충(不忠)·불효(不孝)를 범한 자, 및 세계(世系)가 평미(平微)한 자와 집안이 외롭고 쓸쓸한 자는 택하지 아니할 것입니다."

왕이 말했다.

"이 몇 가지 일을 논하지 말고 모두 다 골라서 아뢰면, 내가 친히 보겠다. 비록 가난한 사람의 자손일지라도 버릴 수 없다."

이때 영응대군(永膺大君)의 부인(夫人) 송씨(宋氏)가 병 때문에 나가고, 다시 배우자를 고르기 때문에 말한 것이었다.[8]

> **영응대군** | 永膺大君 李琰
> (1434~1467)
>
> 이름은 이염(李琰). 세종의 여덟째 아들이고, 어머니는 소헌왕후(昭憲王后) 심씨(沈氏)이다. 1441년(세종 23) 영흥대군(永興大君)에 봉해지고, 1443년에 역양대군(歷陽大君), 1447년에 영응대군으로 개봉(改封)되었다. 부왕의 총애가 지극하였다. 1450년 부왕 세종의 죽음도 영응대군의 저택인 동별궁(東別宮)에서였다. 1463년(세조 9) 〈명황계감(明皇誡鑑)〉의 가사를 한글로 번역하였고, 글씨와 그림에 능하고 음률(音律)에도 통달하였다. 세종시대 때에는 고려 말의 최무선이 만든 화약 병기 주화(走火)를 발전시킨 신기전(神機箭) 개발에 큰 도움을 주기도 한다. [*]

1429년(세종 11) 7월 18일 동궁의 시녀 호초를 옥에 가두도록 명하고 휘빈 김씨를 사재로 내쫓다. 그렇기 때문에 동궁 그러니까 문종은 다시 장가를 가야 했다. 그런데 여기에서 세종이 용모를 본다는 말을 직접적으로 하고 있다. 세종이 용모를 중요하게 내세운 것은 무엇 때문일까. 그것은 휘빈 김씨가 외모에 대한 열등감이 있어서였다.

휘빈 김씨는 키가 매우 커서 남자들의 키를 넘나들었다고 한다. 더구나 네 살이나 많았다. 당시 문종의 나이는 16살이었다. 문종이 매우 미남자인 것에 비해서 휘빈 김씨는 박색이었다고 한다. 그러므로 문종은 휘빈 김씨를 잘 찾지 않았다고 한다. 발을 동동 구른 것은 당연히 휘빈 김씨였다. 어떻게 하면 문종의 관심을 끌 수 있을지 고민하게 되었다.

한 가지 예를 보면, 문종의 관심을 갖기 위해서 김씨는 문종의 수발을 드는 궁녀들의 신발을 태워서 그 재를 그녀들의 음식에 넣기도 했다. 그렇게 하면 효동과 덕금이라고 하는 궁녀를 문종이 잊고 자신에게 다시 돌아올 것이라는 미혹한 말을 믿었다. 뱀의 암수컷이 관계에서 나온 기운을 묻힌 손수건을 가지고 다니면 문종이 자신에게 다시 오리라 생각했다. 문종의 시녀들이 자신의 신발이 없어지면서 김씨의 시녀 호초에게 묻게 되고 결국 중궁 상궁에게 모든 것을 털어놓게 된다.

세종이 외모를 보겠다고 언급한 것은 원래 그런 것이 아니라 휘빈 김씨의 행동을 보고서 놀라서 이런 행동을 한 것이다. 문종이 여자로 느껴지지 않는 세자빈을 간택해서 이렇게 문제가 생겼다고 판단을 한 것이다. 반드시 얼굴이 아름답지 않다고 하여 덕을 가지고 있다고 할 수 없듯이 외모가 낫다고 하여 덕이 없다고 할 수는 없는 것이다. 더구나 문종이 외모가 뛰어나기 때문에 그에 상응하는 짐을 생각하지 않을 수 없게 되었다.

애초에 휘빈 김씨도 덕이 있는 사람이라고 하여 간택을 했는데 결국에는 외모 열등감 때문에 각종 비방을 취하여 세자를 유혹하고자 했던 것이다. 그렇다면 최소한 외모에 대한 열등감은 없는 사람이어야 한다. 만약 김씨가 외모에 대한 열등감이 없었다면 그러한 일을 하지는 않았을 것이다. 결국 간택에서 뽑힐 여성은 적절한 외모가 뒷받침 되어야 함을 의미하겠다. 너무 외모를 무시하는 것은 인간의 본성을 외면하는 것이니 그것을 잘 통제할 수 있는 수준이어야 한다는 것이다.

한편, 영응대군은 세종이 가장 마지막에 본 왕자이고 그 왕자의 집에서 생의 마지막을 보내기도 했다. 1434년(세종 16) 4월 15일, 왕자가 탄생하니, 바로 영응대군(永膺大君) 이염(李琰)이었다. 늦게 나온 아들이라서 그런지 세종이 귀여워했던 것으로 보인다.

1444년(세종 26) 7월 8일 친히 사정전(思政殿)에서 영응대군 이염의 배필을 골랐다. 그러나 곧 부인 송씨가 병 때문에 궁궐에서 나가게 된다. 1449년(세종 31) 6월 26일, 영응대군은 죽은 부윤 정충경의 딸에게 장가든다. 역시 세종이 얼마나 사랑했는지 실록에도 임금이 이염을 사랑하기를 여러 아들 중에 특별해서, 여러 만금의 진귀한 보물을 상사(賞賜)했다라고 적혀 있고, 그 사랑은 영응대군의 집짓기에서 드러난다.

1450년(세종 32) 윤 1월 29일, 영응대군의 집이 살만하여 따로 집을 지으려고 하지 않았는데, 선공 제조(繕工提調)가 '불당(佛堂)을 짓고 남은 재목이 장차 썩어 쓸 수 없는 형편이오니, 영응대군의 집을 지음이 마땅합니다'라고 했고, 이에 대신들이 동의했다.

세종은 처음에 영응대군 집을 지을 때, 한 궁을 따로 집 동편에 세워서 옮겨 거처할 곳을 준비하려고 했다. 그러자 선공 제조(繕工提調)와 경 등(卿 等)이 화재를 방비해야 한다며 부근에 사람의 집을 철거시킬 것을 청하였다. 세종은 이렇게 말했다.

"그 집 주인도 역시 옮겨 살려 한다 하니, 이 말은 심히 불가하다. 내가 사람의 집을 철거하라는 명령을 내리지 않았다면, 집주인도 자진하여 옮겨 살려는 이유가 없었을 것이다. 다만 불을 금지하는 명령을 엄하게 할 뿐이다."

2월 4일, 세종이 영응대군 집으로 거처를 옮겼고 얼마 지나지 않은 2월 17일, 영응대군 집 동별궁(東別宮)에서 훙(薨)하였다. 세종이 자신이 가장 귀여워하고 가까이 두었던 영응대군 집에서 세상을 떠난 것이다. 아마도 그런 대군이기 때문에 그의 빈을 선택하는 데 있어서도 정말 좋은 배필을 골라주기 위해서 가난한 집도 마다하지 않았을 것이다. 그것도 외모가 아닌 모두를 아우르는 종합적인 것이 아니었을까.

외모가 어떻든 스스로 열등감이 없어야 관계가 원만할 것이다. 그것이 외모보다 더 중요한 점이다. 가난해도 그 안에 가난에 대한 열등감이 없어야 한다. 가난이나 외모나 그 자체가 아니라 스스로 그것을 어떻게 생각하고 언행에 반영하는가에 삶이 좌우된다. 본인의 삶만이 아니라 다른 삶까지도. 인간이 외모에 연연하는 것은 자연스러운 일이기 때문에 그것을 인정하고 넘나들어야 이를 초월할 수 있는데 이것을 깨닫는 데는 상당한 시일과 경험이 필요하니 각자 감내할 몫이다.

잘 모르는 내 탓이다

왕이 정사를 보고 경연에서 『대학연의』를 강하다가 『채미편(采薇篇)』과 『군아편(君牙篇)』에 민간(民間)에서 간고(艱苦)를 근심하고 탄식한다는 말에 이르자 민생의 어려움을 이야기했다.

정초(鄭招)가 아뢰었다.

"임금 노릇 하기의 어려움, 백성을 보호하기의 어려움, 민생(民生)의 질고(疾苦), 국운(國運)의 안위를 신들이 비록 바른대로 말해도, 어찌 능히 이와 같이 상세하겠습니까. 삼가 생각하옵건대, 전하께서는 진서산(眞西山, 眞德秀)의 천고(千古)의 충론(忠論)으로 잠규(箴規)를 삼으소서. 우리나라 백성의 생계가 비록 아내를 팔고 자식을 파는 처지에 이르지 않았지만 전하께서 오늘날의 마음을 잊지 않으시면, 국가가 매우 다행할 것입니다."

왕이 말했다.

"내가 마땅히 마음 깊이 품어 잊지 않겠노라."

다시 관련하려 말했다.

"우리나라 백성이 살아가는 데 어찌 곤궁한 사람이 없겠느냐."

정초 | 鄭招(? ~1434)

조선의 문신이다. 본관은 하동. 자는 열지이다. 태종 때 문과에 급제하여 검열이 되었으며, 1407년에는 문과 중시에 급제하여 정언이 되었다. 그 후 세종 때 공조와 예조참의를 거쳐 예조참판을 지낸 뒤, 1423년에 함길도 도관찰사로 나갔다. 1430년에 공조판서로 있을 때 왕명으로 『농사직설』을 편찬하였으며, 정인지와 함께 역법을 개정하였다. 1433년에는 이천과 함께 혼천의를 제작했으며 『삼강행실도발』을 편찬하였다. 경사에 밝았으며 역산, 복서(거북의 등껍질로 치는 점)에도 통달하였다. 저서로는 『회례문무악장』 등이 있다. [*]

탁신이 대답했다.

"입을 것도 없고 먹을 것도 없이 곤궁하여 하소연할 데가 없는 사람이 여염(閭閻) 사이와 촌항(村巷) 가운데 있어도 다만 백성을 다스리는 사람이 살피지 못한 것뿐입니다."

왕이 말했다.

"내가 궁중에서 나고 자랐으므로, 민생의 간고한 것은 다 알지 못한다."

정초가 아뢰었다.

"소민(小民)을 찾아서 물으면, 알 수 있을 것입니다."

왕이 말했다.

"맞다."[9]

상참을 받고 윤대를 행하였다. 경연에 나아가서 참찬관 등에게 왕이 말했다.

"옛부터 상서(祥瑞)로운 물건은 착한 임금의 세상에 감응(感應)하여 나오는 것이다. 지금 중국의 조정에서는 상서를 매우 기뻐한다. 그러나 우리나라의 일로 본다면, 전년에 평강(平康)에서 강무(講武)할 때에 흰꿩[白雉]이 임금의 수레 앞에 나타났다.

금년은 전라도와 경상도에서 여러 번 청낭간을 바쳐서, 예조에서 바다의 상서[海瑞]라고 일컬어 가송(歌頌)을 지어서 회례연에 연주하고자 했다. 그러나 내 생각에는 성인의 세상에 있어서 아름다운 상서가 감응하였다면 그것은 상서가 분명하다. 하지만 나 같은 덕(德)이 적은 사람이야 이찌 상서의 감응을 일어나게 할 수 있겠는가. 상서로운 물건이 나타난 것은 요행이고 감응은 아니다. 다시는 그런 말을 하지 말라."[10]

충주 판관 이백충(李伯忠)·금성 현령(金城縣令) 서지경(徐止敬)·맹산 현감(孟山縣監) 조전(趙篆)이 사조하니, 왕이 불러 보고 말했다.

"임금의 직책은 백성을 사랑함이 중한 것인데 내가 즉위한 지 10년이 되었으나, 하늘과 땅이 재변을 보이시니, 내가 백성을 위하여 마음을 쓰지 못하였기 때문에 이런 것이 아닌가 근심스럽다. 지금 또 겨울이 따뜻하고 눈이 적으니 내년의 농사가 염려된다. 대신들이 너희들을 수령으로 삼을 만하다고 하므로 이에 보내는 것이니, 마침 진제(賑濟)할 때를 당하여 무휼(撫恤)하는 데에 마음을 쓰라."

이에 백충이 대답했다.

"하교가 이와 같으시니 신 등이 감히 힘을 다하지 않겠습니까."

다시 왕이 말했다.

"네가 마음과 힘을 다하겠다고 말하니 내가 매우 가상하게 여긴다."[11]

『대학연의』는 조선시대에 간행한 송나라의 학자 진덕수(眞德秀, 1178~1235)의 대학 주석서로, 동아시아 정치 지도자들의 필독서로 인식되었던 책이다. 조선 태조와 태종이 탐독하고 세종이 탐독했다고 한다. 어떤 사람은 백 번 이상 『대학연의』를 읽었다는 말도 있다. 유교적 정치이념을 실현하는 조선 왕들의 필독서이며 통치철학과 실제 방법을 황제에게 간언하는 형식으로 서술되어 있어, '제왕학(帝王學)의 교과서'로 불리기도 한다.

국가 통치의 의미와 제왕의 마음가짐, 간신의 구분과 인재 발탁, 백성들의 사정을 공정하게 대하는 법, 통치자가 윤리적이고 도덕적인 인간이 되기 위해 끊임없이 노력하고 자아를 성찰하는 방법을 포괄하고 있다. 어떤 이는 이 책이 세종의 애민 사상이 싹트게 만든 기초라고 말하기도 한다. 이 책에서 군주가 해야 할 일을 대신이 말하고 있는 대목에서 대화가 오고간 것이다.

객관적으로 어려운 지경에 처한 백성이 많은가, 적은가는 부차적인 이야기라고 할 수 있다. 아무리 태평성대라고 해도 어려운 지경에 있는 백성은 언제나 있는 법이다. 다만, 그것을 파악하지 못하는 것은 그 상황을 대하는 사람일 수밖에 없는 것이다. 당연히 임금은 그것을 파악하기 위해서 노력을 해야 한다.

그런데 세종은 항상 겸양의 태도를 보인다. 자신이 스스로 궁궐에서 태어났기 때문에 백성들의 삶이 구체적으로 어떠한지 어떤 어려움이 있는지 잘 모른다고 인정을 한다. 그것에 대해서 내가 왜 모르냐고 항변을 하거나 다 아는 듯이 이야기 하는 태도를 보일 수도 있었지만, 그는 많은 이야기를 듣고 객관적인 판단을 하려고 노력한다. 세종은 자신의 책임이나 자신의 행태 때문에 벌어지는 일들에 대해서 많이 언급하기도 한다.

1427년(세종 9) 7월 18일, 사조(辭朝, 조선시대 새로 임명된 관리가 부임하기 전 또는 외국의 사신이 떠나기 전에 임금께 하직 인사를 드리던 일)한 김희경·안덕회·채윤 등에게 백성들을 구휼하는 데 힘쓰라 당부했는데 세종이 불러 보고 말하면서 자신의 탓임을 강조한다.

"하늘의 뜻이 꾸짖고 노하여 큰 가뭄이 이와 같으니, 나는 두려워하고 반성하여 어찌할 바를 모르겠다. 그대들은 나의 지극한 마음을 본받아 굶주린 백성을 진휼하라."

자신은 잘못한 것이 없고 모두 다른 사람들 탓이라고만 하지 않고, 모든 것이 관리나 벼슬아치, 대신들의 잘못이라고 책임을 전가하지도 않는다.

1423년(세종 5) 7월 3일, 백성의 폐해를 구제하는 것 등에 관해 교지를 내리는데 여기에서도 자신의 탓을 말한다.

"백성은 나라의 근본이다. 근본(백성)이 튼튼해야만 나라가 평안하게 된다. 내가 박덕(薄德)한 사람으로서 외람되게 생민의 주(왕)가 되었다. 오직 이 백성을 기르고 무수(撫綏)하는 방법만이 마음속에 간절하다. 그리하여, 백성에게 친절하고 배려하는 관원을 신중히 선택하고 출척(黜陟)하는 법을 거듭 단속하였다. 그랬는데도, 오히려 듣고 보는 바가 미치지 못함이 있을까 염려된다."

무수(撫綏)는 어루만져 편안하게 한다는 뜻이고 출척은 두려워하고 조심하는 것을 말한다. 백성을 위해 좋은 관원을 잘 택하여 그들이 두렵고 조심하게 하여 정책이나 행정을 펴도록 해야 하는데 자신이 그렇게 하지 못했다고 말한다. 관리나 백성의 탓이 아니라 자신의 탓이라고 우선 말하고 있는 것이다.

사람은 나이가 들어가면 아무리 뛰어나고 훌륭한 능력과 역량을 가지고 있어도 예전만 못할 수 있다. 대부분의 사람들은 나이가 들어감에 따라 드러나는 자신의 잘못이나 오류에 대해서 숨기고자 한다. 하지만 세종은 그렇게 숨기거나 부정하지 않고 스스로 겸허하게 인정을 하였다.

1436년(세종 18) 10월 16일, 강원도는 정한 수효대로, 3도(충청·경상·전라도)는 반만 사람과 가구를 성읍에 옮기게 하는 문제를 논의하던 중에 세종이 말했다.

> "내가 젊었을 때에는 혈기가 한창 왕성해 일을 생각함이 주밀했기에 계획한 것이 혹시 그 적당함을 얻게 되었다. 그런데 근래에는 혈기가 쇠약해 생각하는 것이 조금씩 틀리고 행동하면 문득 불길하게 된다."

만약 열등감이 있었다면 지금의 행동을 방어하거나 오류가 없음을 변명할 것이다. 나이가 들어감에 따라 주의력이나 집중력, 지구력 등이 떨어질 수 밖에 없다. 그것이 없다고 할수록 오히려 잘못은 더 늘어날 것이며 그로 인한 폐해는 증가할 것이다. 또한 주위 사람들에게 신뢰와 믿음을 주지 못하고 불신과 불통의 늪에 빠지게 되어 정책 사안이 오히려 잘못 될 수 있다. 자신에 대해 정확히 진단하고, 그것에 대해 인정하게 되면, 잘못과 실패가 반복되지 않거나 교정될 수 있다. 그것은 최고의 지도자일수록 매우 필요한 덕목이자 자질이며 요구되는 조건이다. 그 미치는 영향이 매우 크기 때문이다.

의원 탓이 아니라 운명이다

　1444년(세종 26) 12월 11일, 승정원과 사헌부에서 광평대군을 치료한 의원 배상문에게 벌을 내릴 것을 청하였으나 윤허하지 않았다.

　앞서 승정원에서 이렇게 아뢰었다.

　"의원 배상문(裵尙文)이 광평대군(廣平大君) 병환을 치료하는데 조섭(調攝)을 잘해 드리지 못하여 대고(大故)를 당하게 하였습니다. 청하옵건대, 국문하소서."

　사헌부에서도 또한 상문의 죄주기를 청했다

　그러나 이에 대해서 세종은 달리 말했다.

　"배상문이란 자는 본디 맹랑한 사람이다. 그러나 이것은 상문의 죄가 아니고 죽은 자의 운명인 것이다. 옛날 성녕대군(誠寧大君)이 돌아가자 의원을 죄주었다. 그때 사람들이 비웃었다. 그러나, 그 의원은 병 증세를 알지 못하고 치료를 옳게 하지 못하였기 때문에 내가 그 죄를 다스리기를 청하였던 것이고, 태종의 의사로 하신 것은 아니었다. 지금 배상문의 경우는 이와 다르다. 예로부터 임금된 이가 사랑하는 첩이나 아들의 죽은 것으로 의원을 죄주는 일이 많으나, 나는 실로 그것을 잘못으로 여긴다" 하고, 끝내 허락하지 아니하였다.

흔히 영화나 드라마, 소설에서는 궁궐 사람들을 치료하는 어의나 내의원 의원들이 처벌을 받는 설정이 많이 등장한다. 특히 왕족들이 잘못되면 그에 대한 책임을 물어 하옥하거나 귀양은 물론이고 심지어 사형을 시키기도 한다. 물론 시청자들에게 극적인 재미를 주기 위한 설정인 경우가 많지만, 전혀 근거가 없는 것은 아니다.

이런 비교 대상으로 앞에서 언급한 태종의 사례가 있다. 1418년(태종 18) 2월 7일, 형조·사간원에서 양홍달 등 의원의 죄를 청하였는데 형조에서 상소한 내용은 이러했다.

> "의원의 직임은 진실로 병세를 진찰해 약이(藥餌)를 바치는데 정확하고 세미해야 했습니다. 지금에 성녕대군의 병이 위급하여 졸(卒)하기에 이르자, 의원 양홍달(楊弘達)·이주(李舟)·조청(曹聽)·원학(元鶴)·박거(朴居) 등이 오히려 병의 증세를 정미하게 진찰해 그 증상을 분명하게 말하지 않았습니다. 병세를 진찰해 약을 바치는데 마음을 쓰지 않은 것이 명백합니다. 윗 항목의 의원 등은 그 직첩(職牒)을 거두고 그 이유를 국문해 후래(後來)를 징계하소서."

간한 핵심은 성녕대군의 병을 치료했던 의원들을 징계해야 한다는 상소의 내용이었다. 그들이 병을 정확하게 진단하지 않고 그 방법을 정확하고 세밀하게 적용하지 않았기 때문에 돌이킬 수 없는 결과를 낳았다는 것이다. 상소의 내용은 받아들여신다. 뒤이어 2월 23일, 의원 양홍달을 성녕대군의 병에 대한 책임을 물어 파직하기에 이른다. 내용을 보면, 의원 양홍달을 파직하여 4품으로 한정하고, 원학·박거 등의 직첩을 거두고 강등하여 전의 조교(典醫助敎)로 삼았다.

그러나 태종이 처음부터 받아들인 것은 아니다. 실록을 보면 처음에 형조와 사간원에서 상소하여 양홍달 등이 성녕대군의 병 증세를 분명히 말하지 않았던 죄를 청했으나, 임금이 윤허하지 않았다라고 한다. 끝까지 누군가 강하게 요청했기 때문인데 실록에는 "이때에 이르러 판서 윤향(尹向) 등이 예궐(詣闕)하여 군이 청하였기 때문이었다"라고 되어 있다.

후일 영조 때에도 처벌을 받은 적이 있다. 1724년(영조 즉위년) 8월 30일, 사간원에서 약을 잘못 쓴 어의와 이공윤을 탄핵하니 국문해 처벌케 했다. 사간원에서, 어의 등이 마침내 병 증세에 따라 약을 쓰지 못하였으니, 청컨대, 잡아다가 국문하여 죄를 정하게 하소서라고 아뢰었다.

그때의 내용을 살펴보면 '유의(儒醫) 이공윤(李公胤)은 입진(入診)할 때마다 문득 오만한 태도를 취했으니 이미 지극히 공경스럽지 못하였는데, 이번에 위예(違豫) 했을 적에는 오로지 몹시 공격적인 약제만을 써서 병세가 도리어 악화되게 하였다' 는 것이다.

그렇다면 이때는 그의 태도를 문제 삼기도 했는데, 이공윤의 태도는 어떠했는가.

"위독했던 날 저녁에는 전하께서 근심하고 두려우면서 초조해서 급히 불러다가 증세를 물어 보니, 조금도 놀라거나 동요되는 뜻이 없었습니다. 그리고 느릿느릿 아무렇게나 대답하고는 서둘러 나가버렸습니다. 말씨와 행동거지가 교만스럽고 도리에 어긋났습니다. 그날 입시(入侍)했던 여러 신하들 가운데 놀라 분개하지 않는 자가 없었습니다. 청컨대, 잡아다가 엄중하게 국문하여 율(律)에 따라 감단(勘斷)하게 하소서.”

　태도가 매우 불순했다고 말하고 있고 이에 따라서 처벌을 하게 한 사례이다.

　그런데 한편으로 생각해보면 공격적인 약제를 쓴 것은 그만큼 상태가 매우 좋지 않았음을 말하는 것이고, 그의 느린 태도는 더 이상 방법이 없음을 뜻하는 것이기도 하다. 세종의 말대로 운명이 다한 것임에도 불구하고 그러한 점을 의학적으로 접근하지 않고 처벌에만 한정하는 것은 적절하지 않은 것이다. 당연하게도 의관은 잡직에 불과하니 대우가 그렇게 높지 않는 상황에서 의원에게 책임을 묻는 것은 매우 쉬운 일이었다. 그러나 그 책임을 묻는 데서 정확한 분별은 없어지기 쉬웠다.

　의학을 모르면서 의학에 대해서 함부로 논하는 경우도 매우 많다. 세종이 의학에 대해서 매우 중요하게 생각하고 장려했음은 주지의 사실이다. 사실 대신들이 정말 의학이나 치료 방안에 대해서 잘 알고 있는지 알 수가 없다. 그들은 무조건 처벌을 엄하게 하면 자연스럽게 치료를 잘하거나 병을 낫게 할 수 있다는 형벌중심의 방책을 주장하는 것이다. 1440년(세종 22) 6월 25일, 젊고 총명한 자를 골라 의방을 익히게 했는데 세종이 다음과 같이 말했다.

　“의술은 인명을 치료하므로 관계되는 것이 가볍지 않으나, 그

러나 ㄱ 심오하고 정미한 것을 아는 자가 섞나. 판사(判事) 노중례
(盧重禮)의 뒤를 계승할 사람이 없을까 염려되니, 나이 젊고 총명
민첩한 자를 뽑아서 의방(醫方)을 전하여 익히게 하라."

어려운 병일수록 깊이 알아야 하고 그 처치는 세밀해야 한다. 단순
히 겉으로 보이는 것과 인과관계를 잘 따져보려면 전문적인 지식이 있
어야 한다. 세종은 의학적인 원리를 알았기 때문에 오히려 무리하게
처벌하는 것을 수용하지 않았을 것이다. 불치병의 경우 그 병이 문제
일 뿐 의관에게 책임이 없는 경우가 많다. 단지 태도만을 문제 삼는다
면 병이 나을 수 있는지도 의학적인 관점에서는 타당하지 않다. 병원
균에 인과 예는 없다. 물리적 환경이 맞으면 그대로 감염되고 병증을
일으킬 뿐이다. 오히려 잘못하면 좋은 전문의를 단지 불치병을 낫게
하지 못했다는 이유로 배제하고 쫓아내는 일은 의료손실이라고 볼 수
있고 왕실에 더 나쁜 결과를 낳을 수도 있는 것이다.

그런데 세종이 옹호했던 의관 배상문의 경우, 무조건 그를 감싼
것도 아니다. 잘못이 있을 때는 그에게 잘못을 물은 전례가 있기 때
문이다. 상의원 관원 김효생이 저수지에 빠져 죽자 이를 막지 못한
별좌내의를 문책한다.

1443년(세종 25) 6월 22일, 밤에 상의원 관원(尙衣院官員) 김효생(金孝生)
이 저수지에서 목욕하다가 빠져 죽는 일이 벌어지자 세종이 말했다.

"상의원 못을 반드시 깊이 판 연후라야 물을 고이게 하여 화재
를 금단할 수 있는 것은 아니다. 만약 깊이 팠으면 미리 금방(禁防)
을 설치하여 빠져 죽는 걱정이 없게 하여야 할 것인데, 어찌하여
사람을 빠져 죽게 하였는가. 별좌(別坐) 매우(梅佑)는 입직(入直)하여

서 목욕하는 것을 능히 금하지 못했다. 내의(內醫) 배상문(裵尙文)과 오상신(吳尙信)은 능히 구료하지 못하여서 죽게 했다. 사헌부로 하여금 매우를 핵실하여 밝혀라."

곧이어 배상문과 오상신을 의금부(義禁府)에 하옥시켰다. 왜 이때는 그들을 하옥 시켰을까? 책임자인 벌죄 매우는 목욕금지지역에서 하지 못하도록 금지해야 하는데 그렇지 못했기 때문에 죄를 물었다. 배상문, 오상신이 하옥되고 죄를 받게 된 것은 분명해야 할 의료행위를 하지 않았기 때문이다. 이렇듯이 세종은 정확하게 분별하고 적용했다. 의관들이 할 수 있는 일과 할 수 없는 분별을 해서 죄여부를 정확하게 물었던 것이다. 국정을 이끌어가는 지도자는 이러한 분별력이 필요하다. 내부적으로 통제할 수 있는 변수인가, 그렇게 하기 힘든 외부적인 변수인가를 분별해서 그 인사를 배치하고 그에 따라 책임도 부여해야 한다. 무조건 엄하게 또 무조건 유하게 해도 문제가 있으며 노력이 들어가도 헤아려 적용하는 것이 최고 지도자에게는 국정 운영 요체에서 중요하다.

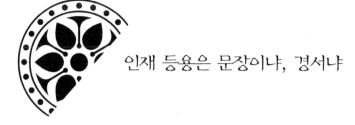

인재 등용은 문장이냐, 경서냐

　과거를 볼 때에 글을 외우게 하여 임금이 친히 심사하기로 했다. 정사를 보았다는데, 판중추원사 허조가 아뢰었다.

　"국학의 유생들은 전혀 사장(詞章)만 익히고 경서(經書)는 읽지 않으니 폐단이 실로 적지 않습니다. 이것은 다름이 아니라 과거에서 강경(講經)하지 않는 까닭입니다. 강경법을 시행하게 되면 자연히 실학에 힘쓰지 않을 수 없을 것입니다."

　왕이 말했다.

　"내가 항상 이것을 염려했다. 아직도 결정하지 못했다. 태조 때 처음으로 과장에서 경서를 외우게 하는 법을 세웠다. 그랬더니 태종 때에 권양촌(權陽村, 권근)이 번번이 강경을 파하기를 아뢰는 것을 나도 자세히 들었다. 그것이 어찌 살피지 않고 한 말이겠는가. 그 뒤에 또한 변계량도 강경하는 법이 잘못이라고 역설하여 임금께서 그만두라고 지시하는 것을 내가 들었다. 강경을 할 때에는 폐단이 없지가 않아 심한 자는 혹 비밀히 거자(擧子, 시험생)에게 알려 주는 자도 있었다고 한다. 그러니 이는 인정에 어쩔 수 없는 것이었다. 만약에 한때 정승이었거나, 집정대신(執政大臣)이었고, 혹은 친구의 자제라면 사정을 봐줄 것이다. 강경하는 법이 마침내 폐단이 있어 선비들을 뽑을 때에 쓰지 않았다. 그 과거에 응하는 거자들이 어찌 미리 사정이 용납될 줄 알고 글을 읽지 않겠는가. 이제 강경으로 선비를 뽑게 되면 반드시 글 읽는 실적이 있을 것이다. 대저 경서에 익숙한 것이 귀하고, 그 분장 같은 따위는 국가에 아무 이익이 없다. 다만 외교 문서에만 이를 버리지 못할 따름이다. 만약에 대체를 알고 예의에 실수만 하지 않는다면 비록 문장에 소활(疏闊)해도 무엇이 해롭겠는가.”

예조 판서 권제(權踶)가 아뢰었다.

“지금 학자인데도 글을 읽지 않고, 또한 문선(文選)도 과거 보는 데 맞지 않다고 할 뿐입니다. 예사로 이 한때 제배(齊輩, 동료)가 지은 글이 제일 좋다고 하여 외웁니다. 이렇게 풍습이 되면 학술(學術)이 날로 낮아집니다. 오늘날보다 심할 때는 없을 것입니다.”

왕이 말했다.

“내가 이 일을 어떻게 하면 옳겠는가. 학문을 일으키는 방법은 전적으로 경 등에게 위임하겠다. 가히 대신들과 더불어 의논해서 결정하면 내가 마땅히 따르겠다.”

찬성사 신개가 아뢰었다.

“신 등이 일찍이 사관(史官)을 시험 보일 때에, 경서와 사기를 외우게 하고 그 말하는 바를 들었습니다. 의향(意向)이 각각 달라서 혹은 통(通)이라 하고 혹은 약(略)이라 하며 혹은 조(粗)라고 평가를 매깁니다. 그 조(粗)와 통(通)과는 진실로 간격이 있는 것인데 듣는 자가 한결같지 않게 했습니다. 강경으로 사람을 취한다는 것은 어려웠습니다.”

왕이 옳게 여기어 말했다.

"내가 무과(武科)를 친강(親講)하였을 때에도 조와 약의 사이를 정하기 어려웠다. 그것은 일정한 법규가 없기 때문이다."

권제가 또 아뢰었다.

"강경하게 되면 폐단이 있게 되니 진실로 과장에 쓸 수가 없습니다. 보통 때에 성균관이나 예조·대성(臺省)과 함께 여러 유생들이 경서를 읽고 외우게 해, 『대학』부터 오경에 이르기까지 일일이 문서를 두고, 사서와 오경을 모두 통하는 자에게 다시 물어서 정말 모두 통하고 깨우쳤다면 천거해서 쓰는 것이 어떻겠습니까."

왕이 말했다.

"반드시 사서와 오경을 모두 통한 뒤에 쓸 것이 아니다. 사서와 이경(二經)이나 삼경의 대의만 통해도 좋으니, 경 등은 함께 학문을 일으킬 방법을 의논해서 아뢰라."

조 등이 나가니, 임금이 여러 승지들에게 일렀다.

"과거 보는 해마다 먼저 제술(製述)로서 취하고, 궐정(闕庭)에 나아가 내가 친히 글을 외우게 하여 그 학문을 보게 하는 것이 어떻겠느냐."

권채가 대답했다.

"전시(殿試)에는 글 짓는 것은 파하고 외우는 것으로 등급을 정하는 것이 좋습니다."

임금이 말했다.

"어찌 단지 등급만 하리오. 그 통하지 못한 자는 뽑지 않는 것이 좋겠다."

신인손이 아뢰었다.

"전하의 건강에 피로하실까 염려되옵니다."

왕이 말했다.

"무엇이 피로하겠느냐. 하루 동안이 아니라 비록 5, 6일이라도 좋을 것이다."[12]

　　　　　인재를 새로 등용하는 것은 국정운영을 하는데 매우 기초적이면서도 중추적인 대사이다. 국정 운영 목표가 있고 그 목표를 잘 달성하기 위해서는 훌륭한 인재를 잘 배치해서 근무하도록 해야 한다. 인재 선발 과정이 그래서 중요하게 대두될 수밖에 없다. 하지만 인재 선발에는 그 기준에 따라서 다른 인재가 우수하게 평가될 수 있다. 따라서 원하는 인재가 등용되지 않거나 예상과 다른 인재임이 밝혀지거나 결과가 달리 나올 수 있다. 아울러 어디나 본질을 위해서 공부하는 것이 아니라 단지 누리게 될 지위에 더 관심을 갖게 되는 것인데 과거에서도 마찬가지다.

　국가 관료가 된다는 것은 사대부에게는 대단히 영광이면서 권력의 중심으로 진입하는 길이기 때문에 그 이익을 우선하다보니 시험 요령만 익히려 하는 폐단이 분명 있었다. 그 선발 중에 하나가 바로 과거 시험으로 국가가 필요로 하는 인재를 뽑는 제도다. 당연히 왕을 보필하는 차원이 넘어서서 인재는 국가 경영에서 중요한 일을 해야 한다. 그런데 그 인재는 어떤 능력을 가지고 있어야 할까. 조선시대 내내 중요하게 거론되던 화두이다. 강경과 제술, 두 가지 방식이 과거 시험에서 사용된다. 여기에서 많이 언급되고 있는 것은 강경이다.

　강경(講經)은 사서삼경(四書三經)을 암송하는 과거 시험 방식이다. 경서에 정통한 사람을 뽑기 위한 것으로 시험관이 해당 경서에서 특징 내목을 뽑아 응시생이 외우게 하는 것이다. 시험과목은 처음에는 명부에 적힌 책을 시강(試講)하였으나, 뒤에는 정원(政院)이 사서삼경 중에서 낙점 받은 것을 시강한다.

구체적으로 강경하는 법은 자호(字號)를 써 사서오경에 붙이고, 또 자호를 생(栍, 종이쪽지나 대쪽으로 만든 찌)에 써서 통(筒) 속에 넣어둔다. 자호는 어떤 사물의 순서를 번호로 매긴 것이 아니라 천자문으로 표기한 것을 말한다. 시험생은 이 자호에 해당하는 경서의 대문(大文)을 외워 보인다. 통/약/조/불, 네 개의 등급으로 나누었다. 시관이 답안의 등급을 정한 뒤에 봉미관으로 하여금 봉명을 뜯어 합격자 방을 쓰게 한다.

제술은 경서를 바탕으로 문장을 작성하는 것이다. 여기에서 세종은 제술 그러니까 글을 짓는 시험에 대해서는 매우 불신하고 있다. 그러나 강경이 가지고 있는 한계와 폐단도 모르지 않고 있다. 그럼 각각 장단점을 살펴볼 필요가 있다. 강경은 경서를 외우는 깃이기 때문에 부정의 여지가 있다. 미리 강경을 할 수 있는 주제를 알려 줄 수 있다는 것이고, 또한 사적인 정이 개입될 여지가 있다. 쉬운 경서의 내용을 미리 알려줄 수 있기 때문이다. 강경은 경서의 내용을 얼마나 충실히 아는가를 나타내기 때문에 그대로 암송하는 것이라서 이른바 속일 수가 있는 것이다.

제술의 경우에는 글을 짓는 것인데, 세종은 그것이 별로 쓰임이 없다고 직접적으로 말한다. 그 쓰임은 외교문서 정도에 중요하게 사용될 뿐이라는 것이다. 제술에 의존할 경우 가장 많이 언급하는 것은 바로 학문이다. 경서를 읽지 않고 문장 짓는 연습만 하기 때문에 공부를 게을리 하고 만다. 경서를 읽지 않고 글을 잘 짓는다는 것은 형식적인 글쓰기만 할 뿐 내용이 없어진다는 것을 의미한다.

글을 읽지 않을뿐더러 문장이라고 해도 과거에 나올 것만 관심을 갖고 연습을 하게 된다. 이는 학문을 연구하는 기풍이 사라지고 관리들의 학술 실력이 떨어지게 됨을 의미한다. 시문을 짓는 것보다 경서의 내용을 숙지하는 것이 국가 경영에 더 도움이 된다는 입장인 것이다. 관리를 뽑는 것은 국가 정책을 기획·결정·집행하는 인재를 발탁하기 위해서이기 때문에 단순히 글을 짓는 것을 우선하게 되면 오늘날로 말하면 문창과 우수생에게 해당하는 인재에 머물 수 있다. 글 짓는 능력이나 실력이 필요한 이유는 문치에서 중요한 것이 문장의 구성과 전달이기 때문이다.

이 두 개를 절충하는 방안은 없을까. 결국 글을 짓는 능력을 함양하고 여기에 경서를 열심히 외우게 함이 필요할 것이다. 그렇게 했을 때 글만 짓고 경서를 공부하지 않는 풍토가 감소될 수 있지 않을까 생각할 수 있다. 국가 정책에 필요한 학문을 원하는 세종의 관점에서 경서들을 충실히 많이 읽은 인재를 원할 것이다. 고급인재는 그것이 중요하고 하급관리는 기교적인 문서 작성 능력이 필요하다. 그렇기 때문에 글을 짓는 제술이나 시문 짓기 행위에 대해서 낮춰 말하는 것이겠다. 제술 능력을 우선하면 최고의사 결정과정에 필요한 인재가 배제될 수가 있다. 무엇보다 객관적인 평가 기준도 중요했다. 사사로운 정을 개입시키지 않는 것이 필요하다. 여기에 네 가지 등급을 매기는 것이 객관적이지 않고 주관적일 수 있기 때문에 그것을 더욱 명확하게 해야 한다. 글을 읽고 외워 말하는 것은 실력을 차별화 하는 데 한계가 있기 때문에 제술을 하는 능력도 판별을 위해서 필요한 일이다

1437년(세종 19) 9월 3일. 임금이 친히 강경에 임하는 것을 의정부에 의논하게 했다. 그 내용은 제술과 강경을 결합하는 방식이다.

"근래에 학자들이 오직 사장(詞章)만을 익히고 경학(經學)에 힘쓰지 아니함은 진실로 염려가 된다. 이제 매년마다 친시(親試) 때에는 먼저 주장관(主掌官)에게 제술(製述)을 시험 보이게 하고 궐내로 나아가 친히 강경에 임하고자 하는데, 통하지 못하는 자는 뽑지 말고 통하는 자의 수대로 뽑게 되면 거의가 〈사장과 경서를〉 겸해서 익힐 것이요, 또한 실학을 돕는 일단(一端)이 될 것이니 여럿이 의논하여 아뢰라."

미세한 공적은 상을
주지 않아야 하는가

왜인을 잡아 죽인 제주도 사람에 대한 상의 수여 여부를 의논했는데, 사로잡지 않고 죽인 것과 작은 공에 대한 논란이 있었다. 상참을 받고, 정사를 보았는데 병조 판서 조계생(趙啓生)이 아뢰었다.

"신의 생각에 이번 제주에서 왜인을 잡은 사람은 논공(論功)해 상을 줄 수 없을 것으로 봅니다. 이 왜인은 갑옷과 병기 등의 전구(戰具)가 없었으니 해적의 선박으로 논할 수 없습니다. 왜인이 싸우지 않고 항복했으면 반드시 사로잡아야 하는 것입니다. 그런데 다 죽여 버렸으니, 이것은 혹시 한 사람이라도 살려두면 그 싸움에서 항거하지 않은 연유를 반드시 말할 것이라고 생각한 때문입니다. 그래서 나머지도 다 죽여 그의 누설을 막고 나라에 상을 요구한 것입니다. 그 계책이 간사하고 잔인하여 상을 주지 말아야 하겠습니다."

이 말을 듣고 왕이 말했다.

"병란 중에 있는 세상이라면 이런 미세한 공이야 포상할만한 것도 못된다. 하지만, 지금은 태평한 날이 계속된 지 오래다. 사방에 근신기리기 없는 때이나. 비록 이와 같은 미세한 공일지라고 역시 상을 줄 만하다. 더욱이 제주는 왜인들이 행상(行商)하는 곳이 아닌가. 다만 생포하지 않았으니, 이것이 정말 죄가 된다. 그러나 도리어 죄를 준다면 뒷사람에게 권장 격려하는 의의가 없게 될 것이다."

왕의 말을 듣고. 조계생이 아뢰었다.

"비록 그런 공이 있습니다만, 직분상 당연히 할 일입니다. 일부러 상을 줄 필요가 있겠습니까."

왕이 말했다.

"그렇다면 비록 큰 공로라도 또한 모두가 신자(臣子)의 직분으로 당연히 해야 할 일이 아니겠는가. 충성을 다해 공을 세우는 것은 신자의 일이다. 공로를 논의하여 상전(賞典)을 행하는 것은 인주(人主)의 권한이다. 옛날 밝고 어진 제왕들이 폐하지 않은 것이다. 그러니 좌 · 우의정(左右議政)과 같이 논의하여 아뢰도록 하라."[13]

1434년(세종 16) 5월 21일, 김종남의 처벌 문제를 논의했는데 공적에 대한 포상 문제였다. 이때 왕이 말했다.

"함흥(咸興) 사람 김종남(金從南)이 아홉 아내를 취(娶)하고 제 마음대로 포학하게 행동했는데 전에 조종의 응인(鷹人, 매사냥꾼)으로 오래 있었다. 근년 이래로 여러 번 매를 바쳤다. 내가 조종 때의 옛사람[舊人]이라 해서 어쩌다가 의복을 내려 주었는데, 이에 지나치게 교만함이 이같이 되었구나."

이에 도승지 안숭선이 아뢰었다.

"보통 사람의 심정은 상덕(上德)을 입으면 교만해지기 쉽습니다. 족히 임금의 덕을 더럽히는 데 미칩니다. 그리하여 조금이라도 보익(補益)함이 없는 것이 바로 그 상리이옵니다."

왕이 말했다.

"김종남과 같은 자가 혹시 있을까 두렵다. 함길도 감사에게 이 문하여 함흥의 수령이 잘 규찰하지 못한 죄를 핵문(劾問)하게 하여 그 나머지 사람을 경계하라."

상을 주는 것의 목적은 과거의 평가도 있지만 미래에 대한 동기부여라고 한다. 현재의 시상은 과거의 평가를 통해 미래의 공적을 더 많이 세우게 하는 역할이 있는 것이다. 이것은 공공의 일을 하는 이들에게는 매우 중요하다. 특히 상을 받은 경력이 승진을 하는데도, 중요하게 반영하기 때문이다. 승진은 지위와 그에 따른 권력이 높아지는 것이기도 하지만 그에 따른 경제적인 이익도 뒤따라오게 된다. 그런데 상을 받는 것은 나름 가치와 의미가 있어야 한다. 적절하고 타당하게 상이 주어지면, 그것이 사람들을 독려하고 앞으로 나가게 할 수 있지만 그렇지 않으면 상대적으로 부작용이 날 수도 있는 문제이다.

세종은 아무리 작은 공이라도 그것에 상응해 상을 주어야 한다고 보았다. 하지만 대신의 입장은 좀 달랐다. 대신은 상을 받기 위해서 조작을 했을 가능성이 높다는 점을 말하고 있다. 그럴 가능성도 있다. 이에 세종은 모든 것을 다 조작하지는 않았기 때문에 일정한 공적에 대해서는 그에 상응하는 조치를 해야 한다고 보았다. 즉 일정 부풀린 점이 있는데 그렇다고 해서 아예 공이 없는 것으로 평가하는 것은 타당하지 않다는 것이다. 생각해볼 점은 왜인이 다 죽었기 때문에 그것이 일부러 상을 받기 위해서 죽였는지 알 수가 없기 때

무에 자칫 익신만 할 수도 있기 때문에 사람늘에게 독려할 수 있는 부분이 무엇인지 살피는 것이 중요할 수 있었다. 과장되거나 부풀린 점을 배제하여 엄정하게 상을 주면 그 같은 행위가 소용이 없다는 것을 알게 될 것이며 아예 상을 안주면 미래에 작은 일이라고 공적을 세우지 않으려 할 것이다.

한편, 상을 주는 과정에서 생각해야 할 가운데 하나는 분명, 그것을 받는 이들에게 나타날 수 있는 부작용이라고 할 수 있다. 특히, 최고 권력을 가진 이가 주는 상은 그 상의 후광효과에 의존하여 본래 상이 의미하는 가치와 분리될 수 있기 때문이다. 매를 나라에 바쳐서 상을 받은 이가 오만해진 사례는 이에 해당한다고 보겠다. 상을 주는 것은 그 평가기준에 따라 달라지고 그것을 평가하는 이들에 따라 달라진다. 이 같은 점을 세종이 또한 고민하는 것이기도 했다.

세종이 집현전 직제학 유효통에게 서울 관리의 성적을 고사하는 방법이 타당치 못함을 지적한 바가 있었다. 세종이 유효통(俞孝通)에게 이렇게 말했다.

> "서울 관리의 성적을 매기는 고과방법이 매우 타당하지 못하다. 한 사람이 두어 가지 직무를 겸임하는 때에, 관장하는 제조(提調)들의 포폄(褒貶, 근무 평가)이 어떤 이는 상(上)을 매기고, 어떤 이는 하(下)를 매긴다. 어찌 같은 사람으로서 잘잘못이 일치하지 않을 수 있는가. 제조들의 감정의 차이에서 나오기 때문이다. 경은 이미 옛 제도를 알고 있으며, 또 내가 출척(黜陟, 등용과 해임)하는 취지를 알고 있다. 이를 참고 조사하여 말하라."[14]

세종은 바람직한 평가를 방해하는 요소에 관해 논하고 있는데 평가자들이 자신의 감정의 차이에 따라서 잘잘못을 다르게 평가하는 것에 대해서 지적하고 있다. 감정이 아니라 객관적인 평가 기준과 평가시행이 있어야하고 그것이 있어야 상훈도 이뤄진다. 이런 측면에서 세종은 객관적인 제도 확립이 필요하다고 본 것이다, 세종은 논공행상이 군주의 일이라고 한다. 그렇기 때문에 매우 세심하고 분별 있는 태도가 필요하다는 것을 말한다. 왜일까. 세종은 다음과 같이 말했다.

"논공행상(論功行賞)은 임금의 일이다. 지금 만약 원묘상정소(原廟詳定所)의 이안도감(移安都監)이나 여러 곳에서 역사를 감독하는 아전들과 또는 공장바치[工匠]들이 겨우 그 일을 성사하여 놓고는 곧 상을 받고자 하여 신문고를 두드리기까지 하는 자가 있다면, 그 풍습의 폐해로는 후세의 임금에 미친다. 후세 임금이 그런 사람에게 상을 주고서야 그 사람들을 부릴 수 있을 정도까지 이를 것이다. 그러면 그 폐해가 적지 않다. 금후에는 제조관(提調官)이 특별히 유공한 사람을 들어서 보고하게 하는 것이 어떠할까."

상은 원칙의 일관성이 중요하다. 신뢰를 지키는 문제이고 전체 성과와도 밀접하다. 상의 기준을 명확하게 하지 않아, 대상이 되지 않는 것을 대상이 되게 하면 일관성이 없어 문제가 생기게 된다. 상을 바라고 공적을 쌓게 되는데 나중에는 아예 상이 주어지지 않으면 미래에 더 이상 동기 부여가 되지 않게 된다. 역시 논공행상을 하는 데도 원칙이 필요하다. 이런 말을 듣자 대신들도 모두 동의하면서, "매번 그 일로 걱정입니다. 이조에 명하여 법을 세우게 하옵소서"[15]라고 했다.

없는 공적을 만든 자들을 처벌하기도 했다. 1449년(세종 31) 8월 4일 충순위(忠順衛) 이종경(李宗敬)·송학(宋鷽) 등이 강도 김삼(金三)을 잡아 형조(刑曹)에 보냈는데 이때 강도 잡은데 참여하지 않은 윤계흥(尹繼興)·이영신(李永信)·김여려(金汝礪)는 거짓으로 세 사람의 이름을 장(狀)에 함께 기록했다. 알고 보니 윤계흥은 형조 판서 이승손(李承孫)의 사위, 이영신은 그 조카였으며, 김여려는 동부승지(同副承旨) 김흔지(金俒之)의 사위였기 이렇게 기록된 것이었다. 압력을 받을 수도 있고 잘 보이기 위한 것일 수도 있었다. 이승손, 김흔지가 처벌을 받은 것은 아니기 때문에 압력을 행사한 것은 아니었다. 세종은 윤계흥 등을 모두 외방(外方)에 부처(付處) 즉 귀양을 보냈다. 그리고 거짓으로 이름을 올려준 이종경, 송학은 그에 대한 벌을 받지 않았다.

객관적인 평가 제도의 확립은 대신이나 군주 누구에게나 필요한 일이고, 더욱 더 백성들에게도 중요한 일이다. 업적에 관한 평가시스템이 국정운영에서 매우 중요하다는 사실 때문에 세종이 세심하게 분별한 것이다. 상은 그 이익을 넘어서서 존중의 심리적 문제이기도 하다. 상에 관한 제도와 시행에서 크게 전제해야할 점이 있다. 그것은 바로 사람은 자기 가치가 사람들 사이에서 드러날 때, 미래 행동을 결정하고 더 분발하는 존재라는 점이다. 오히려 상이 지나치게 클 경우에는 소신 있는 이들의 동기를 꺾고, 그 이익을 큰 것에 미혹되어 지나친 행동을 일삼는 소인배를 양산할 수 있음을 주의할 필요가 있다.

힘들어도 할 것은 해야 한다

전주 판관(全州判官) 이호신(李好信)이 하직하니, 세종이 인견(引見)하고 말했다.

"전라도는 산수(山水)가 배치(背馳, 두 사물이 서로 반대가 되어 어긋남)하여 쏠리고 인심이 지극히 험하나, 인심이 험악하다고 해서 억지로 편복(鞭扑, 종아리나 볼기를 침)을 가할 수는 없는 것이다."

이호신이 아뢰었다.

"병진년 이래로 연년 흉년이 들어서 백성들이 생업을 잃었는데, 근자에 연변(沿邊)의 성을 쌓는 역사가 없는 해가 없습니다. 백성이 소복(蘇復, 병이 나은 뒤에 전과 같이 원기가 회복되거나, 회복되게 하는 것)되지 못해서 모두 어깨를 쉬기를 원합니다."

왕이 다시 말했다.

"네 말이 옳다 다만, 살 방법으로 역사를 시키는 것이니 백성이 곤하고 괴로웁다고 폐지할 수는 없다."[16]

평안·황해도의 작황을 묻고 경상·전라·충청도 등에서 성을 쌓아 후환을 방비할 것을 명했는데 이내 왕이 말했다.

"금년 흉년에 평안도와 황해도가 서로 같고 다름이 있느냐."

안숭선이 아뢰었다.

"두 도에서 올린 감사의 보고를 보면 같습니다. 그러나 이사맹 (李師孟)이 아뢴 것으로 보면 논곡은 조금 잘 된 것 같습니다."

이렇게 말하니 왕이 말했다.

"혹 말하는 이가 있어 말하기를, '대신을 밖에 보내어 폐를 끼치지 말라. 성을 쌓아 백성을 수고롭게 하지 말라'고 하니, 이는 모두 눈앞에 뵈는 일만 가지고 말하는 계책이고 멀리 생각하는 계책은 아니다. 대신이 밖에 나가면 어찌 접대하는 폐가 없겠는가. 성을 쌓는 것도 백성을 괴롭게 하고 많은 사람을 움직이는 일이라고 말할 수 있다. 하지만 태평 무사할 때에 편안하다 하여 성보(城堡)를 긴급하게 여기지 않다가 만약 갑자기 변란이 일어나게 되면 어찌는가. 앞서 그 폐해를 말하던 자가 능히 스스로 그 환란(患亂)을 구해낼 수 있는 것인가. 이것이 내가 하지 않는 까닭이다. 또 경상·전라·충청도는 평안·함길도와는 같지 않다. 이 일이 없는 때를 당하여 마땅히 급히 성을 쌓아서 있을 후환을 방비하라."[17]

세종은 평소에 백성들이 고된 노역에 시달리는 것에 대해서 염려를 많이 했기 때문에 백성들에게 민폐를 끼칠만한 일들은 최소화 하려고 노력을 많이 하였다. 지역에 내려가는 관리들에게도 이 같은 점을 항상 반복해서 주지시켰다. 그러나 국가적으로 필요한 일인 경우에는 그것을 유예하거나 특례를 만드는 일에 대해서 조심하였다. 당연히 해야 할 일이기 때문에 객관적으로 바라볼 필요가 있는 사안인 경우에는 더욱 그러했다. 성을 쌓는 일의 경우 백성들이 공역을 지는 것이고, 어려운 상황에서 노역에 동원되기 때문에 많은 민원이 쇄도하는 것도 현실이다. 별다른 장비가 없는 상황에서 사람의 손과 몸으로 하기 때문에 시간이나 노력이 많이 들고 그 과정에서 사고에 따른 인명의 훼손도 많이 늘어나기 때문이나. 그림에도 불구하고 역사에 대해서는 장기적이고 전체적인 관점에서 바라봐야 하는 것은 최고 지도자의 역할이기도 했다. 강무라는 것도 이에 해당했다.

1429년(세종 11) 3월 20일, 강무장에서 사렵하는 자와 고을 수령의 죄를 논하게 했는데 이때 세종은 다음과 같이 말했다.

> "강무란 백성들에게 군사 훈련을 시켜서 이로써 뜻밖의 사변을 경계하려는 것이다. 그 관계되는 바가 실로 가볍지 않으니, 금령을 엄중히 하지 않을 수 없다."

대신들이 강무가 백성에게 민폐를 주기 때문에 폐해야 한다고 할 때 세종은 강무는 그냥 사냥이 아니라 군사훈련을 병행하는 것이기 때문에 유희적인 행사와 다르다는 것을 설명하고 있다. 다른 군주들은 그것이 유희에 불과할지 모르지만 세종에게는 국방과 안보에 관한 중요한 국가 사안이라고 판단하고 있기 때문에 대신들의 반대 의견에 대해서 그 주장을 굽히지 않은 것이다.

1427년(세종 9) 7월에 허조와 신상(申商)이 모두 "매년 봄가을에 꼭 강무를 하여 군졸들을 훈련하였습니다만, 지금 한창 가뭄에 심하오니 가을까지 기다려 농사를 둘러본 다음 이를 행하소서"라고 했다. 이때 세종이 강무를 없애라고 한다. 그런데 가을에 다시 하라고 하니 대신들이 이를 지적한다. 그러자 세종은 "비용이 많이 드는 것을 염려하여 강무를 없애라는 명령을 경기(京畿)에 내린 것이지 나의 본 뜻이 꼭 강무를 하지 않겠다 한 것은 아니다"라고 말한다. 비용이 많이 들기 때문에 하지 말라고 한 것이므로 비용이 덜 들 수 있다면 언제든지 할 수 있다는 말이다. 그래서 세종은 "만약 경기로 나가서 행한다면 국중(國中)의 물건으로써 지응(支應)하게 되고 경기에는 간여(干與)하지 않을 수도 있는 것이다. 지금 간원(諫院)의 말이 그러하니 나의 본 뜻을 이해하지 못한 것이다"라고 한다. 궁궐의 물건을 사용하면 비용이 줄어들기 때문에 백성에 민폐를 주지 않을 수 있다는 말이고, 더구나 특별한 형식이나 규모에 얽매이지도 않았다. 세종은 "이보다 먼저 병조에서는, '여러 날로 행하지도 않는 것을 강무라고 하는 것은 옳지 않습니다' 고 계하였는데, 내 생각으로는, 강무라고 하여 어찌 꼭 날 수의 많고 적은 것을 가지고 이름을 붙이겠는가"라고 했다. 강무의 형식이 아니라 그 것이 갖는 의미와 가치에 충실하겠다는 뜻이다. 하루를 하더라도 강무를 하는 것과 하지 않은 것은 실효적으로 다르다고 본 것이다. 그러니 비용이 곧 많이 들어가는 것에 연연해하지 않고 본질에 충실하겠다는 뜻이겠다. 또한 세종은 어찌 강무도 하지 않고 무사연안(無事燕安)하게만 있을 수 있겠는가라고 묻는다. 이는 편안하게만 있지 말고 만전을 기해야 한다는 점을 강조한 것이다.

1434년(세종 16) 1월 15일, 강무는 군대를 상비하는 중대사여서 폐할 수 없다고 밝혔다. 세종은 강무의 일이란 군대를 상비(常備)하는 국가의 중대사라고 분명하게 밝힌다. 세종은 『맹자』를 인용하며 이른 바 '백성들이 마음으로 원망하고' 낯을 찌푸리는 행사라면 거행할 수 없겠으나, 1년 춘추 양등(兩等)의 강무로는 백성의 고통이 큰 지경에 이르지는 않을 것이라며 반대하고 폐할 수 없다고 말한다. 일의 경중과 가치 평가를 분별하여 적용하여야 한다는 입장인 것이다.

세종은 평안도 연변 각 고을에 성을 쌓던 일을 들어 설명한다. 할 만한 때였는데 모두 말하기를, '연사가 풍등(豐登, 농사가 아주 잘됨)하지 않아서 백성을 부릴 수 없다'고 주장해 그만했는데 변란이 일어났다는 것이다. 변란이 발생한 뒤에 창졸간에 성을 쌓으려 하니, 백성들의 노역이 도리어 심했다고 말한다. 특히나, 세종은 정치의 대체를 돌아보지 않고 한갓 폐단의 제거만을 들어서 번거롭게 오활(현실의 경우와 관련이 없음)한 말들을 늘어놓는 것은 매우 잘못으로 안다며 매우 신랄한 비판을 했다. 그럼에도 대간들이 전혀 이를 생각하지 않고, 한갓 임금 한 사람의 기욕(嗜慾)으로만 여기고는 번거롭게 간할 뿐 아니라, 대신까지도 간혹 이를 비난하는 자가 있으니, 이것은 오활한 말이며, 좇을 수 없는 것이다라고 못 박는다. 일전에 이미 벌어진 사례가 있기 때문에 세종은 확실한 근거를 가지고 이렇게 강변하고 있는 것이고, 대신들은 이에 대해서 별 말을 하지 못하고 마는 것이다.

나라에서 하는 사업이나 행사에 백성이 동원되는 일은 기본적으로 백성의 삶에 폐를 준다. 그것을 어떻게 최소화할 것인지를 고민해야 한다. 대신들이 백성에게 돌아갈 폐해를 지적하는 것 자체가 문제일 수는 없다. 당연한 것이다. 사사로이 욕심 때문에 백성을 동원하는 것은 비판을 받아 마땅하지만 공적 역할과 기능이 일정하게 효과를 내는 경우 무조건 백성의 편을 들 수는 없다. 특히 안보의 경우는 더 그렇다.

종친이 우선 검소해야 한다

각품의 과전을 차등 있게 감했는데, 왕족들도 포함되어 있었다. 처음에 왕이 승정원에 일렀다.

"천재와 지이(地異)의 있고 없는 것은 인력으로 할 수 없는 것이다. 하지만, 배포조치(配布措置, 땅 위에서 일어나는 이변)를 잘하고 못하는 것은 사람의 힘으로 다할 수 있다. 내가 덕이 없는 사람으로 큰 업을 이어받아 능히 치평(治平)을 하지 못했다. 그래서 아래 백성들이 굶어 죽게 되었다. 어찌할 바를 알지 못해 장차 깊은 못에 떨어질 것만 같다. 자손이 번성하고 많은 것이 경사라고는 하지만, 한갓 천록(天祿)을 허비하고 영선(營繕)이 또한 많다. 이에, 감응(感應)으로 부른 재앙이 있는가 생각된다. 이런 생각을 하니 내가 심히 부끄럽다. 그 나머지 종성(宗姓)들의 과전은 갑자기 감할 수 없다. 친아들 · 친손자의 과전(科田)을 감하려고 하는데, 여러 사람의 뜻은 어떠한가."

왕이 이 말을 하니 승지들이 아뢰었다.

"대군과 부마의 과전은 특별한 은전으로 주는 것이 아니라 국가에서 공도(公道)로 행하는 상전(常典)입니다. 주공이 부하게 한 것처럼 하는 것이 마땅합니다. 왕실의 의친(懿親)을 내려서 여러 과(科)와 같이 한다는 것은 참으로 온당치 못합니다. 그럼에도 만일 그렇다면, 각품의 과전을 일체 차등 있게 감하면 거의 사리에 합할 것입니다."

이에 왕이 말했다.

"백관의 정1품 과전이 1백 50결인데 대군의 밭이 3백 결이니 너무 많은 것 같다. 비록 50결을 감하더라도 각품에 비교하면 오히려 백 결이 더한다. 그러니 어찌 차등이 없다고 하겠는가. 따라서 진양대군(晉陽大君) 이유(李瑈)·안평대군(安平大君) 이용(李瑢)·임영대군(臨瀛大君) 이구(李璆)는 전에 받은 과전 3백결에서 각각 50결을 감하는 게 낫다. 부마 연창군(延昌君) 안맹담(安孟聃)은 전에 받은 과전 2백 50결에서 역시 30결을 감하라. 금후로는 대군의 밭은 2백 50결을 넘지 말게 한다. 여러 군의 밭은 1백 80결에 그치게 하라. 이 토전(土田)을 감하는 것이 어찌 천견(天譴, 하늘이 내리는 벌)에 답하고 백성의 굶주림을 구제할 수 있겠는가마는, 그러나 공경하고 두려워하기를 심하게 하매, 이렇게 하지 않을 수가 없다."

이렇게 말하는데 그치는 것이 아니라 드디어 호조에 명하여 영구한 법으로 만들었다.[18]

직접 최고 리더가 스스로 행동을 하는 것과 다른 부하들에게 명령만을 내리고 본인은 하지 않는 경우, 어떤 유형이 더 잘 될 것인지는 자명할 것이다. 세종은 무엇보다 아랫사람에게 시키기보다는 자신이 직접 먼저 모범을 보이는 것이 중요하다고 생각했기 때문에, 자신만이 아니라 종친 그러니까 왕족들도 먼저 모범을 보여야 대신들과 백성들이 따라 올 수 있다고 했다. 사실 이 점은 성리학에서 매우 중요하게 여기는 것이기도 하다.

태조는 여러 왕자들에게 많은 아이를 낳을 것을 유훈으로 남겼다. 그렇게 남긴 이유는 아직 왕족들이 많이 있지 않았기 때문에 종친을 많이 만드는 것이 중요했다. 더구나 국가의 기본 운영 원리가 가족주의였기 때문에 당연한 노릇이었다. 그러나 시간이 지나면서 그들에게 주어지는 재산 특히 토지는 많이 필요한데 한정되어 있는 상황에서 문제가 될 수밖에 없었다. 무엇보다 왕족들이 먼저 모범을 보여야 사치와 욕심에서 벗어난 국정 운영이 가능할 수 있었다. 왕족들에 대해 이런 면에서 조치를 취했던 이유다.

집의 크기도 충분히 다시금 생각해야 했다. 1431년(세종 13) 1월 12일, 맹사성 등과 종친의 품계, 신료들의 가옥 크기에 대해 의논했다. 우의정 맹사성(孟思誠)·찬성 허조를 불러 의논하고 예조에 하교했다.

> "대소 신민의 가옥이 정한 제도가 없어, 이에 서민의 가옥은 참
> 람하게도 공경(公卿)에 비기고 공경의 주택은 참람히 궁궐과도 같
> 았다. 서로 다투어 사치와 화미(華美)를 숭상하여, 상하가 그 등위
> (等位)가 없으니 정말 온당하지 않은 일이다. 이제부터 친아들, 친
> 형제와 공주는 50간(間)으로 하고, 대군(大君)은 여기에 10간을 더하
> 며, 2품 이상은 40간, 3품 이하는 30간으로 하고, 서민은 10간을 넘
> 지 못한다. 주춧돌을 제외하고는 숙석(熟石, 인공으로 잘 다듬은 돌)을
> 쓰지 말 것이다. 또한 화공(花拱)과 진채(眞彩)·단청(丹靑)을 쓰지 말
> 고 되도록 검소·간략한 기풍을 숭상해야한다. 사당(祠堂)이나, 부

모가 물려준 가옥이나, 사들인 가옥, 외방에 세운 가옥은 이 제한을 받지 않는다."

집의 크기는 사실 사치스러움과 관계가 크다. 그것을 정하면 다른 계층과도 연이어 이어지기 때문에 왕조들의 집 크기를 정하는 것이 중요하다는 것을 세종은 인시하고 있었고, 그것을 실제로 실행했다. 더구나 왕족이 갈수록 많아지고 있었기 때문이다. 그것은 미래를 대비하는 것이었다. 미래를 내다보고 취하는 세종, 그가 보는 앞이 일반 사람들보다 저 멀리 있었던 것이다. 그러니 보통 사람들이 그것을 어떻게 이해할까. 국정운영에서 그가 조율해야 했던 화두이기도 했다.

결혼에서도 왕족은 검소해야 한다고 생각했다. 1435년(세종 17) 1월 25일 임금이 좌승지 신인손(辛引孫)에게 일렀다.

"중궁이 말씀하기를, '대저 사대부집 혼인에 능금(綾錦)·채백(綵帛)의 사용을 금하고 있는데, 이제 숙신옹주(淑愼翁主)의 하가(下嫁)에 채백을 쓰는 것은 검약(儉約)을 먼저 실천하는 길이 아니기 때문에, 마땅히 면주(綿紬)를 사용해야 한다고 했다. 이렇게 검소하게 하여 솔선 인도하게 되면, 신하들이 혼인에 사치를 금하여 국가의 법을 범하는 자들이 앞으로는 반드시 스스로 부끄러워하여 검약한 풍속으로 변하게 될 것이라' 하였다. 나는 중궁의 말한 바를 옳게 여긴다. 즉시 유사(攸司)로 하여금 혼례의 물자를 고쳐 마련하고, 채백을 쓰지 못하게 하라."

1435년(세종 17) 2월 29일의 기록을 보면 '윤평(尹泙)'으로 가선대부(嘉善大夫) 파원군(坡原君)을 삼았는데 윤평은 판봉상시사(判奉常寺事) 윤

창(尹敞)의 아들로 곧 숙신옹주가 그에게 시집갔기 때문이었다. 숙신
옹주는 바로 태종의 궁인 소생이다' 라고 되어 있다. 채백은 빛깔이
고운 비단이고 금릉은 무늬가 있는 비단을 말한다. 면주는 면포와
같이 빛깔이 없고 수수한 천을 말한다. 왕실 등에서 이렇게 검소하
게 혼례를 하기 위해 사용했다. 이렇게 사용을 하면 사대부가들도
자연스럽게 모범을 따라할 수 있기 때문이다.

오늘날 고위직이나 상류층이 부동산 투기에 나서는 행태들 때문
에 전 국토가 투기장이 된 사례를 보면 세종의 선택이 주는 함의가
더 각별하다고 볼 수 있다. 사회의 지도층이나 주축 세력이 온갖 욕
망의 화신 행위를 앞다투어 하는 상황에서는 부의 쏠림이 나타나고
그에 따른 부작용으로 가난하거나 약자인 이들이 직접적으로 타격
을 받게 된다. 결국 그것은 사회나 국가 전체적으로 불안정을 가중
시키기 되어 지도층과 부유층에게도 부정적인 영향을 미치기 때문
에 그들도 외면, 방치하게 되면 곤란하게 된다. 언제나 지신들의 그
러한 행태들이 부메랑 효과를 몰고 오기 때문에 그 인과관계에서
대해서 관심을 갖고 불균형과 왜곡을 줄이기 위해 그들 스스로도
노력해야 한다. 그것을 이끌고 조율하는 것이 지도층의 덕목이 되
어야 한다.

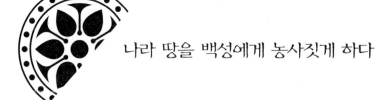

나라 땅을 백성에게 농사짓게 하다

아록위전·국둔전을 혁파하고자 대신들이 의논하여 계를 올리라고 명했다. 임금이 한재(旱災)를 근심해 정부와 육조의 참판 이상의 관원을 불러 일렀다.

"연전(年前)에는 겨울이 지나도록 눈이 오지 않았고, 금년에는 봄부터 여름까지 비가 내리지 않아, 가뭄이 대단히 심하다. 미뤄보아 금년이 다 지나도록 비가 올지 알 수 없는 일이다. 나는 앞으로 길에 굶어 죽은 사람이 가득 차 있을까 두려운데, 재앙을 구제하는 계책을 듣고자 하면 기껏 말하는 것들이 이런 것이다. 예컨대, 수령의 육기(六期)의 법을 고치자거나, 전폐(錢幣)를 사용하지 말자거나, 선군(船軍)을 구휼하자는 데 지나지 않는다. 이것은 모두이미 만들어진 법이므로 다시 번거롭게 고칠 수 없다. '한 가지 법이 만들어지면 한 가지 폐단이 생긴다' 하니, 나는 이 말을 옳게 여겨 새 법을 만들고자 하지 않는다. 그러나, 국가의 큰 원칙에 그만둘 수 없는 것이 있기에 어찌 새 법을 만들지 않겠는가. 대개 수령이란 근심을 나누고 백성을 사랑하여야 한다. 그래서 그 임무가 지극히 중요하다. 지금 중[中國]에서는 한 군(郡)·한 현(縣)이라 할지라도 2, 3명의 관원을 보내기까지 한다. 이것이 어찌 그 임무를 가볍게 여겨서 그렇게 한 것이겠는가. 어찌 이를 우리 작은 나라와 비교하여 논할 수야 있겠냐마는, 그러나 정치하는 규모는 같은 것이다. 그러므로 수령을 엄중히 골라 친히 보고 보내는 것인데 그것은 몸을 나누어서 백성을 어루만져 주고 양육해야 하기 때문이다.

그렇다면 그 공봉(供奉)의 수용(需用)도 염려하지 않을 수 없으니, 아록위전(衙祿位田)은 이미 시행하고는 있지만, 그 전지의 수입이 과연 풍년과 흉년에 다름이 없다면 좋겠지만, 어찌 이러한 상등(1등급) 전지(田地)가 있겠는가. 그런 까닭에 수령들이 매양 아록(衙祿)이 넉넉지 못한 점이 있을 것 같으면, 부득이 국고에서 대신 채워 전용하다가, 일이 발각되면 나이출납(那移出納)한 것 때문에 폄직(貶職)당하기도 하고, 또 부득이 물건을 매매하다가 일이 발각되면 이익을 취해 자봉(自奉)했다 하여 내쫓기도 한다. 이러니, 수령이 된 자도 정말 불쌍히 여길 만하다.

만일 아록이 절핍(絶乏)되었다면 민호(民戶)에서 징수하여 먹는 것은 오히려 옳다. 군비(軍費)와 국용으로 저축된 것은 정말 절약하여 써야 될 것이다. 그러나, 어찌 마땅히 쓸 데에 쓰지 않는 것을 말하는 것인가. 함부로 허비하지 말기를 이른 것이다. 하물며 성의로 대우하고 녹(祿)을 후하게 주는 것은 관리를 권장하는 것이다. 이에 나는 아록위전을 혁파하고 국고의 미두(米豆)로써 지급하고자 한다. 경 등은 서로 의논하여 아뢸 것이다. 또 백성이 넉넉하면 임금은 누구와 더불어 넉넉하지 못하겠으며, 만일 백성이 넉넉하지 못하면 임금은 누구와 더불어 넉넉하겠는가. 국둔전(國屯田)

을 혁파하여 백성에게 농사짓도록 허가하고자 한다. 그러니 아울러 의논하여 계하라.”

이에 이조판서 황희·형조판서 정진(鄭津)·공조판서 조비형(曺備衡)·예조판서 신상(申商)·호조판서 안순(安純)·병조판서 이발(李潑)·공조참판 소뇌(趙賚)·형조참판 전초(鄭招)·호조참판 **최사강**(崔士康)·병조참판 이천(李蕆)·예조참판 권도(權蹈)가 의논해 다음과 같이 말했다.

“아록위전의 1년 지출하는 것이 넉넉지 못하면, 국고의 미두(米豆)로서 보충하여 주고, 노비와 마필(馬匹)의 숫자를 헤아려 감하고, 공수전(公須田)의 늠급(廩給)도 이 예(例)에 의거하소서.”

이어 영의정 이직(李稷)과 좌의정 유정현(柳廷顯)이 의논해 말했다.

“공수전(公須田)의 늠급이 넉넉하지 못하다면, 늠급이 남아 있는 각 고을과 각역(各驛)의 미두로써 추이(推移)하여 부족한 것을 보충하여 준 뒤에, 국고에 저장된 것으로써 지급하소서.”

다음으로 참찬 허조는 의논해 말했다.

“풍년과 흉년에 따라 해마다 교지를 내려 적당히 헤아려서 보첨(補添)하소서.”

허조·정진·조비형·안순·이발·신상·최사강이 의논하고 말했다. “국둔전을 혁파해야 되겠습니다.” 또한 이직·유정현·황희·이천·조뇌·정초·권도가 의논해 말했다.

“각 고을의 관둔전(官屯田)까지 아울러 혁파하소서.”

이에 임금이 말하기를, “내가 이를 다 알고 있지만, 그러나, 재앙을 구제하는 조건을 각기 숨김없이 진술하도록 하라”[19]고 했다.

앞에서 가뭄 이야기로 시작하여 아록위전과 국둔전 혁파 문제로 이어지기 때문에 독특한 기록이라고 하지 않을 수 없다. 대개 가뭄 타개를 위한 기도라든지 구휼책이 나오는 것이 일반이기 때문이다. 이해를 돕기 위해 토지 이름을 풀어볼 필요가 있다. 우선 국둔전은 조선 초기 둔전 본래의 군수(軍需) 용도의 명목을 위한 토지를 말한다. 아록위는 아록위전의 준말로 혹은 아록전이라고도 하며, 조선시대 지방 관아의 경비와 수령의 봉록에 사용하도록 나라에서 지급하였던 토지를 일컫는 말이다. 『경국대전』에 의하면 '군인이 경작해 그 수확을 군자곡(軍資穀)에 보충하는 토지'라고 규정하고 있다. 국가의 농장이라는 뜻에서 '국농소(國農所)'라고도 한다. 공수위는 공수위전(公須位田)의 준말로 공수전(公須田)이라고도 하는데, 고려 조선시대 지방 관아의 경비를 충당하기 위해 나라에서 지급하였던 토지다.

본래 고려 말에 둔전제가 있었는데, 그것이 바로 나라에 필요한 경비

최사강 | 崔士康(1385~1443)

1418년(세종 즉위년) 9월 다시 당상관에 오르면서 승정원동부대언(承政院同副代言)에 발탁, 우부대언을 거쳐 다음해 12월에 예조참의, 1420년 3월에 경기도 도관찰사로 파견되었다. 1421년 12월 경상도도관찰사에 전임되고 이듬해 12월 중군동지총제(中軍同知摠制)로 입조, 1423년 3월 병조참판, 이후 1431년까지 좌군동지총제 · 호조참판 · 대사헌 · 병조참판 · 이조참판 등을 차례로 역임하였다. 병조판서에 승진, 세종의 총애가 계속되는 가운데 1434년 1월 장남인 고봉례랑(故奉禮郎) 최승녕(崔承寧)의 딸이 세종 왕자인 임영대군(臨瀛大君)에게 출가, 1436년 12월 의정부참찬에 개수되었다. 이듬해 2월 차녀가 다시 세종 왕자인 금성대군(錦城大君)과 혼인하였다. 또 같은 달에 전년의 의정부서사제(議政府署事制, 議政府擬議制) 실시와 관련된 찬성 · 참찬의 각 1인 증치 및 좌 · 우로 세분됨에 따라 의정부우참찬에 개수되었다. 1441년 9월 의정부우찬성에 승진, 이듬해 6월 판이조사(判吏曹事)를 겸대했고, 같은 해 8~12월에 걸쳐 사은사(謝恩使)가 되어 명나라를 내왕하다가 이듬해 죽었다. 왕실과 혼인하면서 갑자기 현귀했으나 분수를 지킨 까닭에 세종의 은총이 떠나지 않았고, 이를 배경으로 의정부 · 육조의 요직을 두루 역임하면서 세종 성세의 일익을 담당하였다. [*]

를 얻고자 경작하는 국가 토지를 말했다. 그러나 그것이 농민 수탈의 방편으로 사용되었기 때문에 1392년(태조 1) 농민들의 피해를 없앤다는 명목으로 국둔전과 관둔전(官屯田)을 모두 폐지하는 원칙을 세웠다. 하지만 실제로는 이들 토지가 나라에 도움이 될 수 있다는 생각 때문에 아예 없애지는 못했고, 태종 때 아예 공식적으로 부활을 시킨다. 그 부활은 황무지 개간 땅에서 이뤄졌다. 하지만 대부분 생산력이 약했기 때문에 재정 보충에 도움이 되지 않았다. 그렇기 때문에 1426년(세종 8)에 폐지된다. 다만 4군 6진의 개척에 군대에서 필요한 둔전을 두기도 한다.

국둔전의 관리는 본래 그 지역의 수령이 맡았다. 둔전을 경작하며 지킨다는 '차경차수'의 원칙을 표방하고 군인·노비(공노비 중 외거노비) 등의 부역 노동으로 경작했다. 그러나 일반 농민들을 동원해 개간, 경작하는 경우도 있었다. 그렇게 국둔전은 대개 개간지였기 때문에 경작 조건이 좋지 않았고, 생산성도 낮았다. 생산성의 증대를 위해 병작반수제(竝作半收制)로 운영되어 점차 '군인에 의한 경작 원칙'이 지켜지지 않았다. 또한, 낮은 생산성으로 농민들이 경작을 기피하게 되어 빈민이나 무전농민에게 나누어지게 된다.

문종 때 함경도와 황해도에 군인 경작의 국둔전이 설치되었고, 세조 때 보법(保法)과 진관체제(鎭管體制)가 확립되면서 전국적으로 확대되었는데 사실상 명종 때 이후로는 유명무실해진다. 유명무실해지는 것은 바로 경제성과 생산성 때문이다. 세종은 이미 오래전에 그와 같은 현실을 꿰뚫어본 것이라고 할 수 있다. 물론 세종이 아록위전을 포함한 국둔전을 폐지하려 한 것은 가뭄 때문이었다. 가뭄 때문에 민생고가 심해지기 때문에 이를 해소하기 위한 방법 가운데 하나로 나라의 땅을 백성들에게 나누어 주고 경작을 한 것이다.

여기에서 세종이 생각한 것은 경제적 효율성이다. 관의 토지라고 해서 군인만 경작에 참여하는 것이 아니라 어차피 일반 백성들도 참여를 해야 했다. 그렇다보면 일반 백성들은 자기 일을 못하게 된다. 나랏일에 동원이 되었기 때문에 자기 농사를 못 지어 결국 식량 사정이 악화될 수 있었다. 더구나 이런 아록위전이나 국둔전에서 나온 소출량이 그렇게 많지 않았다. 그렇다면 이는 전체적으로 폐를 끼치는 셈이 되었다. 이는 오늘날로 말하면 인센티브 동기부여가 떨어지게 되는 것이다. 따라서 민간에게 전권을 넘기고 그에 따라서 나오는 곡식을 나라에 세금으로 내게 하고 그것을 활용하는 것이 낫다고 판단한 것이다.

1445년(세종 27), 7월 13일 의정부에서 전제를 고쳐 상정할 일과 개혁할 조건을 정리해 보고 했다.

전에는 각도의 전지(田地)를 경중(京中)의 각사(各司)와 외군자(外軍資)의 위전(位田)에 나누어 붙여 항공(恒貢)의 수량에 충당했으나, 해마다 결손(缺損)과 실염(實稔)이 같지 않기 때문에 그 부족한 것을 외군자(外軍資)로 추이(推移)하여 보충하게 되니, 이 때문에 산수(算數)가 심히 복잡하여, 비록 공법(貢法)으로 계산해도 산수가 역시 복잡. 이제는 주군(州郡)의 역관(驛館)·공아(公衙)·공수(公須) 등 위전 이외의 경중의 두 창(倉)과 각사의 위전을 일체 모두 없애고, 아울러 국용전(國用田)이라 명칭하고는 각각 그 고을에서 경중의 각사에 바치던 일정한 수량을 계산하여, 민호(民戶)에 나누어 배정하여 수납(輸納)하게 하고, 그 나머지는 모두 그 고을 국고(國庫)에 들이게 할 것. 이와 같이 하면 다만 산수가 편리하여 쉬울 것이다. 뿐만 아니라, 민간의 미곡(米穀)·밀랍(蜜蠟)·포화(布貨)의 어렵고 쉬운 것과 괴롭고 헐(歇)한 것들이 이제 고르게 되고 공평(公平)함을 얻을 것.

　… 아록위전은 지금 유수부(留守府)는 60결, 목(牧)·대호부(大護府)는 55결, 도호부(都護府)는 50결, 지관(知官)·목판관(牧判官)은 45결, 현관(縣官)은 40결로 정할 것. 공수위전(公須位田)은 지금 대·중·소로(小路)로 나누어 유수부·대도호부·목관의 대로(大路)는 30결, 중로(中路)는 25결, 도호부·지관의 대로는 25결, 중로는 20결, 소로는 15결, 현관의 대로는 20결, 중로는 15결, 소로는 10결을 절급(折給)하고, 각 고을 안의 공수전은 모두 다 혁파(革罷)하여 없앨 것…

무엇보다 이런 국가 토지에서는 소출이 고르지 않기 때문에 일정한 목표 곡식을 채울 수가 없는 때가 많았다. 이 때문에 관리들이 범죄자 아닌 범죄자가 되는 현실을 세종은 정확하게 파악하고 있다. 다른 국고에서 부족한 부분을 채워 넣는 것은 전용으로 범죄 행위였다. 나이출납(挪移出納)은 수입과 지출을 더하거나 줄여서 다른 곳에 사용한 것을 말하는 것인데 법적으로 처벌을 받는 행위였다. 또한 이런 부족분을 채우기 위해서 다른 물건을 팔아서 메우려고 하면 이는 스스로 자신을 위해 사익을 취했다고 죄를 묻게 되는 것인데 이런 행위들의 근본원인은 관리 개인의 도덕성에 있다고 보지 않고 제도 자체의 결함에 있다고 세종은 진단을 하고 그에 맞는 새로운 방안을 모색하고 있는 것이다. 이렇게 법을 어겨 채우지 않고 공식적으로 채운다고 해도 그 셈하기가 매우 복잡하기 때문에 공식적인 제도의 수정이 필요한 상황이었다.

세종이 애초에 초점을 맞춘 것은 가뭄으로 벌어질 식량난에 대한 타개책이었다. 대신들은 수령의 임기 조정이나 화폐를 사용하지 말게 하거나 선군(船軍) 구휼 같은 지엽적인 문제들을 지적하고 대안으로 내세웠다. 세종이 바란 것은 백성들에게 인센티브를 주어 생산성을 향상시키고 이를 통해서 국고를 좀 더 낫게 하고자 한 것이다.

이는 오늘날로 치면 자유시장경제에서 말하는 소유권을 확보해주면서 생산성 제고를 꾀하는 것과 같다. 국가가 토지를 소유하는 나라의 경우에는 자신의 이익과 소유로 순환되지 않기 때문에 경제적 효율성이 떨어지고 이것이 국가 전체의 이익을 해치는 것이 일반적인 것을 생각한다면 쉽게 이해할 수 있는 부분이라고 할 수 있다. 더구나 민간의 창의를 통해 수익이 더 올라가게 되고 그것에 나오는 산출을 국가의 재정을 더 낫게 할 수 있다는 원리를 이미 세종은 터득하고 있었던 것이고 이를 실제 시행했다는 점에서 탁월하다.

요컨대 백성들에게는 땅이 생겨 좋고 자신이 일을 한만큼 나오는 곡식은 자신의 것이 되며 나라는 더 세입을 걷어 들여 좋은 것이다. 더구나 미곡이나 밀랍, 포화로 내던 것을 곡식으로 내기 때문에 그것을 셈하는 것도 어렵거나 쉬운 것이 없어지고 그것을 관리하는 지방관헌들도 편리하게 되는 방법이었던 것이다. 세조가 뒤에 진관 체제에 따라서 둔전제를 운영하였지만 이미 효율성이 떨어지는 점이 있으니 군대가 황무지를 개간한다고 해도 민간의 창의와 동기부여를 통해 산출량을 늘리는 것이 국가재정이나 개인들에게 맞는 것이라는 점은 오늘날에는 일반적인데 세종은 이미 수백 년 앞서 가 있었던 셈이다. 이러한 조치들은 이미 시장 자본주의의 기본적인 원리들이라는 점에서 다시 평가할 필요가 있다.

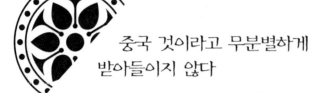

중국 것이라고 무분별하게 받아들이지 않다

차의 전매법에 대해 의논했다. 경연에 나아가 강(講)하다가 차를 전매하는 법[榷茶法]에 이르러 임금이 말했다.

"중국에서는 어찌하여 차를 그렇게 좋아하는데, 그의 단속을 엄히 하는가. 우리나라에서는 대궐 안에서도 차를 마시지 아니한다. 좋아하는 것이 서로 달라서 이러하였다."

시강관(侍講官) 김빈(金鑌)이 아뢰었다.

"중국 사람은 모두 기름진 고기를 먹습니다. 차를 마셔서 기름기가 빠져 내려가게 하려는 것입니다. 또한 보통 때에 손님을 접대할 때에도 반드시 차를 먼저 내고 나중에 술을 들여옵니다."[20]

한국에도 고려 시대 이래로 조선에 걸쳐서 차문화가 있었다고 한다. 이 때문인지 요즘에는 조선시대를 다룬 드라마에는 차를 마시는 풍경이 자주 등장한다. 궁궐만이 아니라 일반 사대부 지식인들의 사랑방에도 심심치 않게 찻잔이 등

잖하고 그 맛을 음미하면서 내화를 나누는 장면이 자주 연출된다.

중국에서 시작된 차문화는 한국과 일본으로 전파된 것이 정설이다. 차문화는 사찰과 일부 사대부들에게 이어지는데 이는 조선 후기의 흐름을 이루게 된다. 다산 정약용(丁若鏞, 1762~1836), 추사 김정희, 초의 의순은 조선시대에 우리의 차문화를 재발견했다. 모두 조선 후기의 지식인들이다. 조선 후기, 한국의 차문화를 집대성했다는 초의선사(草衣 禪師)는 정약용과 교류하였고 추사 김정희의 친한 친구였다. 이는 정약용이 해남으로 유배를 가면서 인근 대흥사의 초의선사와 인연을 갖게 된다. 정약용은 자신의 호에 차를 의미하는 다(茶)를 넣어 다산(茶山)이라고 짓기도 했다. 차가 지식인들 사이에서 퍼지게 되긴 했지만 조선 사회에서 일반화되었다고 말하는 것은 지나침이 있다.

이렇게 우리나라 차문화가 일반화되지 않은 것은 차가 좋은 줄 몰랐기 때문이라기보다는 다른 요인이 있을 수 있음을 세종과 김빈의 대화를 통해서 알 수가 있겠다. 그것은 바로 음식문화가 다른 것에 기인하는 것이다. 중국 사람들은 기름진 음식을 먹기 때문에 지방을 차를 통해서 씻어 내거나 개운함을 얻으려는 것으로 생각할 수 있다. 기름진 생선이나 육고기도 녹차가루를 뿌리거나 녹차물에 담그면 담백하게 된다. 보이차 같은 경우에는 지방이 많은 고기를 먹고 이후에 들면 갈산이라는 성분이 지방 흡수를 대장에서 방해한다고 알려져 있다. 그렇기 때문에 채식 위주의 식사를 하는 조선에서는 찻물을 많이 마실 필요가 없게 되는 것이다. 이순신 같은 경우는 빈속에 차를 마시지 말라고 한 적도 있다. 이유는 속을 깎아 내리기 때문이다.

이렇게 환경에 따라서 문화 기호를 분석하는 것은 이른바 일종의 문화 유물론 관점에서 보는 것이다. 사실 한반도는 산악이 많기 때문에 대량으로 가축을 기를 수가 없다. 그러므로 산야초를 중심으로 식사를 구성하는 것이 더 맞다고 보겠다. 또한 삼면이 바다이기 때문에 해산물이 많은데 육류에 비해서 기름이 적다고 볼 수 있다. 오히려 소금을 활용한 발효음식에 초점을 맞추기 때문에 더욱 찻물을 통해서 중화시키거나 씻어낼 여지가 적었을 것이다. 거꾸로 대륙중심의 중국에서는 찻물이 광범위하게 사용되기에 알맞다. 한국은 담백한 채식 위주 중국은 기름진 육고기 음식문화가 차문화를 좌우하게 된다. 그렇기 때문에 다도를 정신적인 차원에서만 바라볼 수 없는 점을 이런 세종과 김빈의 대화를 통해서 짐작할 수 있다.

또한 세종은 중국의 제도를 받아들이는데 꺼리는 것은 없지만 그것을 무분별하게 적용하려 하지는 않았다. 그렇게 했을 때 문제가 생기거나 그 문제가 더 악화된다는 것을 잘 알고 있었기 때문이다. 문제를 해결하기 위해서는 기존의 제도가 먹혀들지 않는 다름에 대해서 고민하는 것이 국정 운영을 하는 이들의 기본 태도이어야 한다. 이러한 점을 잘 알 수 있는 것이 훈민정음의 창제라고 할 수 있다.

1446년(세종 28) 9월 29일의 실록을 보면 "이달에 〈훈민정음(訓民正音)〉이 이루어졌다. 어제(御製)에, '나랏말이 중국과 달라 한자(漢字)와 서로 통하지 아니하므로, 우매한 백성들이 말하고 싶은 것이 있어도 마침내 제 뜻을 잘 표현하지 못하는 사람이 많다. 내 이를 딱하게 여겨 새로 28자(字)를 만들었으니, 사람들에게 쉽게 익혀 날마다 쓰는 데 편하게 할 뿐이다'라고 되어 있다.(國之語音, 異乎中國, 與文字不相流通, 故愚民有所欲言, 而終不得伸其情者多矣. 予爲此憫然, 新制二十八字, 欲使人(易)〔易〕習, 便於日用耳.)

우리가 매우 익숙한 문장이나. 차를 우리나라 사람들이 즐겨 먹지 않는다는 사실을 앞에 두고 이 익숙한 문자를 대하면 다른 것이 비단 언어만이 아니라는 사실을 알게 된다. 많은 점에서 중국과 조선은 다를 수밖에 없기 때문에 좀 깊이 있게 그리고 넓게 봐야 한다. 언어의 구조가 완전히 다른 것은 사고 구조가 다르며 그에 따라 문화가 다르고 정치·경제·사회가 달리 형성·작동·유지될 수밖에 없는 면을 이미 배태하고 있는 것이다. 예조 판서 정인지의 서문에 다음과 같이 되어 있다.

"천지 자연의 소리가 있으면 반드시 천지자연의 글이 있게 되니, 옛날 사람이 소리에 따라 글자를 만들어 만물의 정(情)을 통하여서, 삼재(三才, 천·지·인)의 도리를 기재하여 뒷세상에서 변경할 수 없게 한 까닭이다. 그러나, 사방의 풍토가 구별되기 때문에 성기(聲氣)도 또한 따라 다르게 된다. 대개 외국의 말은 그 소리는 있어도 그 글자는 없으므로, 중국의 글자를 빌려서 그 일용(日用)에 통하게 하니, 이것이 둥근 장부가 네모진 구멍에 들어가 서로 어긋남과 같은데, 어찌 능히 통하여 막힘이 없겠는가. 요는 모두 각기 처지에 따라 편안하게 해야만 되고, 억지로 같게 할 수는 없는 것이다. 우리 동방의 예악 문물(禮樂文物)이 중국에 견주었지만 다만 방언(方言)과 이어(俚語)만이 같지 않으므로, 글을 배우는 사람은 그 지취(旨趣)의 이해하기 어려움을 근심하고, 옥사(獄事)를 다스리는 사람은 그 곡절(曲折)의 통하기 어려움을 괴로워했다. 옛날에 신라의 설총(薛聰)이 처음으로 이두(吏讀)를 만들어 관부(官府)와 민간에서 지금까지 이를 행하고 있지만 모두 글자를 빌려서 쓰기 때문에 혹은 간삽(艱澁)하고 혹은 질색(窒塞)하여, 다만 비루하여 근거가 없을 뿐만 아니라 언어의 사이에서도 그 만분의 일도 통할 수가 없었다."

정인지는 서문에서 중국 글자를 빌려서 쓰는 것은 마치 둥근 장부가 네모난 구멍에 들어가서 움직이려고 하는 것과 같다고 말한다. 둥근 장부는 둥근 구멍에 들어가야 잘 맞물려 들어가는 법이다. 그런데 근원을 더 살필 필요가 있다. 자연환경이 인간에게 어떤 영향을 미치는 것인지 매우 중요하게 생각한다. 음악도 그렇지만 인간의 소리도 자연과 밀접하게 연결되어 있다는 점을 처음에 전제하고 있기 때문이다. 사람이 사는 자연환경에 따라서 소리를 내는 사람의 소리 기관의 모양도 다르다고 말하고 있는 것이다. 그렇기 때문에 명나라와 조선의 자연환경이 다르기 때문에 소리를 내는 기관 모양도 달라서 이에 맞추어 글자가 만들어져야 한다고 본 것이다. 그렇지 않고 한자를 그대로 사용하는 것은 많은 폐단을 낳을 수밖에 없다는 점을 지적하고 있는 것이다. 이는 개인적인 폐단이 아니라 사회와 국가적인 폐단으로 귀결되기 때문에 시급하고도 중차대한 국정과제에 해당하는 것이다. 백성들의 삶이 온갖 갈등으로 피해가 여전해지기 때문이다.

의학의 경우에도 중국의 의서와 실제 조선의 자연환경에서 나는 약재가 다르기 때문에 위험을 낳을 수 있었다. 의료에 필요한 재료들은 잘 쓰면 사람의 생명을 살릴 수 있지만 잘못 쓰면 목숨을 앗아갈 수 있음은 누구나 잘 알고 있는 사실이다. 그러므로 국가차원에서도 무조건 중국의 의서를 따라하게 할 수는 없는 노릇이다. 1423년(세종 5) 3월 22일에 중국에 없는 약재료를 쓰지 못하게 했다.

"본국(本國)에서 생산되는 약재 62종 안에 중국에서 생산되는 것과 같지 않는 단삼(丹蔘) · 누로(漏蘆) · 시호(柴胡) · 방기(防己) · 목통(木通) · 자완(紫菀) · 위령선(葳靈仙) · 백렴(白斂) · 후박(厚朴) · 궁궁(芎藭) · 통초(通草) · 고본(藁本) · 독활(獨活) · 경삼릉(京三陵) 등 14종을 중국 약과 비교해, 새로 진짜 종자를 얻은 것이 6종이나 됩니다."

이에 명하여 중국에서 생산되는 것과 같지 않은 향약(鄉藥)인 단삼 · 방기 · 후박 · 자완 · 궁궁 · 통초 · 독활 · 경삼릉은 쓰지 못하게 하였다.

중국의서에 나오지 않는 약재를 그대로 사용하면 문제가 될 수 있기 때문이다. 이러한 조치는 잘못된 의약처치로 백성의 생명을 보호하기 위한 것으로 볼 수 있다. 그러나 이는 철저히 중국의서에 따른 조치로 오히려 조선의 약재는 배제하는 셈이 되는 것이다. 이른바 향약이 배제된다면 조선 사람에게 맞는 약이 배제될 수 있다. 이 때문에 조선의 약재에 맞는 의서가 필요하다는 인식을 갖게 되지 않을 수 없다. 세종은 이런 문제의식에 머물지 않고 우리에 맞는 의서를 편찬하게 한다. 마침내 1433년(세종 15) 6월 11일, 『향약집성방(鄉藥集成方)』이 완성된다. 이 서문에 보면 훈민정음 서문과 같은 맥락의 환경과 의학의 차이점에 대해서 지적하고 있다.

『향약집성방』이 완성되었다. 권채(權採)에게 명하여 서(序)를 짓게 하였는데, 이르기를, "유명한 의원이 병을 진찰하고 약을 쓰는 데는 모두 기질에 따라 방문을 내는 것이요, 처음부터 한 방문에만 구애되는 것은 아니다. 대개 백 리나 천 리쯤 서로 떨어져 있으면 풍속이 다르고, 초목이 생장하는 것도 각각 적당한 곳이 있고,

사람의 좋아하는 음식도 또한 습성에 달린 것이다. 그러므로 옛 성인이 많은 초목의 맛을 보고 각 지방의 성질에 순응하여 병을 고친 것이다."[21]

문제의식은 명확하다. 거리가 떨어져 있으면 자연환경이 다르고 주변에 자라는 나무와 풀도 차이가 난다. 좋아하는 음식이나 습성이 달라지는 것은 당연하니 사람들의 기질도 같을 수가 없다. 그러니 중국과 조선이 다른 것도 마찬가지라도 할 수 있다. 여기에 의사가 약을 처방하는 것은 겉으로는 기질이 다른 사람에 따라 달리하지만 그 이면에는 자연환경에 따른 음식 그리고 생활습관 등이 다르기 때문에 형성된 신체적 조건이 작용하고 있음을 내포하고 있다. 또한 그 질병을 치료하는데도 각 환경에 맞게 다르기 때문에 이를 달리 연구하고 분별하여 조제를 하고 처방을 해야 하는 것이다. 이는 결국 다름과 구별을 통해서 세밀하게 의약 처방을 해야 한다는 점을 생각하게 한다. 여기에는 실용적인 관점도 관여할 수밖에 없다. 『향약집성방』의 서문을 좀 더 보면 다음과 같다.

가까운 것을 소홀히 하고 먼 것을 구하여, 사람이 병들면 반드시 중국의 얻기 어려운 약을 구하니, 이는 7년 병에 3년 묵은 쑥을 구하는 것과 같을 뿐만 아니라, 약은 구하지 못하고 병은 이미 어떻게 할 수 없게 되는 것이다. 민간의 옛 늙은이가 한 가지 약초로 한 병을 치료하여 신통한 효력을 보는 것은, 그 땅의 성질에 적당한 약과 병이 서로 맞아서 그런 것이 아닐까. 천 리를 멀다 하지 아니하고 펴지 못하는 무명지를 펴려고 하는 것은 사람의 상정(常情)인데, 하물며 나라 안에서 나가지 아니하고 병을 치료할 수 있는 것이랴.

아무리 좋은 것이라 해서 중국의 약재만 구하게 되면 거리가 너무 멀리 떨어져 있기 때문에 구할 수 없을뿐더러 그 구해온 약재가 반드시 효용이 있을지 알 수가 없다. 유통비와 거간비를 고려하면 가격은 아마도 비쌀 수밖에 없다. 물리적인 거리나 경제적인 이유, 의학적 효과 면에서도 의구심을 갖게 한다는 것이다. 물론 향약에 대한 바탕이 없으니 멀리 중국의 것을 찾게 되는 것이다. 이 때문에 조선 안에서 나는 약재를 통해서 조선 사람의 풍토와 기질에 맞는 처방법을 연구해야 한다.

특히 지역의 노인들이 사람들을 잘 치료하는 것은 바로 이러한 원칙에 맞았기 때문이라고 할 수 있다는 인식이 세종을 포함한 의료진들에게 있었고 이에 『향약집성방』이 편찬되기에 이른다. 이런 편찬이 우선 있었기 때문에 더욱 우리에 맞는 약재이면서 쉽게 구할 수 있는 재료로 백성들이 스스로 질병을 치료할 수 있게 더욱 집대성한 『동의보감』이 탄생할 수 있었다. 어느 날 갑자기 크게 이뤄지는 것은 없으며, 이런 기초적인 단계와 작업이 있기 때문에 위대한 성과가 나올 수 있다는 것을 생각할 수 있다. 그 시작은 무조건 추종이 아니라 다름에 대한 인식과 그에 따른 문제와 모순, 결핍을 극복하려는 의지와 노력이다.

우리에게 맞는 음악적 기준을 만들다

　사신회례에 사용할 음악에 대해 논의했다. 상참을 받고 정사를 보는데 임금이 맹사성에게 일렀다.

　"사람들이 말하기를, '사신 회례(會禮)에 여악(女樂)을 쓸 수 없다'고 한다. 만약 여악을 그만두고라도 남악(男樂)이 해서 족히 볼 만하면 좋을 것이다. 그러나, 만약 음률에 맞지 않으면 어찌할까. 문무(文舞)와 무무(武舞)의 복색이 아마 중국과 같지 않은 듯한데, 그를 곁에서 보기에 어떨까. 중국의 풍류를 쓰려고 향악(鄕樂)을 다 버리는 것은 단연코 불가하다."

　이에 맹사성이 대답했다.

　"성상의 하교가 과연 옳습니다. 어찌 향악을 모두 버릴 수야 있겠습니까. 먼저 아악을 연주하고 향악을 겸해 쓰는 것이 옳습니다. 지금 문무와 무무의 의복 제도도 옳고 그름을 알지 못하겠습니다."

　다시 임금이 말했다.

　"일찍이 사람을 시켜 의복을 그려서 가져 왔는데, 지금 만들어 쓰는 것과는 같지 않다. 이것이 의심스럽다."

권진이 내납했다.

"만일 중국의 풍악과 같지 않으면 예전대로 향악을 쓰는 것만 못하옵니다."[22]

중국의 사신이 조선에 오면, 그 예에 맞게 해야 하는데 중국의 것을 모두 온전히 취할 수도 조선의 것을 완전히 취할 수도 없는 문제가 있다. 중국에는 여악이 없고 남악만이 있는데 여악을 중국에 맞춰 폐하고 그것을 남악을 하는 이들에게 맡기면 음악이 제대로 안 나올 수가 있다. 중국의 복색에 맞지도 않는데 중국의 음악을 흉내 낸다고 해서 그것이 제대로 된 음악이라고 할 수는 없다. 더구나 중국의 음악을 온전히 사용하려다가 조선의 음악인 향악을 다 버리게 되는 것은 옳지 않은 일인 것이다. 중국의 음악인 아악과 조선의 음악인 향악이 적절하게 어울려지는 것이 중요할 수밖에 없다. 중국과 음악이 같지 않다면 당연히 조선의 음악만을 사용하는 것이 오히려 정체성을 확실하게 보여주는 것이다. 어설프게 뒤섞거나 흉내만 내는 것은 아무것도 아니게 되고 오히려 부정적인 평가를 받을 것이다. 이는 문화예술만이 아니라 정치·경제·사회문화 전반에 해당되는 것이겠다. 음악에 대해서 좀 더 이야기할 필요가 있다.

1427년(세종 9) 5월 15일, 악학별좌 봉상판관 박연이 석경을 새로 만들어 올렸다. 석경만이 아니라 12율관도 만들었다. 이는 우리 음악의 표준을 만드는 작업이었다.

"악학 별좌(樂學別坐) 봉상 판관(奉常判官) 박연이 1틀에 12개 달린 석경(石磬)을 새로 만들어 올렸다. 처음에 중국의 황종(黃鍾)의 경쇠

로써 위주하였는데, 삼분(三分)으로 덜고 더하여 12율관(律管)을 만들고, 겸하여 옹진(甕津)에서 생산되는 검은 기장(秬黍)으로 교정(校正)하고 남양(南陽)에서 나는 돌을 가지고 만들어 보니, 소리와 가락이 잘 조화되는지라, 그것으로 종묘와 조회 때의 음악을 삼은 것이다."

궁중 음악을 연주할 때 중심음은 황종이 잡아준다. 이의 음 높이를 잡아주는 것이 율관법이다. 율관법(律管法)은 한국음악에서 음높이를 정할 때 사용되는 규칙이라고 하는 이유다. 12율관법은 12율의 기본이 되는 황종의 음높이를 정하고 이 황종을 기준하여 12율의 음높이를 헤아리게 한다. 12율의 음높이는 관의 길이에 따라서 나는 것이다. 이 율관을 기장줄기로 만들었던 것이다. 황종에서 편경과 편종이 파생하게 된다. 황종과 같은 역할을 하는 악기들이었다. 편종은 종모양의 악기가 2층으로 걸리고 매달린 모양이고 편경은 경석으로 만들었다. 이들은 모두 음의 중심을 잡아주는 역할을 했다. 경석은 조선에 나지 않았으나 후일에 경기도 남양에서 나오게 되어 이를 사용하여 편경을 만들게 되었다.

1430년(세종 12) 2월 19일 기록을 보면,

"… 박연이 또 말하기를, '경석(磬石) 얻기가 예로부터 어려웠으므로, 우리나라에서 와경을 쓴 것은 역시 부득이 그랬던 것입니다. 지금 남양에서 얻은 돌은 그 소리가 매우 맑고 화평하여 당경(唐磬)보다 못하지 않습니다. 이는 곧 성조(聖朝)의 시절에 응하여 나온 물건으로서 우연한 것이 아닙니다. 마음을 다해 이것을 쪼고 갈아서 크게 갖추길 바라고 있습니다. 그러나 이를 갈고 다듬기가 쉽지 않으므로 반드시 오랜 시일이 걸려야만 비로소 갖추게 될 것입니다."

돌을 치는 것과 기와를 치는 것은 소리의 맑기와 울림에서 차이가 날 수밖에 없으니 스스로 음악의 중심을 잡을 수 없는 것은 당연했다. 그러나 남양에서 중국과 버금가는 돌이 산출되면서 분위기는 반전이 된다. 이렇게 해서 경석이 나지 않아서 만들 수 없었던 석경은 남양의 경석을 활용해서 만들게 된다. 세종은 스스로 음악의 중심에 조선이 서 있기를 바랐다. 1430년(세종 12) 9월 11일 아악 연주의 타당함 등에 대해 의논하는데, 세종이 좌우의 신하들에게 그 음악이 과연 중국과 조선이 같으냐라는 질문을 한다.

"아악은 본시 우리나라의 성음이 아니고 실제는 중국의 성음이다. 따라서 중국 사람들은 평소에 익숙하게 들었으니 제사에 연주해도 마땅할 것이다. 그런데 우리나라 사람들은 살아서는 향악을 듣고, 죽은 뒤에는 아악을 연주한다는 것이 과연 어떨까 한다. 하물며 아악은 중국 역대의 제작이 서로 같지 않고, 황종의 소리도 또한 높고 낮은 것이 있으니, 이것을 보면 아악의 법도는 중국도 확정을 보지 못한 것임을 알 수 있다. 그러므로 내가 조회(朝會)나 하례에 모두 아악을 연주하는데 그 제작의 적중(適中)을 얻지 못할 것 같고, 황종의 관(管)으로는 절후(節候)의 풍기(風氣) 역시 쉽게 낼 수 없을 것 같다. 우리나라가 동쪽 일각에 위치하고 있어 춥고 더운 기후 풍토가 중국과 현격하게 다른데, 어찌 우리나라의 대(竹)로 황종의 관을 만들어서야 되겠는가."

황종은 아악에서 중심 역할을 하게 되는데 그것을 이끄는 것이 율관이지만 이를 우리나라에서 나는 대나무로 만들어서 맞지 않는 다는 점을 지적한다. 중국의 대나무를 하나하나 가져다가 만들어야 하는 상황이 되는 것이다

더구나 황종의 소리가 그 높음과 낮음에서 구분과 분별이 되지 않으니 중국에서 과연 제대로 된 음악인지 알 수가 없다고 말한다. 이는 음악의 원리에 대해서 정통으로 세종이 알고 있다는 것을 거꾸로 말해 주는 것이다. 문화적인 관점도 있다. 무엇보다 중국인들에게는 항시 듣는 음악이지만 조선인들에게는 특별한 때만 듣는 의식용 음악이기 때문에 제례에서 아악을 들어야 하는지 묻고 있다. 이는 세종이 우리 음악의 주체성 그리고 기준에 대해서 말하고 있는 것이다. 이러한 견해에 대해서 대신들 가운데는 반대의 목소리를 내는 이도 있다. 세종 12년 2월 19일 예조는 다음과 같이 지적한다.

> "오늘날 중국의 음률은 오히려 참된 것이 아니고, 우리나라의 기장이 도리어 진짜를 얻은 것인지 어떻게 알 수 있겠습니까. 그러나 음률과 자 · 되 · 저울을 같이하는 것은 곧 천자(天子)의 일이고 제후(諸侯) 나라에서 스스로 마음대로는 할 수 없습니다. 그러니 만약 지금 검은 기장이 마침내 중국의 황종과 합하지 않는다면 아직은 임시(臨時)의 권도(權道)를 좇아 다른 종류의 기장을 빌려 써서 쌓아 올려 율관(律管)을 만들어 중국의 황종과 합치시킨 후에 법에 의거하여 가감(加減)하여 성률(聲律)을 바로잡는 것이 옳을 것입니다. 이제 만약 율관을 만들지 않는다면 오음(五音)의 청탁(淸濁)도 참된 것을 잃게 될 것입니다."

중국의 음율을 재현할 수 없나고 하여 중국음악이 엉터리인지 알수가 없고, 또한 우리의 기장이 진짜이기 때문에 그것으로 만들면 율관이 제대로인지 알 수가 없다고 지적하면서 더구나 황제국이 아니라 조선에서 스스로 이러한 척도를 만들어서 사용하는 것은 옳지 않다고 말한다. 황종에 중국의 검은 기장이 부합하지 않는다면 우리나라 외에 다른 기장을 빌려와서 그에 맞는 율관을 만들어 연주하도록 해야 한다고 말하는 이유는 세종이 율관을 만들지 않는 것이 낫다는 언질을 주기 때문이었을 것이다. 1430년(세종 12) 10월 18일, 세종은 마침내 결정을 한다.

> "주척(周尺)의 제도는 시대에 따라 모두 같지 아니하며, 황종의 관(管)도 다르다. 옛 사람은 소리에 따라서 음악을 제작했는데, 우리나라 사람은 소리가 중국과 다르기 때문에 아무리 옛 제도를 조사하여 관을 만든다 할지라도 올바르게 된다고 볼 수 없다. 그런즉 만들어 가지고 뒷사람들의 웃음거리가 되기보다는 차라리 만들지 않는 편이 낫다."
>
> 명을 내리어 정인지와 정양(鄭穰) 등이 주척관(周尺管)을 만드는 것을 중지시켰다.

주척관은 척도가 되는 관이기 때문에 12율관을 말한다. 이미 박연이 만들었는데 황종과 어긋난다는 점이 있어서 문제제기가 되었는데 비단 그것은 중국의 대나무를 사용하지 않기 때문일 것이다. 결과적으로 그 율관을 발명했지만 만들지 않도록 하겠다는 뜻이다. 요약을 하면 원래 아악은 당나라 음악이라, 그때 중심을 잡아주는 황종도 같이 들어왔다. 그런데 이 황종음이 어그러지는 것이 있어서 이를 잡아주기 위해 율관을 만들었는데 제대로 만들어지지 않았다. 그래서 박연이 독자적으로 12율관을 만들었다. 12율관은 우리나라 기장 줄기로 만든 것이라, 원래 중국의 음과 약간 어긋나는 점이 있었다. 하지만 우리의 주체적인 관점에서는 독자적이라고 할 수가 있다. 비록 주척관을 만들지 않겠다고 선언했어도 12율관은 우리가 스스로 우리 기준을 가지고 만든 음악표준이라고 할 수 있으며 천하의 중심이라는 것을 말한다. 대신들이 스스로 표준을 만드는 것은 가하지 않다고 했으나 12율관을 통해서 스스로 음악적 기준을 만든 것은 우리가 스스로 황제국과 다름 아니라는 말과 통할 것이다.

《미주》

1) 1429년(세종 11) 7월 11일.
2) 세종실록 45권, 1429년(세종 11) 7월 11일.
3) 세종실록 45권, 1429년(세종 11) 7월 30일.
4) 세종실록 50권, 1430년(세종 12) 11월 27일.
5) 세종실록 126권, 1449년(세종 31) 11월 30일.
6) 세종실록 66권, 1434년(세종 16) 11월 24일.
7) 세종실록 45권, 1429년(세종 11) 8월 4일.
8) 세종실록 123권, 1449년(세종 31) 3월 18일.
9) 세종실록 2권, 1418년(세종 즉위년) 12월 20일.
10) 세종실록 55권, 1432년(세종 14) 3월 17일.
11) 세종실록 38권, 1427년(세종 9) 12월 20일.
12) 세종실록 78권, 1437년(세종 19) 9월 3일.
13) 세종실록 49권, 1430년(세종 12) 8월 25일.
14) 세종실록 50권, 1430년(세종 12) 12월 22일.

15) 세종실록 61권, 1433년(세종 15) 윤8월 20일.
16) 1440년(세종 22) 4월 4일.
17) 1434년(세종 16) 8월 23일.
18) 세종실록 76권, 1437년(세종 19) 1월 12일.
19) 세종실록 32권, 1426년(세종 8) 4월 28일.
20) 세종실록 50권, 1430년(세종 12) 12월 8일.
21) 세종실록 60권, 1433년(세종 15) 6월 11일.
22) 세종실록 53권, 1431년(세종 13) 8월 2일.

나가며 : 문화와 국정의 현대성

　애초에 방대한 조선왕조실록 가운데 세종실록을 읽게 된 이유는 우리가 익히 알고 있는 창제와 발명품들을 보면서 세종이 그 위대한 업적들을 어떻게 이룰 수 있었을까 싶어 그 비결을 찾기 위함이었다. 그런데 의외였다. 위인전이나 리더십 책에 나오는 대단한 사실들은 실제로는 찾을 수 없거나 미미한 경우가 많았다. 더구나 세종실록은 방대하기 때문에 그것을 읽어내는 것은 만만치 않았다. 사실 실록에 있는 내용들은 그렇게 극적이지도 재미가 있지도 않았다. 악의 무리를 해결하는 영웅이나, 지적인 혜안을 가지고 있는 영웅 같은 세종이 등장하기를 바라는 마음은 번번이 어그러졌다. 이는 당연한 것이 실록은 객관적인 회의 자료라고 할 수 있기 때문이다.

　하지만 위인전에 나오는 신화적인 이야기가 아니라 우리 일상생활의 문제를 대입해 보면 그 내용들은 옛날 시대의 것이 아니라 오늘날의 문제와 맞물려 있음을 깨닫게 된다. 그런데 그 회의에는 당대의 최고 지식인과 경륜의 대신 그리고 학구파 왕이 참여하고 있었다. 그러니 이해를 못한다고 그것이 의미와 가치가 없는 것은 아니라는 점을 읽을 때마다 깨닫게 되었다.

무엇보다 정말 많은 상고 이래의 각종 법제와 사례들이 등장한다. 이를 통해서 작금의 현재에 벌어지고 있는 문제와 모순을 해결하기 위해 집단 지성의 정책과정이 펼쳐지고 있는 것이다. 사적인 욕망이 아니라 공적인 가치를 실현하기 위해 치열하게 논쟁을 하고 협력을 하던 풍경이 그려지기도 한다. 이런 열정과 치열함과 항구성이 과연 오늘날의 국정이나 국회에서 이뤄지고 있는가 생각해본다. 어쩌면 그러한 정책 과정이 오늘날까지 이어졌다면 대한민국의 상황은 많이 달라졌을지 모른다, 비록 왕조 시대의 체제는 아닐지라도 문화적 관점에서 국정운영이 이뤄지는 전통이 이어졌다면 대한민국은 좀 더 인권과 민주주의가 일찍 꽃 피었을지 모른다. 그렇다고 해서 늦은 것은 아닐 것이다.

이제 실상은 2인자이면서 겉으로 1인자 리더십의 시대는 가고, 2인자의 태도를 취하는 실질적인 1인자 리더들이 필요한 시대가 되었기 때문이다. 앞에서 무조건 이끄는 리더가 아니라 구성원 사이에서 조율과 합치의 수평적 리더십의 지도자가 우리 시대에 적절하기 때문이다.

국민들의 수준은 높아졌고 인재들의 역량도 강화되었기 때문에 이를 중심에서 융화 시켜내면서도 소신의 감식안을 가진 리더가 이미 600년 전에 있었다는 사실, 이에 결국 이 자리에서 왜 세종을 다시 언급하는지 공감하고 이해할 수밖에 없다. 사람이 과거를 잊을 뿐 과거는 언제든 필요한 사람에 따라 다시금 부활하고 더 활발하게 계승되는 법이기 때문이다. 다만 그것을 누가 왜 불러내는지가 관건일 뿐이고 세종도 같은 운명이다. 중요한 것은 세종이라는 인물을 넘어서 그가 만들어낸 개별적인 연구와 상호 집단 궁구 그리고 합의 소통을 통한 정책 과정 체계이다. 그것이 민주공화정의 원칙이며 그것을 중심에서 조율할 수 있는 입지와 역할은 여전히 필요하다.

세종어록

• 마음이 바르면 사무를 처리하는 것도 어렵지 않다. 근래에 부정한 짓을 범하는 지방관들이 간혹 있다. 그리하여 나는 일선에서 백성과 가까이할 관리를 선택하여 친히 접견하고 보내는 것이다. 요즈음 흉년으로 인하여 백성이 식량난으로 많은 곤란을 당하고 있으며, 금년은 기후가 고르지 못하여 지극히 걱정되는 바이다. 오히려 나의 정성과 공경이 하늘의 마음을 감동시키지 못할까 염려하여 밤낮으로 두려워하니, 그대들은 오늘 내가 가르치는 말을 받아들여 관직에 있는 동안 부디 조심하여 긴급하지 않은 공사에 백성을 동원하는 것은 모두 중지하고, 백성의 생활을 안전하게 하라.

　　－ 세종 8년 1월 17일, 지평해군사 허항 · 지철산군사 민소생 · 교하 현감 박
　　　도 등이 배사하니 접견하며

• 내가 덕이 없이 신민의 위에 있어서 밤낮으로 잘 다스리기만을 도

모하여, 나라가 태평함을 기약한 지 이제 여덟 해가 되었다. 그러나, 재앙과 변괴가 없는 해가 없었으며, 더욱이 이제 농사가 한창인 때에 한재가 너무 심해서 그 이유를 깊이 생각해보니 잘못은 진실로 나에게 있는 것이다. 새벽에 조심하여 경계하고, 저녁에 두려워 삼가며 어찌할 바를 알지 못하겠노라. 혹시라도 형벌이 중도를 잃어서, 원통하고 억울함을 펴지 못함으로써 원망하고 탄식하는 자가 있어 화기를 상하는 일이 있었는지, 말이 여기에 이르러서는 진실로 두려움을 이길 길이 없도다. 홍희(洪熙) 원년 6월 23일 이전의 이죄(二罪) 이하는 이미 발각되었거나 발각되지 않았거나, 이미 죄가 결정되었거나 아직 결정되지 않았거나 모두 다 용서하고 놓아주어서, 내가 재앙을 만나 위태로워하고 두려워하는 뜻을 밝히게 하라.

　　- 세종실록 28권 세종 7년 6월 23일, 신유 4번째 기사 1425년 명 홍희(洪熙) 1년 가뭄으로 전국에 사면령을 내리다

• 대저 형옥(刑獄)의 일은 실정을 알기는 어렵고 공정을 잃기는 심히 쉽다. 그래서 내 일찍이 교서를 내리어 알려 이르기를 정녕하게 했다. 그러나 많은 고을의 여러 수령 중에 형벌을 쓰기에 공정을 잃거나 살펴 판단하기에 밝지 못하다. 그래서 무고한 백성으로 하여금 부당한 옥살이에 오래 묵혀 화기(和氣)를 상하게까지 하는 일이 없을 수 있을 것인가. 내 심히 걱정한다.

　　- 세종 24년 1월 16일, 여효온이 사헌부 관리를 사핵하지 말도록 청할 때

• 내가 질병도 없는데 어찌 고기를 먹겠느냐.

　　- 세종 23년 4월 28일, 도승지 조서강이 육선할 것을 청하다

• 풍문으로 들리는 일이라도 대신을 의심하고 그 사실을 사핵하지 아니하면, 후일에 미치는 폐해가 말할 수 없을 것이다.

　　- 세종 24년 1월 16일, 여효온이 사헌부 관리를 사핵하지 말도록 청하자

• 술을 금한다면 소민(小民)들이 두려워할 것이다. 소비(消費)를 덜 수 있으며, 또한 가물 기운이 있으니, 청하건대 이를 금하여 반성(反省)하는 뜻을 보여야 한다. 내가 술을 들지 않고 금한다면 옳으나, 위에서는 시행하지 않으면서 다만 밑으로 백성들만 금한다면 범하는 사람이 반드시 많을 것이며, 옥송(獄訟)이 번거로울 것이다. 더군다나 형벌을 경하게 하고 금령(禁令)을 늦추는 것도 또한 한재(旱災)를 구(救)하는 한가지의 정책(政策)이니, 이를 정하게 할 것이다.

　　- 세종 10년 3월 24일, 술 금지 청을 대하며

• 농상(農桑)을 권과(勸課)하는 것은 수령(守令)의 선무(先務)이나, 지나치게 급히 하면 백성이 소요하고 지나치게 늦추면 때를 잃을 것이니, 급하게 하지도 말고 늦추지도 말게 하라. 가거들랑 네 마음을 다할 것이다. 의창(義倉)의 곡식을 징수하고 나누어 주는 것은 마땅히 부지런히 하고 삼가 해야 할 것이나, 각박하게 하지 말 것이다. 형벌은 모름지기 너그럽고 바르게 하여야 할 것이니 중도를 잃지 말게 하라. 또 충청도 백성들은 두 번의 거둥으로 인하여 소요함이 반드시 많을 것이다. 금년에는 좀 풍년이 들어서 기근(飢饉)할 지경에 이르지 않을 것이라 하니, 내가 이를 듣고서 기뻐하였다. 가서 너의 직무에 나아가 정성을 다하라.

　　- 세종 23년 9월 5일, 하직하는 보령 현감 안영을 인견하며

•감옥의 고통은 하루를 지내기가 한 해를 지내기와 같다. 하물며 지금 여러 도에서 흉년이 들어 백성들의 생계가 곤란하고 겨울철에는 더욱 심하다. 서울과 지방의 죄수가 갇혀서 옥에 있으면 배고프고 추움이 몸에 사무치고, 처자가 옥바라지하는 것도 실상 어려우니, 근심과 원망이 없을 수가 없다. 그 중한 죄를 범해 옥에 있는 사람은 진실로 마땅히 불쌍히 여겨서 구휼하라. 그들에게 배고프고 추운 데 이르지 않게 하고, 만약 정리(情理)가 가련하여 마침내 경한 법에 처할 사람이 오랫동안 그 고통을 받고 있는 것은 더욱 불쌍히 여길 만하니, 잠정적으로 권도의 법에 따라, 내년 정사년 보리 익을 때까지 기한하여, 보석(保釋)하여 추결(推決)하도록 하라.

　　－ 세종 18년 11월 19일, 수감된 죄인을 구휼하고 죄가 경한 죄인을 보석시
　　　키며

•법은 변통(變通)을 귀히 하는 것이니, 한 가지만으로 고집할 수 없다.

　　－ 세종 22년 9월 24일, 좌정언 박적선이 상피법의 엄격 시행을 아뢰며

•무릇 추문(推問)하는 일은 죄명(罪名)의 대체가 이미 이루어졌을 것 같으면 억지로 추국할 필요는 없는 것이다.

　　－ 세종 22년 11월 7일, 대사헌 박안신이 황보신에 대해 추국할 것을 아뢰자

•진상하는 물선이 모두 백성에게서 나오는데, 지금 농사철을 당하여 폐가 백성에게 미치는 짓을 내가 차마 못하겠다. 그러니 오는 가을을 기다려서 전과 같이 진상하라.

－ 세종 22년 5월 19일, 가뭄이 덜한 경상·전라의 진상은 해야 한다는 요
청에

• 내가 즉위한 이래로 22년이 되었는데 한발(旱魃)의 재앙이 없는 해
가 없다. 천재를 없애려고 하여 매양 은사(恩赦)를 내리고, 노인에게 작
(爵)을 주고 사만(仕滿)이 된 이서(吏胥)를 벼슬시키기까지 하였으나, 한
번도 하늘의 응험을 얻지 못했다. 생각하건대 사유(赦宥)라는 것이 재앙을
구제하는 데에 도움이 없는 것인가 한다. 또 내가 들으니, 간혹 요행을 바
라는 무리가 형벌과 법을 면하고자 하면 반드시 말하기를, '하늘이 왜 가
물지 않나.' 하고, 벼슬을 얻지 못하면 반드시 말하기를, '하늘이 왜 가물
지 않나' 한다 하니, 이것으로 본다면 사유는 본래 재앙을 그치고자 한 것
인데, 도리어 사람으로 하여금 가뭄을 원하게 되니 재앙을 그치게 하는 방
도에 어그러짐이 있다. 그러나 사유(赦宥)는 사람마다 기뻐하는 것이니,
만일 부득이하거든 곤장을 때릴 죄인 이하를 용서하는 것이 어떠한가.
－ 세종 22년 4월 25일, 가뭄으로 죄인을 사면할 방책을 논의하다

• 내가 보정(補丁) 등이 죄가 없다고 하는 것이 아니다. 다만 다른 일
을 들어서 고한 것을 가지고 관리를 추핵하면, 송사하는 자가 한 번만 제
마음에 맞지 않는 것이 있으면 다투어 서로 고자질을 할 것이니, 풍속이 박
하고 악하여지는 것이 실상 여기에 기인하는 것이다. 이것이 내가 추핵하
지 못하게 하는 바이다.
－ 세종 22년 4월 16일, 지평 송취가 노호·이보정을 탄핵하며

• 근래에 이 고을의 수령이 조심하여 근신(謹愼)하지 아니하고 여러

번 장물죄를 범하였기 때문에, 그대를 뽑아서 보내는 것이니, 관직에 있는
동안 신중히 하고 백성을 보호하도록 하라.

　　– 세종 8년 2월 8일, 남원 도호 부사 김희가 사조하니 인견하며

• 전일에 허조가 아뢰기를, '국가에 금은이 많이 있으면 사치심이 생
깁니다' 고 하였는데, 이 말이 옳다. 그러나, 그 당시에는 저축한 것이 적지
않았고, 내가 기명(器皿)에는 다 자기(磁器)나 칠기(漆器)를 썼다. 사치할
마음이 생기고 안 생기는 것이 어찌 금은의 많고 적음에 달렸겠는가.

　　– 세종 15년 11월 1일, 포화로 금은의 매입·배준의 사건·행례 연회를 베
　　　푸는 문제 등을 논의하며

• 태만한 마음이 한 번 싹트게 되면 안일 방종한 데로 흘러서 성취하
지 못하는 법이며, 학문에 있어서도 조금만 간단(間斷)이 있으면 곧 권태
가 오고 전진을 즐겨 하지 않나니, 모든 일이 그렇지 않은 것이 없다.

　　–세종실록 63권 세종 16년 1월 15일, 계사 2번째 기사 1434년 명 선덕(宣
　　　德) 9년

• 옛날 당(唐)나라 태종(太宗)도 말하기를, '노역(勞役)은 일을 하
기 위함이라' 하였다. 그렇기 때문에, 군사는 근로와 연습으로서 그 요점
을 삼는 것이다. 그러나, 백성들이 바야흐로 아사(餓死)에 직면하고 있을
때는 마땅히 변통해야 할 것이며, 어느 하나를 고집해 논할 수는 없을 것
이다.

　　– 세종실록 63권 세종 16년 1월 15일

• 각각 너희들의 임지에 나아가서 형벌을 삼가고 백성을 사랑하여, 나의 지극한 마음을 본받으라.
　　– 세종 16년 7월 6일, 철원 부사 권서·지간성군사 안보해 등이 하직하니
　　　직무를 다할 것을 당부하며

• 대접할 때, 갖추갖추 후하게 주어 다른 날에 하던 것과 달리 하면 도리어 의구심(疑懼心)이 생길 것이니, 옛 사람의 말에, '폐백을 후하게 하고 말을 달콤하게 하는 것은 나를 꾀이는 것이라' 하였다. 그러므로, 갖추 갖추 후하게 주는 것도 마땅치 못한 일이다.
　　– 세종 16년 8월 19일, 범찰과 그의 관하에서 도망해 오는 자들에 대한 대
　　　처 문제를 논의하며

• 근년의 기근(飢饉)이 평안도가 더욱 심하니, 가거든 공경히 그대의 직책을 봉행하여 백성이 굶주려 죽는 일이 없게 할 것이며, 또 백성들이 궁하면 옥사(獄事)가 번다하게 되는 것은 사세의 필연한 법이니, 그대들은 형벌을 밝게, 또 삼가서 하라. 수령의 직책이란 백성을 애호하는 이외에 다른 일이 없는 것이니라.
　　– 세종 17년 1월 20일, 지희천군사 구익수·삼등 현령 김치용이 하직하니
　　　직책을 다할 것을 당부하며

• 근년에 벼농사가 풍등(豐登)하지 않아서 백성들의 생활이 몹시 어려우니, 그대들은 나의 이 지극한 뜻을 몸 받아서 농상을 권장하고 형벌을 삼가서 사랑해 기르는 임무를 다하라.
　　– 세종 17년 1월 4일, 공주 목사 이흡·석성 현감 송지정·무주 현감 백여

명 등이 사조하니 직무를 다할 것을 당부하며

• 농상(農桑)에 대한·모든 사무에 때를 잃지 말 것이며, 요역(徭役)을 가볍게 하고 부세(賦稅)를 적게 하여 민생을 돌보라.
  – 세종 17년 1월 2일, 갑술 1번째 기사

• 수령은 백성을 가까이 하는 직책이어서 경관의 전곡(錢穀)을 출납하는 비교가 아니다. 제수할 때를 당할 때마다 적당한 인재가 어려운데 이미 그대들을 뽑아서 보내는 것이니 가서 그대들의 직책을 삼가라. 지금 국가가 비록 태평하다고는 하나, 민생이 가난하고 군색하다. 그대들은 민생을 근심하고 불쌍히 여기어 형벌을 삼가고 농상(農桑)을 권하라.
  – 세종 16년 12월 18일, 예안 현감 송계상·문경 현감 전약충 등이 하직하니 직책을 다할 것을 당부하며

• 지금 바야흐로 사방에 근심이 없으나, 근년에 흉년으로 인하여 백성들이 살아 갈 수 가 없으니, 나의 지극한 생각을 몸 받아서 이 백성들을 무휼(撫恤)하라. 또 백성이 궁하면 반드시 옥송(獄訟)이 많은 것이니, 항상 형벌 쓰는 것을 삼가라"
  – 세종 16년 12월 19일, 과천 현감 이계주·개령 현감 김맹지 등이 하직하니 직무를 다할 것을 당부하며

• 군대가 출동하는 사이에 어찌 질병이 나고 배고프고 추위에 떠는 사람이 없겠는가. 만약 미처 구원하지 못한다면 반드시 생명이 끊어지게 될 것이다. 그러니, 금후로는 미처 구료하지 못하여 길에 버리게 된 사람은

그만이겠지마는, 아직도 구원할 만한 사람은 모름지기 즉시 구호하여 죽게 하지 말라.

　　- 세종 18년 3월 11일, 회양의 남곡 등처에서 사냥하며

• 지금에 있어서 무사(武士)에 어찌 윤수와 같은 자가 없겠는가. 특별히 변방 수령만을 자주 경질하면 일이 소루(疏漏)한 것이 많고, 또 한 사람의 한때의 죄로 인하여 법을 폐하여 신의(信義)를 잃는 것은 불가하다.

　　- 세종 17년 6월 13일, 야인이 침범한 사실을 고하지 않은 군수 김윤수를
　　　징계하며

• 대간(臺諫)의 직책은 일을 말하는 데에 있고, 승지(承旨)의 책임은 출납하는 데에 있으니, 대간과 승지가 함께 일을 의논한 예는 없었으나, 인명에 대한 중한 일을 내가 대단히 진려(軫慮)하여 그 실정을 구하고자 하였으되, 그 요령을 얻지 못해서이다.

　　- 세종 25년 11월 29일, 좌정언 윤면이 함길도에서 1700여 명이 굶주려 죽
　　　은 일을 추국할 것을 청하니 지평 권기 · 승정원과 의논하며

• 사정의 참되고 거짓임은 쳐들어 말할 것이 없고, 진(塡)의 어미 나이가 1백세에 가까워 죽을 날을 멀지 아니하므로, 진이 곁에 모시어 봉양하기 때문이라고 말하는 것이 진실로 가엾으니 용서하라.

　　- 세종 25년 2월 22일, 본처를 소박한 예문 직제학 김진을 용서하다

• 부부는 비록 삼강(三綱)의 하나이나 부모 자식은 실로 강상(綱常) 중에도 큰 것인지라, 진의 어미 나이가 90이 넘어 죽을 날이 얼마 안 남았

는데 진이 어미 집에 들어와 살면서 아침저녁으로 봉양을 하니, 그 마음이 아름답지 아니하냐. 또 세상 사람이 처자에만 사정을 두고 부모의 봉양을 돌아보지 않는 자가 많은지라, 세 집에 나기 살면서 부모에게 찾아가지도 않는 자를 나는 심히 그르게 여기는 것이니, 진을 죄줌은 불가하다.

    – 세종 25년 2월 25일, 지평 이영견이 김진 · 조극관 · 이근전의 징계를 청하며

• 들건대, 그 도에 기근이 절박하고 인민이 유이(流移)하여 그 자손들을 미처 거두어 구휼하지도 못하고, 혹은 길에 버리기도 하고 혹은 나무에 매어두기도 하면서 사방으로 흩어져 도망한 사람이 간혹 있다 하니, 내가 심히 염려한다. 경 등은 나의 지극한 뜻을 본받아 마음을 다하여 구휼하여 굶어 죽게 하지 마라. 또 금년은 그만이어도 명년의 일은 마땅히 할 수 있다 그러니, 내년 봄 농사철에 종자와 구식(口食)을 모름지기 미리 조처 준비하여 모자람이 없게 하라.

    – 세종 18년 10월 20일, 백성 구휼과 다음 해 농사의 철저한 대비를 각도의 감사에게 명하며

• 외방의 환자[還上]는 거두어들이고 흩어 주는 일이 심히 어려우니, 적게 주면 환자를 바라고 사는 사람은 그를 힘입어 살 수가 없고, 많이 주게 되면 나중에 거두어들이는 것도 역시 어렵게 될 것이다. 이제 환자를 많이 받는 사람에게 이를 전부 면제해 준다면, 국고가 텅 비게 되어 흉년에 진제(賑濟) 할 수가 없을 것이며, 반드시 다 거두어들이고자 한다면 모름지기 백성을 채찍으로 때려야 될 것이다. 근심과 탄식이 더욱 심하게 될 것이다. 대개 환자를 거두어들이고 흩어 주는 이유로써 형벌을 엄하게 해, 백

성의 근심하고 탄식하는 소리가 사방에서 들리게 하는 것은 실로 차마 할 수 없는 일이다.

    – 세종 18년 9월 7일, 환자를 독촉해 거두어 진제를 위해 축척하게 하며

• 만약 고문(拷問)하지 않으면 실정을 알아내기가 어렵겠는데, 매질의 형벌로써 사람의 죄를 결정하는 것이 어찌 옳겠는가.

    – 세종 28년 7월 8일, 사헌부와 사간원에서 성계성에게 죄주기를 청하였다며

• 지금 비록 대면하여 묻더라도 저 도의 사람들이 이미 꾸민 말로 소리를 함께 하여 숨기고 비밀히 하였다. 그러니, 만일 지금 핵실하여 바루면 전일에 아뢴 자가 반드시 거짓말을 하였다는 책망을 받게 될 것이다. 이것으로 과죄하면 후일에 언로(言路)가 통하지 않을 것이니 다시 물을 것이 없다.

    – 세종 25년 11월 21일, 지평 신자수가 함길도의 사망 숫자를 다르게 아뢴
      마변자와 정식을 대질시킬 것을 청하나 듣지 않으며

• 이미 법을 세웠으니 어찌 반드시 다시 명을 내린 후에야 검찰하리요. 자주 명령을 내리면 도리어 명령이 가볍게 생각된다. 경이 검찰하되 좋지 않는 자가 있거든 아뢰고 의논하라.

    – 세종 2년 1월 11일, 사용한 물건을 창고 관리가 중기에 올리도록 할 것을
      김점이 아뢰자

• 만일 갑자기 혁파하면 과부(寡婦)들이 반드시 갈 곳이 없는 자가 있을 것이다. 이제 현재의 수효에 의거하여 줄어도 보충하지 말아서 점차

로 혁파되게 하라.

– 세종 29년 6월 23일, 정업원을 점진적으로 혁파하게 하며

• 병든 부녀를 불러 올 수 없으니. 여자 의원 두 세 사람을 시켜 그 집에 가서 묻게 할 것이고, 또 양반 부녀의 말소리를 서리(書吏)로 하여금 듣게 할 수 없다.

– 세종 31년 4월 14일, 이진의 내쫓은 아내 김씨의 노비 송사 문제에 대해 사헌부에서 아뢰자

• 한 사람이 이를 만들어서야 명년 농사 때까지 미칠 수 있겠는가. 여러 도(道)에서 모형을 보고서 만들게 함이 옳을 것이다. 농사는 지극히 중대하니, 만약 대소 관리(大小官吏)들이 정신을 차려 농사를 권장한다면, 백성의 식량과 국가의 용도가 어찌 넉넉하지 못하다고 걱정하겠는가.

– 세종 13년 10월 30일, 판서 안순이 수차 사용에 관해 아뢰자

• 옥수(獄囚) 중에 부호(扶護)할 사람이 없는 자는 관에서 그 의복과 식량을 지급하고, 질병에 걸린 자는 관에서 약품을 조제하여 구호하라고 누차 교지(敎旨)를 내렸는데도 옥에서 사망하는 자가 빈번하게 있으니, 이는 반드시 관리들이 마음을 써서 봉행하지 않음이 분명하였다. 이제부터 서울은 사헌부에서, 외방은 감사가 이를 거듭 명백히 고시하고 또 고찰하라.

– 세종 13년 3월 21일, 부호할 사람이 없는 수인들의 구호에 관해 전지하며

• 시중 정몽주(鄭夢周)는 죽기까지 절개를 지키고 변하지 않았으며,

주서 길재(吉再)는 절개를 지켜 마음을 변하지 않고 상소해서 물러가기를 청했으니, 찬술(撰述)한 〈충신도(忠臣圖)〉 안에 모두 얼굴을 그리고 찬 (贊)을 짓도록 하라.

    – 세종 13년 11월 11일, 경연에 나아가 정몽주와 길재를 〈충신도〉에 넣으라
      하며

• 강원도는 토지가 척박하여 해마다 곡식이 잘 되지 않아서 백성의 생계가 곤궁하게 된다. 그 해에 풍년 드는 것과 백성이 부유하게 되는 것은 수령의 힘으로서 이룰 수 없는 것이다. 하지만 곡식을 거두고 흩어 주는 것을 제 시기에 하여서 곤궁한 사람을 진휼하여 굶주림과 추위에 떨지 말게 하는 일은 그 책임이 수령에게 있으니, 가서 그대의 마음을 다할 것이로다.

    – 세종 13년 11월 14일, 강릉 판관 권심이 사조하니 형벌을 삼가라 당부하며

• 익명서를 거론(擧論)하지 못하도록 태종께서 법을 세워 엄하게 금한 것은 다름이 아니라, 익명서란 것은 다 간사한 무리들이 남을 모함하려는 술책이므로 만약 다 거론되면 간사한 사람들이 그러한 술책을 행할 수 있을 것이니, 얻는 것보다 잃는 것이 더 많기 때문이다.

    – 세종 13년 5월 9일, 유연생이 올린 충청도 절제사 등이 반역을 음모한다는
      내용의 익명서에 대한 논책을 논의하며

• 본도는 여러 해를 계속하여 농사가 잘못 되어서 백성들이 반드시 굶주리며 지쳤을 터이니, 마음을 다해서 구제하여 살려 주라. 만일 마음을 써서 구조한다면 한 고을 안에서 어찌 굶주리는 사람이 있겠느냐.

    – 세종 12년 윤12월 23일, 주상충이 사조하니 인견하며

• 무리 특수한 공로가 없다 할지라도 관직으로 인하여 계급을 뛰어 넘게 한다면, 옛 제도에 어긋날 뿐 아니라 공평하지 못할 우려가 있으니, 지금부터는 관직의 고하(高下)에 구애되어 특별히 발탁하는 이외에는 모두 성적을 고사하여 계급에 따라서 승진시킬 것이다.

　　– 세종 12년 윤12월 26일, 이조에 전교하여 성적을 고사하여 계급에 따라
　　　승진시키라고 이르며

• 우리나라의 제도에 30개월이면 관리의 계급을 올려 주는 것이 벌써 정한 규례로 되어 있다. 그러나 그 계급이 갑자기 뛰어 올라갔기 때문에 이에 준하여 관직을 받은 사람이 상당히 많으니, 이것은 법을 세운 본의와 어긋난 것이다. 마땅히 계급을 따라서 승진시키고 차례를 건너뛰지 못하게 하라. 그리고 관직에 대하여는 관계(官階)에 구애되지 않도록 한다.

　　– 세종 12년 윤12월 27일, 계급에 따라서 승진시키고 차례를 건너뛰지 못
　　　하게 하라고 이르며

• 근래에 수령들이 법을 무시하고 지나친 형벌을 실시하는 자가 많다. 죄가 만일 확실하였다면 고문을 실시해도 되겠으나, 만일 자기의 분노로 인하여 법을 굽히어 지나친 형벌을 실시하는 것은 매우 옳지 못하다. 그대들은 이러한 무리를 본받지 말고 불쌍히 여기는 마음으로 죄수를 다루라.

　　– 세종 12년 윤12월 25일, 창원 부사 양활 등이 사조하니 인견하며

• 사람을 알아보기 어렵다는 말을 어찌 믿지 아니하리오.

　　– 세종 12년 8월 30일, 이명덕·노한 등에게 관직을 제수하며

• 나도 강원도의 금년 실농(失農)은 알고 있다. 그러나 강무(講武)를 하지 않으면 군졸들의 기운을 기르고 항오(行伍)를 연습할 기회가 없다. 근래 사신이 오고 흉년이 들고 해서, 매양 춘추 양등의 강무를 폐해 왔으나 이번만은 폐할 수 없다. 내 그 실농을 우려하여 일수(日數)를 줄이게 하였으니 응당 그 도의 감사로 하여금 어육(魚肉)과 해물(海物)을 바치지 말도록 할 것이다.

    – 세종 13년 1월 19일, 강무시 강원도에서 어육, 해물을 바치는 것을 금지
      하라 명하며

• 신하에게 자문(諮問)하여 윤대(輪對)하는 법을 마련한 것은 임금의 과실(過失), 시정(時政)의 득실(得失), 민간(民間)의 질고(疾苦), 군신(群臣)의 사정(邪正)을 들어 보며, 숨어 있는 인물을 뽑아 올리기 위한 정치와 모두 관계되는 일이다. 그런데, 근래에 윤대하는 관원들은 각기 그 소속 관청의 전곡(錢穀) 따위의 사소한 문제를 들고 나서서 아뢰지 않는 일이 없으니, 다시 분명히 경계하여 이렇게 하지 말도록 하라.

    – 세종 12년 윤12월 8일, 예조에 전지(傳旨)하며

• 지금 서울에 어린 아이들이 살 곳을 잃고 굶주려 지쳐 있다. 지방 고을엔들 어찌 이런 일이 없겠느냐. 그대들은 가서 구제하라. 또한 형벌이란 지중(至重)한 일이니 삼가서 부디 노여움으로 인한 지나친 형벌을 행하지 말라.

    – 세종 12년 윤12월 12일, 회덕 현감 박성치 등이 사조하니 인견하며

• 죄를 범한 자에게 도역(徒役)을 정하는 것은 악을 징계하여 뒷사람

을 경계하고자 함인데, 지금 서울과 지방의 관리로서 남의 청탁을 받고 혹
종을 대신 보내는 자도 있다. 지금부터는 관리로서 다른 사람이 대신 복역
하는 것을 들어주는 자는 아울러 그 죄를 다스리라.

　　－ 세종 12년 윤12월 14일, 형조에 전지하여 도역을 대신해주는 자들의 치
　　　 죄를 명하며

　• 농사에 힘쓰고 곡식을 소중히 여기는 것은 왕정(王政)의 근본이므
로, 내가 매양 농사에 정성을 쏟는 것이다.

　　－ 세종 12년 2월 14일, 『농사직설』을 여러 도의 감사와 서울의 시직·산직
　　　 2품 이상의 관원에게 반포하며

　• 백성에게 공덕이 있는 이들은 이미 향사(享祀)하게 하였는데, 능실
(陵室)에 이르러서는 헐고 무너져도 수리하지 아니하니 매우 옳지 못한 일
이다. 마땅히 능이 있는 고을의 관원으로 하여금 나무하는 것을 금하고 무
너지는 대로 즉시 보수(補修)하게 할 것이다.

　　－ 세종 12년 3월 7일, 허성에게 전조의 능실을 보수하라고 이르며

　• 진귀한 새와 기이한 짐승은 옛 사람들이 경계한 바이다. 진상하지
말도록 하라.

　　－ 세종 12년 9월 11일, 하경복이 길들인 사슴을 진상하려 한다는 말을 듣고
　　　 못하게 하며

　• 90 노모(老母)가 있으면서 벼슬하는 사람이 적고, 또 지방에 사는
사람으로 자기가 늙었으면서 아들에게 벼슬 살기를 권하는 사람이 많으

니, 특별히 이 사람에게 벼슬을 주어서 돌아가서 봉양하게 하라.
  – 세종 12년 10월 7일, 전인로가 관직에 채용해 줄 것을 상언하며

• 당초에 공정한 마음으로 탄핵하려는 듯하였으나, 마침내 감정을 품는 것 같은 것은 공정하지 못한 일이다.
  – 세종 12년 10월 13일, 사간원과 사헌부의 알력에 대해 물으며

• 형옥(刑獄)의 사건이 애매하여 밝히기 어려운 것은, 한두 사람이 판단 결정할 것이 아니다.
  – 세종 12년 12월 4일, 상정소에 교서를 내려 지방의 사형 해당범에 대한 국문 절차를 알리게 하며

• 박연(朴堧)이 조회(朝會)의 음악을 바로잡으려 하는데, 바르게 한다는 것은 어려운 일이다. 『율려신서(律呂新書)』도 형식만 갖추어 놓은 것뿐이다. 우리나라의 음악이 비록 다 잘 되었다고 할 수는 없으나, 반드시 중국에 부끄러워할 것은 없다. 중국의 음악인들 어찌 바르게 되었다 할 수 있겠는가.
  – 세종 12년 12월 7일, 음악에 대해 이야기하며

• 한때의 나쁜 자를 미워하는 마음에서 유사(宥赦) 이전의 죄까지 소급하여 추궁한다면 신의를 잃게 될 것이 매우 염려된다. 더구나, 유사라는 것은 과거의 잘못을 깨끗이 청산하고 새로운 길을 열어 주기 위한 것인데, 만일 유사 이전에 지은 죄까지 통산하여 시행한다면, 백성을 용서해 준다는 본의가 아니다. 또한 백성에게 신용을 보이는 일이 아니다. 또한 절도라

는 것은 궁한 백성이 범하는 것이니, 큰 죄악이 아니며, 그의 사정이 또한 딱한 것인데, 모두 이것을 사형으로 처리하는 것은 나로서는 차마 못할 일이다.

　　– 세종 12년 12월 16일, 김자지가 세 번 이상 절도죄를 범한 자는 무조건
　　　법대로 집행할 것을 아뢰었으나 듣지 않으며

• 요사이 물고기를 잡다가 익사하는 자가 자못 많으니, 이제부터는 제향(祭享)과 진상(進上)으로 물고기를 바치지 말라.

　　– 세종 11년 4월 1일, 익사사고가 많아지니 제향과 진상으로 물고기를 바치
　　　지 말게 하며

• "형벌로 사람을 죽이는 것을 스스로 자랑하니 매우 못난 자로다.

　–세종 10년 9월 12일, 우대언 허성이 이상의 불효한 행적에 대해서 아뢰니

• 자고(自古)로 새로 벼슬에 오른 선비는 어지러이 고치는 것을 좋아해서 이루어진 법을 변경하여 요란하게 하는 자가 자못 많도다.

　　– 세종 10년 9월 25일, 경연에 나아가 새로 벼슬에 오른 선비들의 폐단을
　　　논하며

• 아버지와 아들과의 사이에는 서로 숨겨 주는 것이 도리인데, 이제 그 아들의 증언을 가지고 그 아비의 죄를 결정하는 것은 대의(大義)에 방해되는 것이니, 다시 공정한 증거를 잡아서 국문하여 올리라.

　　– 세종 12년 12월 29일, 형조에서 아내를 때려 죽인 최중기의 교형을 아뢰며

• 군사 일이 가장 긴요하기는 하나 백성을 다스리는 일이 중하다.
— 세종 9년 11월 24일, 지울산군사 이우가 사조하며

• 율문(律文)에, '모든 간음 사건은 모름지기 간음 현장에서 붙잡은 것이라야 죄가 성립된다'고 하였다. 아조(我朝)에서는 비록 간음 현장에서 붙잡지 못하였더라도 그 간음한 정상이 명백하면 죄 주는 것도 또한 전례가 있다. 그러나 『대명률』에서 반드시 간음 현장에 붙잡은 자라고 말한 것은, 의심나는 죄를 '유죄로' 단죄할까 염려한 것이다. 지금 양생(陽生)과 연생(延生)이 서로 간음하였다는 정상은 비록 명백하나, 간음 현장에서 붙잡지 못하였으니 어찌 다만 이것만으로써 단정(斷定)할 수 있겠는가. 내가 전일에 먼저 붙잡은 곳을 물은 것은 이 때문이었다.
— 세종 10년 4월 21일, 최부가 홍양생과 유연생의 간통의 진상을 알아내지 못했다고 보고하며

• 나도 듣건대, 학생들이 종을 거느리고 말을 타고 다닌다 하니 옛날 학자와 다르다. 그러나 법을 세워 말 타는 것을 금한다는 것은 너무 지나친 일이 아니겠는가. 만일 사제지간(師弟之間)에 말에서 내리지 아니하여[犯馬] 위례(違禮)하는 것은 금함이 옳으나, 이것도 고례(古例)에는 없는 일이니, 예조(禮曹)에 내려서 의논하게 하라.
— 세종 10년 9월 1일, 학생들이 말을 타고 다니는 것을 금하라는 대사헌 조계생의 요청을 거부한다며

• 그대들은 고금의 사리를 통달하여 불교를 배척하니, 현명한 신하라 할 수 있으며, 나는 의리는 알지 못하고 불법만을 존중하여 믿으니, 무

지한 인군이라 할 수 있겠다. 그대들이 비록 번거롭게 굳이 청하지만, 현명한 신하의 말이 반드시 무지한 인군에게는 합하지 않을 것이다. 또 무지한 인군의 말이 현명한 신하의 귀에는 들어가지 않을 것이다. 하물며, 내가 근년에 병이 많아서, 궁중에 앉아 있으면서 다만 죽을 날만 기다릴 뿐이다. 그대들은 나를 시종(侍從)한 지가 오래되었으니, 내가 불교를 믿는가 안 믿는가를 알 것이다. 그대들이 비록 고집하여 다시 청하지만, 내가 접견하지 않으므로 개설(開設)하고 변명하기가 어려울 것이다. 그대들이 만약 혹시 장소(章疏)을 올리더라도, 내가 친히 보지 않는다. 그래서 그대들의 뜻을 환하게 알기가 어려울 것이니 번거롭게 다시 청하지 말라.

　　– 세종 28년 3월 28일, 집현전에서 왕비를 위한 불경 편찬의 뜻을 거둘 것을 아뢰나 받아들이지 않으며

• 임금이 영응대군(永膺大君) 집 동별궁(東別宮)에서 훙(薨)하였다. 처음에 영응대군 집을 지을 때, 명하여 한 궁을 따로 집 동편에 세워서 옮겨 거처할 곳을 준비하였다.

임금은 슬기롭고 도리에 밝으매, 마음이 밝고 뛰어나게 지혜롭고, 인자하고 효성이 지극하며, 지혜롭고 용감하게 결단하며, 합(閤)에 있을 때부터 배우기를 좋아하되 게으르지 않아, 손에서 책이 떠나지 않았다. 일찍이 여러 달 동안 편치 않았는데도 글 읽기를 그치지 아니하니, 태종(太宗)이 근심하여 명하여 서적(書籍)을 거두어 감추게 하였는데, 사이에 한 책이 남아 있어 날마다 외우기를 마지않았다. 대개 천성이 이와 같았다. 즉위하자, 매일 사야(四夜) 면옷을 입고, 날이 환하게 밝으면 조회를 받고, 다음에 정사를 보고, 다음에는 윤대(輪對)를 행하고, 다음 경연(經筵)에 나아가기를 한 번도 조금도 게으르지 않았다. 또 처음으로 집현전(集賢殿)을

두고 글 잘하는 선비를 뽑아 고문(顧問)으로 하고, 경서와 역사를 열람할 때는 즐거워하여 싫어할 줄을 모르고, 희귀한 문적이나 옛사람이 남기고 간 글을 한 번 보면 잊지 않으며 증빙(證憑)과 원용(援用)을 살펴 조사하여서, 힘써 정신 차려 다스리기를 도모하기를 처음과 나중이 한결같았다. 문(文)과 무(武)의 정치가 빠짐없이 잘 되었고, 예악(禮樂)의 문(文)을 모두 일으켰다. 종률(鍾律)과 역상(曆象)의 법 같은 것은 우리나라에서는 옛날에는 알지도 못하던 것인데, 모두 임금이 발명한 것이고, 구족(九族)과 도탑게 화목하였으며, 두 형에게 우애하니, 사람이 이간질하는 말을 못했다. 신하를 부리기를 예도로써 하고, 간(諫)하는 말을 어기지 않았으며, 대국을 섬기기를 정성으로써 했다. 이웃나라를 사귀기를 신의로써 하였다. 인륜에 밝았고 모든 사물에 자상하니, 남쪽과 북녘이 복종하여 나라 안이 편안하여, 백성이 살아가기를 즐겨한 지 무릇 30여 년이다. 거룩한 덕이 높고 높아, 사람들이 이름을 짓지 못하여 당시에 해동요순(海東堯舜)이라 불렀다. 늦게 비록 불사(佛事)로써 혹 말하는 사람이 있으나, 한 번도 향을 올리거나 부처에게 절한 적은 없고, 처음부터 끝까지 올바르게만 하였다.

— 세종 32년 2월 17일, 임금이 영응대군 집 동별궁에서 훙하다

이 도서는 한국출판문화산업진흥원의 출판콘텐츠 창작자금
지원사업의 일환으로 국민체육진흥기금을 지원받아 제작되었습니다.

세종, 그 애민의 리더십을 읽다
― 대화로 읽는 세종의 문화 철학과 국정운영

초　판 1쇄 인쇄일　2018년 10월 19일
초　판 1쇄 발행일　2018년 10월 29일

지 은 이　　김헌식
펴 낸 이　　이정옥
펴 낸 곳　　평민사
　　　　　　서울시 은평구 수색동 317-9 동일빌딩 202호
　　　　　　전　　화 · (02) 375-8571(代)
　　　　　　팩　　스 · (02) 375-8573
　　　　　　http://blog.naver.com/pyung1976
　　　　　　이 메 일 · pyung1976@naver.com

등록번호　　제251-2015-000102호

　ISBN　　978-89-7115-654-4　03900

　값　　　　15,800원

· 잘못 만들어진 책은 바꾸어 드립니다.
· 이 책은 신저작권법에 의해 보호받는 저작물입니다.
　저자의 서면동의가 없이는 그 내용을 전체 또는 부분적으로
　어떤 수단 · 방법으로나 복제 및 전산 장치에 입력, 유포할 수 없습니다.